フィールド科学の入口

人間の営みを探る

秋道智彌・赤坂憲雄 編

玉川大学出版部

人間の営みを探る

目次

Ⅰ部●対談

「コモンズ＝入会《いりあい》」の可能性と未来を探る

秋道智彌×赤坂憲雄

「コモンズ=入会（いりあい）」の可能性と未来を探る

赤坂　このシリーズは、フィールドワークの猛者《もさ》にお話をうかがって、フィールドワークの楽しさ、フィールドからくみあげる知の豊かさを知ってもらうシリーズです。このごろは民俗学の世界でもフィールドに出ることがせばまって、すくなくなってきています。ほんとうは、フィールドに出ることによって見えてくることがたくさんあり、そのおもしろさを若い世代の人たちにも知ってもらおうというねらいで、この企画をはじめました。

対談していただいた皆さんには、最初にはじめてフィールドに出たときの状況などをお話しいただいてます。「雑魚《ざこ》（かけだし）の時代」の話から聞かせていただければと思います。最初はどこにいかれましたか？

秋道　最初は一九七一年、青森県・下北半島の、大間《おおま》のマグロ漁です。八月のはじめに盛漁期になり、NHKの函館支局が「季節の風物詩」として撮りにきていました。そのとき、わたしは東京大学理学部の人類学教室にいて、そのまえは京都大学理学部の伊谷《いたに》純一郎《じゅんいちろう》先生のところにいました。

赤坂　そうでしたね。

秋道　伊谷先生は、さらにまえの時代にアフリカで調査されていましたが、そのときの調査の道具は緑色の表紙の「野帳」と双眼鏡だけだとおっしゃってました。いまのようなGPSやパソコンもスマホもない、一〇円玉で電話をかける時代でした。

伊谷純一郎
一九二六―二〇〇一。『高崎山のサル』を皮切りに、今西錦司の京大アフリカ人類学研究を引き継いで人と自然の総合的研究を推進。『霊長類の社会構造』でハクスリー賞受賞。

赤坂　野帳ですか（笑）。
秋道　ノートと双眼鏡だけ。双眼鏡はぶらさげるでしょ。あとは素手。もってるものはタバコだけ（伊谷先生は、歩きながらタバコを吸うので、「岡蒸気」のあだ名があった）。わたしも、フィールドワークというのは、歩いて、目で見て、話を聞くものだから、機械などいらないと思っていました。
赤坂　カメラも、もっていかなかったのでしょうか？
秋道　いえ、ごめんなさい、カメラはもっていきました。カメラのメーカーはニコン、フィルムはリバーサルでＡＳＡ一〇〇とか六四でした。ただ、そのときのカメラはいまのようなデジタルカメラではないから、その場で写っているかどうかを確認することができない。半分は撮影に失敗しています。
海で、船の上だから、当然潮をかぶります。どうしたかというと、たんに手でレンズをサーって拭いたりするだけです。いまから思えば、むちゃくちゃです。いまだったらＧＰＳが使えるし、デジカメで「写ってる、ＯＫ！」なんてできますが、そんなことがまったくなかった。そういう時代でした。
赤坂　テーマはなんでしたか？
秋道　テーマは、大間のマグロ一本釣り漁師がどんなエサを使うか。季節と場所でどのように変えるかです。
赤坂　それは一貫してるわけですね。
秋道　ところが、そんな秘密はなかなか教えてくれない。
赤坂　そうでしょうね。

GPS
全地球位置決定システム（Global Positioning System）のことで、衛星により地球上における自己の位置を決めることができる。

ASA
アーサー。フィルムの感光度を示す表示係数で、ISO感度と同じ。

秋道　そうです。最初から「おまえ、何しにきた?」っていわれて。ただ、「すいません、東京大学の……」と自己紹介すると、現地の人には効き目がありました。「おれは小学校しか出てねえもん」なんていって、「先生さま、何しにきたべぇ?」なんて感じに変わるわけです。

赤坂　そのとき、何歳でしたか?

秋道　まだ若かったですよ。二五歳か二六歳です。一浪して、学生のときには紛争があったんで、同年齢の人より二、三年遅れています。

赤坂　若いですね。

カメラとノートと胃袋で、漁撈のフィールドへ

秋道　信用してもらうにはどうするか。ようするに、マグロ漁師さんらと仲よくなるしかありません。たくさん獲る人のところに「おばんです」っていいながらいき、「きょうはなんのエサ使ったべ?」とたずねる。ほんとかうそかわかんないけれど、「イカ、イカ」っていうんですね。「生きてるスルメイカ? 死んだやつ?」とたずねると、「生きたイカ」って答えが返ってくるわけです。そうしているうちにだんだん親しくなると、「おう、きたか。あがれ」といわれる。当時、わたしはフィールドで酒びたりになった。

赤坂　フィールドワークは、飲めないとなかなかうまくできないですね。

秋道　いまだにおぼえていることがあります。たくさんの魚を獲る人を、大間では一番漁師といいます。夕方その人の家にいくと、おかあちゃんが出てきて「秋道さん、あがっ

て」っていわれる。そのあと、一番漁師の旦那がお風呂からあがってきて、「やあやあやあ、きたか。まあ、あがれ」っていわれてね、座ります。そこで「すいません、きょうのエサは……」なんて聞くような野暮なことはできません。

一番漁師の人は、いきなり「飲むかあ?」って……。夕方まえです。いまだったら芋か麦の焼酎がいろいろありますが、当時は甲種の焼酎の「樹氷」。これをコップに注いで、「飲め!」ってくるわけです。

ふつう、焼酎は水やお湯で割りますが、ストレートだからね……。それを半分くらい飲むわけです。いきなり「ぐごーっ」って飲んで、ふた口めで「ふわーっ」って飲み干す。コップをおくと、「もう一杯やっか」っていわれてね（笑）。

その人は血圧が二〇〇以上もあって、酒飲みです。「おれとつきあうのに、酒飲まんとできるかよー」ってな感じでした。そのうちだんだん「きょうはダメだったべぇ」とか、いろんな話をしてくれるようになってきた。

毎日通いました。むこうもだんだん期待して、「おとう待っとったけど、こねえべから、どっかいったぞ」って、おかあちゃんにいわれたりして……。携帯電話もない時代だから、「じゃあ、待ってる」というと、そのときはお酒じゃなくてリンゴをむいて出してくれる。そんなことばかりでしたよ。

赤坂　大間には、何か月ぐらいいましたか?

秋道　最初は七～九月の二か月半ほどいて、ちょっと東京にもどってから、また一〇・一一月です。それほど長期ではありません。田口洋美さん（東北芸術工科大学教授）は、新潟・山形県境の朝日山地にある三面《みおもて》集落で、マタギの調査を住みこみでやった。マ

田口洋美
一九五七―。東北芸術工科大学所属の民俗学者。東北のマタギ集団について長期滞在によるフィールドワークをおこなう。

タギの人びとは伝統的に狩猟・採集・焼畑を中心とした生業をおこなってきた山の人ですね。近世以降の歴史もよく知られていますし、縄文時代に人びとが住んでいた。山の暮らしにドップリつかって、歴史をふまえて季節ごとのマタギを追いかけるにはいっしょに住むのがいちばんですね。漁港のある海辺で漁撈を調べるのとはちょっとちがう。ぼくは民宿に泊まって漁民を追いかけました。小さな漁村なら住みこんでやる方法もあるでしょうが。

そこに泊まりながら、三年やりました。一九七一年から七三年にかけてです。当時はまだ修士の学生で、就職は国立民族学博物館（以下、民博）にいきたいと思っていたので、人類学と民族学の学会の連合大会が京都であったとき、「先生、大間のマグロ漁のエサの話をします」と、民博館長の梅棹忠夫先生に会いにいきました。「年齢別・場所別・季節別にいろんなちがいがあるので、聞いていただけたら……」というと、「おお、そうかそうか」と聞いてくださった。「おもろいな」って感じでね。

いまの若い人はフィールドワークをやって論文を書いたらすぐに認められると思っているけれども、わたしらのときはそんな甘くなかったな。論文を書いたらなんとでもなるとは思っていなかった。自分が惚れている好きな先生とか、いきたいところにアタックした（笑）。

赤坂　なるほど。

秋道　最初は裸一貫、カメラとノートと胃袋だけ。頑丈な胃袋だけがたよりでした。毎晩飲むので、さすがに「うえーっ」と気持ち悪くなり、吐く。

二〇人くらいのマグロ漁師の家をまわると、数時間以上かかります。遠いところにある

国立民族学博物館
一九七七年創設の民族学・人類学に関する博物館で、規模は国内最大。大阪府吹田市の万博公園内にある。

梅棹忠夫
一九二〇―二〇一〇。民族学・人類学者で、国立民族学博物館の初代館長。ポナペ、モンゴル、アフリカなどの調査に従事。『文明の生態史観』（中公文庫）の名著がある。

家は、歩いても三〇分ぐらいかかる。本州最北端のね、東の太平洋側にある一番漁師の家にいくときなんか、大間平《おおまだいら》をぬけて通うのはたいへんでした。それでも、おもしろかった。タダで酒が飲めるし（笑）。

赤坂　そのときの調査は、いつ論文にしたんですか？

秋道　一九七五年の出版ですから、二年くらいあとですか。

赤坂　すぐに書かれたわけですか？

秋道　もうお亡くなりになった生態人類学の渡辺仁先生がわたしの指導教官だったですけど、「すぐ書きなさい」といわれ、大間のマグロ漁について書いて、同じ内容のものをもう一本、英語にして出しました。

渡辺仁
一九一九—一九八。東京大学理学部の人類学者・民族考古学者。人類の進化や適応に関する造詣が深く、アイヌの生態人類学的研究で知られる。

頑丈な胃袋をたよりに石垣島へ

秋道　大間で三年やるとともに、寒いのはもういややと……（笑）。

赤坂　突然、あったかいほうにいったわけですか？

秋道　石垣島にいきました。それが沖縄復帰の一年まえ、一九七一年です。石垣は魚やサンゴ礁の海がむちゃくちゃきれいですが、調査でお酒を飲むことには変わりがなかった。大間では甲種の焼酎だったけど、石垣では泡盛ですね。また昼間から、「こんにちは」っていうと「あぁー、あがりなさい」っていわれて、すぐに酒です。最初はオリオンビールを飲んで、そのあとすぐに泡盛。それだけは変わらなかった。それからはもう、昼に飲むのはしんどいからやめることにしました。

石垣での調査が刺激になって、次は海外のサンゴ礁にいきたいと思い、東京都立大学の石川栄吉先生とか民博の石毛直道先生、中部大学の畑中幸子先生などオセアニアを研究している人類学者のかたがたに相談しました。わたしの指導をしていただいた渡辺仁先生は、「きみらが自分で開拓しなさい」というスタンスでした。そういう時代というか、あるいは先生の指導方針なのか。ですから、自分でやるしかないと思ったんです。

赤坂　石垣では、どういうテーマで調査したんですか?

秋道　石垣にはサンゴ礁海域でおこなわれるいろんな漁撈活動がありますね。海人《ウミンチュ》が漁場をどう使いわけているのかに興味をもちました。

サンゴ礁海域の地形は複雑で、変化にとんでいます。ウミンチュは漁場に関する知識をどれくらいもっているのか、漁場では他人との競合をどうやってさけるのか……とかね。カツオの撒き餌《え》となる小魚を獲る敷き網漁の場合は、網漁のグループ間で抽選をして、あらかじめ利用できる漁場を年間にかぎってグループごとに一〇か所決めておくようなこともあった。それがおもしろくって、ずっとそればっかり追いかけました。

山でフィールドワークをやっていたらちょっとちがったんでしょうけどね、海では、漁撈活動の時間配分を調べたり、漁具のくふうとか個人差なんかもチェックする。ていねいに図を描くことにはむいてないから、結局、ウミンチュと話して、いろんな考えや知識を引きだす。だから、なんにもいらないです。テープレコーダーも使いませんでした。

赤坂　そうですか、すごい話ですね。

秋道　いまなら小型で高性能のボイスレコーダーもあるでしょうがね。

酔っぱらうでしょう。聞いてるときは「ああ」ってノートに記入するんですが、次の日

石川栄吉
一九二五―二〇〇五。社会人類学者。オセアニアにおける研究で著名。クックや明治期の日本人による異国像など、オセアニア世界の歴史的な意味づけをおこなった。

石毛直道
一九三七―。文化人類学者。考古学出身だが、世界中での旺盛なフィールドワークをもとにした食文化研究の第一人者となる。国立民族学博物館の元館長。

畑中幸子
一九三〇―。女性フィールドワーカーとしてポリネシアやパプアニューギニアにおける文化人類学研究の開拓者。

に見たら、わからない記号やら走り書きがいくつもある。若い人にいっておきたい。その日に聞いたことは、できるだけその日のうちに転記せよと。転記がしんどければ、もう一回読んでみて、コメントや注を赤で入れておく。疑問が出たら書きとめておいて、再度それについてつっこんで聞く。その積み重ねがたいせつです。「話、聞いた聞いた」ってよろこんでいても、一週間たって石垣からさよならして東京に帰ったら、「なんだ、これ?」ってなってしまいました。

赤坂　そのときのフィールドノートは、まだありますか?

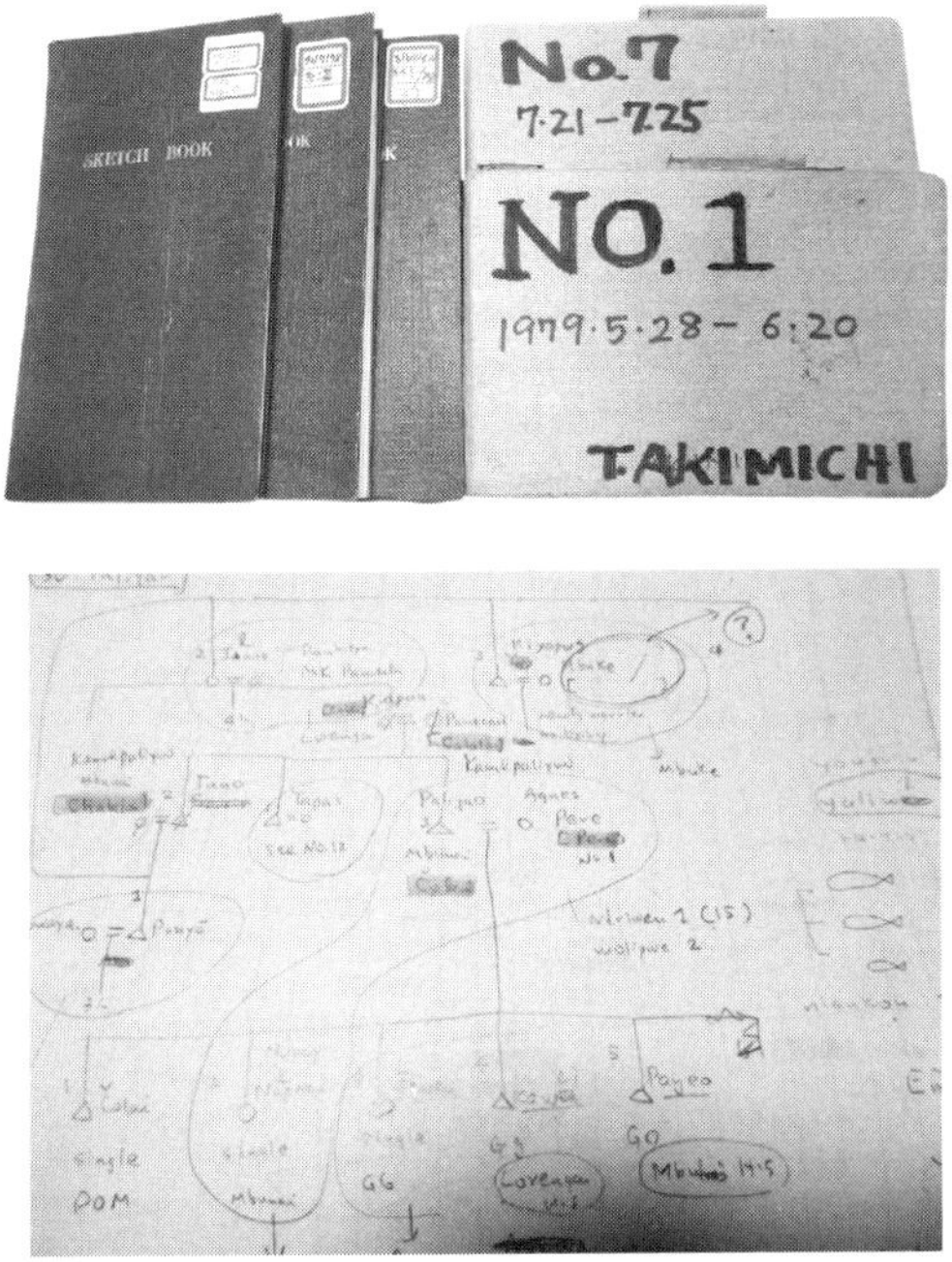

写真1　フィールドノート

上　右はミクロネシア・サタワル島の調査（1979～80年）、左が沖縄県糸満市調査（1979年7～8月、1980年9～10月）、滋賀県琵琶湖調査（1978年3月）のときのもの。左の3冊が、緑色の表紙の「野帳」

下　パプアニューギニアのマヌス島における調査フィールドノート。村落の構成員の親族関係を書きこんだもの（1988年11月）

秋道　あります。
赤坂　ぜひ、写真に撮らせてください。
秋道　汚いですよ。
赤坂　そりゃ、汚いに決まってます。
秋道　もう四〇年まえですから（前ページ写真1）。
赤坂　野本寛一先生（民俗学者、近畿大学名誉教授）のフィールドノートもね、やっぱり色わけしてあるんですよ。皆、それぞれにくふうされているんですね。

ソロモンから民博へ

赤坂　石垣から、次にソロモン（諸島）にいくわけですか？
秋道　そうです。
赤坂　ソロモンの論文はいつごろですか？
秋道　一九七六年の『季刊人類学』です。
赤坂　じゃあ、海外に出た最初ですか？
秋道　そうです。横浜から船に乗ってラバウルに。
赤坂　ラバウル！
秋道　横浜から一週間の船旅でパプアニューギニアのラバウルで入国すると、すぐ首都のポートモレスビーにいくように指示された。一九七四年一二月中旬のことです。パプアニューギニア大学にいったら、アンドリュー・ストラザーンという有名な人類学者が人

野本寛一
一九三七―。民俗学者。日本中の山野河海をくまなく歩き、現場に根差した膨大なフィールドワークにもとづく民俗研究をすすめた。

アンドリュー・ストラザーン
英国の社会人類学者。パプアニューギニア高地人の詳細な民族誌をもとにした理論研究で著名。

類学部の学部長をしていました。その先生と話をしたら、「申しわけないが、あなたはパプアニューギニアで調査研究をおこなうことはできない。独立をまえに外国人の影響を極力排除しようというのが現状です」っていわれました（一九七五年九月に独立）。せっかくいったのに、フィールドができんのです。そしたら畑中幸子先生が、ソロモン諸島の調査ができるようにと紹介状を書いてくださっていた。この手紙がよかった。というか、いまでも先生には感謝の気持ちでいっぱいです。

ポートモレスビーから首都のガダルカナル島ホニアラへ飛んで、ソロモンにいった。調査許可をもらって、一九七五年三月までマライタ島のラウ漁撈民の調査をやった。帰国してから一年かけて論文を書いた。一九七六年です。

赤坂　ソロモンの調査は、何をされたのでしょうか？

秋道　もちろん、漁撈です。

赤坂　やはり、漁撈ですよね。

秋道　そうです。ラウにはいろんな漁撈の方法があります。漁具などをリストアップして、いつ、どこで、何人ぐらいでおこなうのか聞きだして、「じゃあ、悪いけどつれていって」とお願いします。「これ、なんていう名前？」「この場所、なんていうの？」などとたずねていくと、データはいっぱい集まります。数えてみたら、一〇〇種類ちかくの漁法があった。

赤坂　ソロモンでですか？

秋道　はい、マライタ島で。大宰府でおこなわれた民族学会でわたしが発表したとき、大間で縄文時代のドウマンチャ貝塚も掘っている考古学者で慶應義塾大学の江坂輝弥先生

ドウマンチャ貝塚
下北半島大間町の大間平にある縄文時代の貝塚遺跡で、海洋文化を示す亀ヶ岡文化の資料は慶應義塾大学に所蔵。

江坂輝弥
一九一九―二〇一五。慶應義塾大学の考古学者。縄文時代の土器文化の研究や大陸との交流研究で知られる。ドウマンチャ貝塚の発掘を担当。

から、「こんなたくさん漁法のある場所は、わたしははじめてですよ」ってコメントをいただきました。ふつうは三〇～五〇種類ですが、ラウの調査では出るわ出るわ、九六種類です。そして、追いこみ漁の漁法がいちばん数が多く、網の入れかた、魚の追いこみかた、季節、昼夜の別があり、最終的に魚を追いこんで網を揚げる場所がいちばん重要だということがわかってきました。

漁場の名前を集めているうちに、網漁で最終的に網を揚げる場所のことを「ゴウナ・アラータ」つまり「漁場の頭、中心」ということがわかった。

そこで「ゴウナ・アラータはいくつぐらいあるのか?」とたずねたのですが、「海の地図」がないからカメラとノートだけの調査では無理でした。もしいまのGPSがあったら、もっと効率よく調査ができていました。

わたしは、島のチーフとひとりの敏腕漁師に、首都のホニアラまできてもらいました。もちろん、旅費と食費はこちらもちです。当時はイギリスが統治していた関係で、ホニアラの政府機関には航空写真がキチンとあったんですよ。もともとの大きさは一枚二四センチ幅ほどのものですが、モノクロの航空写真を八倍に引きのばすと、家一軒一軒が見えます。縮尺でいうと五〇〇〇分の一くらいですかね。それをチーフらとながめて、「これがフナフー島、これはマクワァヌ水路、するとこれがフォウ・イアというゴウナ・アラータ。これがマタシという名のゴウナ・アラータ……」。「おお、やったー」って思いました。

サンゴ礁海域ですから、ラグーンの浅瀬の微地形でもちゃんと判別できます。ゴウナ・アラータは全部で一四七あることがわかりました。

ラグーン
潟湖のこと。ふつうは海と砂州などで隔てられた水域をさす。汽水性で海と河川水の影響を受ける。日本では東郷池（鳥取県）、八郎潟（秋田県）、河北潟（石川県）などが典型例。

赤坂　それは、漁場ですかね？
秋道　漁場。魚が通る魚道でもある。
赤坂　なるほど、魚がたくさん獲れるところですね。
秋道　そこに魚を集めて、網を揚げる場所、氏族による所有権も決まっている。それで、「やったー」って思ったですね。一九七五年の三月のはじめです。ホニアラからその地図を折りたたんでもって帰りました。それをもとに一年かけて英語の論文を書いたわけです。

赤坂　なるほど。
秋道　ソロモン諸島のフィールドワークから帰ってきた翌年（一九七六年）に、民族学会に出席しました。、事前に東大・文化人類学の**大林太良**《たりょう》先生に会って、「え～、今度、博多の大宰府である学会で話をしますので、聞いてください」と概要を説明しました。先生は発表当日、前から三列めに座っていらっしゃった。その前には東大で先輩の**大塚柳太郎**先生もいらして、わたしの発表を聞いていただきました。発表後、帰りしなに大林さんから肩をたたかれて、「おもろかったよ」といっていただいた。それから一年後の一九七七年四月に民博にいったわけです。知らせを受けたのは二月で、ヴァヌアツのタンナ島で日本テレビの番組取材の助手をしていたときのことでした。知らせを受けるまえまでは、お金もないし、東大の研究生になるしかないかと思っていました。
赤坂　なるほど。
秋道　論文は一年かかりました。指導教官の渡辺先生は、「きみ、英語で論文を出すなら、

大林太良
一九二九―二〇〇一。民族学者。世界の民族文化の比較研究や日本の考古・歴史をふまえたはば広い研究で知られ、著作も多い民族学の巨星。

大塚柳太郎
一九四五―。人類生態学・生態人類学の研究者。パプアニューギニアにおける生態人類学的調査の草分けで、環境研究でも知られる。

その地域、テーマについて、いろんな分野の先生、あるいは一流の人に全部コメントをたのめ」と指導されました。そこで、ロージャー・キージング（社会人類学）、ウィリアム・クラーク（地理学）、ピエール・マランダ（哲学）、オイゲン・アンダーソン（民族魚類学）、ラルフ・ブーマー（民族動物学）などの先生に直接手紙を出して論文へのコメントをたのんだんです。時間もお金もかかりましたけど、ほとんどの人がコメントをくれましたね。

赤坂　どういったコメントですか？

秋道　ブーマーさんはパプアニューギニアで調査をしている民族動物学の有名な先生で、おもしろいといわれました。ソロモン諸島マライタ島のクワァイオ族の調査で知られるキージング教授とは、たまたまですがホニアラでお会いしていましたので、とくに社会人類学的な部分についてのコメントいただきました。でも、原稿が見るも無残に削除されていたりして、うれしさ半分、落胆半分でした。コメントを書いた手紙は英語でしたから、それをもとに書きなおしたものを渡辺先生にチェックしてもらいました。業績の論文は英語の論文が受理された段階で、わたしは民博の公募書類を出しました。業績の論文は数本で、いまとくらべたらかなり少ないといわれるでしょうね。

赤坂　そうでしたか。

秋道　募集に受かったのは、わたしの業績のうち一本が海外のレフェリー制の雑誌にアクセプトされた（受け入れられた）ことが評価されたのかもしれません。最初の大間でやった仕事、次の石垣も、ソロモンも同じで、場所の利用とその知識をなんとか聞きだした。場所はちがっても筋はとおしたわけです。あとから思えば、それも大きな要因だったような気がします。

ずっとあとになってですが、オセアニアの人類学者ダグラス・オリバー先生からも手紙をいただきました。先生の2巻からなる本では、ラウの調査内容について長文の引用もしていただきました。

一九七八年にローマのＦＡＯ（国際連合食糧農業機関）で海のなわばりに関する研究者の集まりがあって、海洋生物学者のＲ・Ｅ・ヨハネスさんと会ったときも、こんな若いとは思わなかったといわれました。まだ三二歳でした。

標本の採取、収蔵庫にはいらないもの

赤坂　それからずっと民博ですね。
秋道　はい。助手として民博にはいってから、二七年いました。部長になって、どうしようかなと思っていたときに、地球研（総合地球環境学研究所）ができたんですよね。地球研の日高敏隆所長から「きてくれ」ということで、民博から異動しました。地球研のスタッフの研究者は、水文学《すいもんがく》とか大気学、同位体分析、農学など、理科系ばっかりだった。文科系はほとんどいませんでした。
地球研の英語名は日本語とはかなりちがっていて、リサーチ・インスティチュート・フォー・ヒューマニティー＆ネイチャー。つまり、自然と人間の文化を統合的に研究する研究所という位置づけがあった。農学だったらまだわかるけど、いわゆる人類学系なんて、だれもいない。生態人類学は文科系と理科系の融合分野なので、それほど違和感は

先生の2巻からなる本
Oceania: The Native Cultures of Australia and the Pacific Islands. University of Hawaii Press. 2 volumes, 1989.

地球研
二〇〇一年四月一日に創設された全国大学共同利用機関の研究所。人間文化と環境問題を総合的にプロジェクト方式ですすめる。京都市の上賀茂にある。

日高敏隆
一九三〇―二〇〇九。動物行動学者。地球研の初代所長として、自然と文化の融合研究の推進につとめる。動物行動学の独創的研究でも著名。翻訳書が多数ある。

ありませんでした。

赤坂　なるほどね。

秋道　地球研では、予備研究、試験研究、本研究と段階があって、それぞれハードルがあります。地球環境学としての文理融合性、総合性がもとめられ、だんだん評価がきびしくなっていきます。ぼくがはいったころはまだ研究所全体の見取り図も見えなかったので、ドサクサの、手探り状態でやった思い出もありますね。

赤坂　ドサクサでないと、そういう「融合」って起こらないですね。

秋道　民博は博物館ですので、そこでは、環境というよりも生態人類学とともに、もうすこし民俗、物質文化寄りの研究をしていました。元館長の佐々木高明《こうめい》先生が国内資料調査委員会というのをやっておられ、北海道はアイヌの萱野《かやの》茂先生、沖縄は上江洲《うえず》均《ひとし》先生といった人たちがメンバーでした。そこで、全国の博物館、地域の博物館の学芸員や館長さんたちが三〇人か四〇人はいった会議がありましてね。

赤坂　そんな会議がありましたか。

秋道　会議のあと、巡検がある。たとえば青森で会議をやったら、青森の博物館や農山漁村、遺跡などを視察・見学にいきました。

国内資料委員会の活動は、こんな感じです。年間の特定のテーマを出して研究をすすめる。たとえば、日本の絵馬というテーマなら、「絵馬に関する、先生がたの所属されている都道府県の絵馬の調査をしてください」というように。そして、研究の成果を『国立民族学博物館国内資料調査委員調査報告集』として年一回発行する。

残念ながら、収集した資料や情報のアーカイブをどう次に発展させるかについて、民博

佐々木高明
一九二九―二〇一三。文化地理学者。アジア・日本の農耕研究や、中尾佐助らとともに照葉樹林文化論の提唱者。国立民族学博物館の元館長。

萱野茂
一九二六―二〇〇六。アイヌ文化研究者。アイヌ民族として、その文化の継承と発展に寄与。二風谷アイヌ資料館を創設し、アイヌ民族最初の国会議員となった。

上江洲均
久米島出身の沖縄研究者。とくに民具研究から琉球の生活文化を位置づけた研究で二〇一二年に東恩納《ひがしおんな》寛《かん》惇《じゅん》賞を受賞。

にはポリシーがなかったように思います。

赤坂　そうですか。

秋道　しかも、「モノ」の情報ですから、バックグラウンドの情報はほとんど数行のコメントとして書いてあるだけです。もっとくわしい人もいるし、昭和一〇年代には使われていたようなものが出てきたりで、いろんなものがありました。それが問題で、いまでもモノの背景にある社会史の研究が膨大な領域としてのこっているので、それをやるべきという思いはあります。

赤坂　秋道さんは、モノの収集はしてなかったのですか？

秋道　パプアニューギニア、ソロモン、ヴァヌアツ、フィジーなどのオセアニア地域ではやりました。

赤坂　つまり、ほかではほとんどやってないわけですね？

秋道　国内の漁撈や海関係では、まとめて集めることはしませんでしたが、琵琶湖、飛島《とびしま》（山形県）から対馬、壱岐、五島（ともに長崎県）あたりまでの日本海沿岸における海藻採集漁具、それと島原半島のバッシャ船《ぶね》を収集したことがあります（写真2）。

赤坂　えっ！　なんですか、それは？

秋道　バッシャ船は、アンコウ網専用の漁船です。潮流が速いところでは、魚が潮といっしょに移動するでしょう。それを、アンコウが口を開けたみたいな形の網を張って

写真2　バッシャ船
上　バッシャ船の模型
下　アンコウ網の模型をもとに、漁のようすについて漁民から説明を受ける（長崎県島原半島・多比良町）

獲ります。朝鮮通漁（明治以後におこなわれた、日本漁船による朝鮮近海への出漁）時代には、九州の漁民がよく渤海湾に遠征しています。

赤坂　島原のどこですか？

秋道　多比良町《たいらまち》（現・長崎県雲仙市）。最後の木船があるというので、保存を考えて収集しました。

朝、宮本常一先生の弟子でもある森本孝さんといっしょに浜にいったんですが、このとき、最後の木船を大阪の民博が引きとるというので、地元のテレビ局が取材にきていました。船に乗って機関部をのぞくと、船長の女きょうだいの髪の毛が貼ってある。「まだそんなことやってるのか」と、うれしくなりました。

赤坂　それはなんといってますか？

秋道　なんでしょうね。失念しましたが、姉妹の髪の毛を……。

赤坂　沖縄のオナリガミ信仰を思いだしますね。

秋道　そうそう、それがありました。

赤坂　ほんとに、髪の毛ですか？

秋道　そうです。機関部にエンジンがあるでしょう？　その右横側でしたね。ちょっと奥まったところにありました。

赤坂　いつごろにつくられた船だったんですか？

秋道　バッシャ船とアンコウ網の漁法は幕末頃に熊本の長洲《ながす》あたりから多比良に伝播して、明治後期から大正時代に盛んとなった。朝鮮の南西部には有明海よりも大きな干潟と干満差の大きな海があり、韓国で人気のあるグチ類を獲ったようです。民博のものは最後

宮本常一
一九〇七—八一。民俗学者。在野の研究者として全国の山村・農村・漁村をていねいに歩き、人びとの声を集めたフィールドワーカーとして、前人未到の業績をあげた。

オナリガミ
妹（オナリ）が兄を霊的に守護するという考え。琉球列島に固有の信仰で、伊波《いは》普猷《ふゆう》が提唱し、柳田國男や折口信夫《おりくちしのぶ》が展開した。

のバッシャ船で、戦後の昭和四〇年四月に建造で最後の生きのこりでした。これもうれしかったですね。

あとは、対馬の藻刈船《もがりぶね》（写真3）。テングサなどの海藻をとるためのいかだ船があります。地元では、材木舟《ゼーモクブネ》といいます。

赤坂　いかだ船ですか。場所はどこですか？

秋道　対馬の西海岸中央部の上県町《かみあがたちょう》にある佐護湊《さごみなと》というところで、ここにしかありません。長いスギの角材を七本並べて固定しただけのいかだ船で、長さは一〇メートルほど。韓国のいかだ船とよく似てます。済州島ではたしか九本とか。

これも最後の藻刈船で、民博にあります。対馬最北の港町・比田勝《ひたかつ》からフェリーを使って、一〇トントラックで運びました。みんなに、「おまえは、大きいもんばっかりもってくる」って、いやがられたです（笑）。収蔵庫に場所がない。「先生、これ以上、船買わんといて。できたらもう、模型にしてください」なんていわれました。

赤坂　いかだ船については宮本常一さんが、弥生の稲作＝漁撈民が使った可能性を示唆されていましたね。わたしも対馬と済州島で確認だけはしています。そういえば、森本孝さんは、下北でずいぶん船なんかを集めていたでしょう？

秋道　そうですね。あと、青森の稽古館（青森市歴史民俗展示館）の学芸員をしている昆政明さんも（収集活動を）やられています。宮本常一先生は、物質文化から世界観まで、ほんとうにはば広くいろんなことをやっておられましたね。ぼくは宮本先生には一度しかお会いしたことないけど、東大人類学教室の主任

写真3　藻刈船（長崎県対馬市上県町・佐護湊）

だった渡辺直経先生は宮本先生をよく知っておられて。ぼくから宮本先生に手紙を出して、お返事のハガキを大間で受けとったことがありました。手紙には、磯漁で使う長い棹に突き具をつけた漁法は長い伝統をもつ古いもので、海部《かいふ》集団にまでさかのぼるものであるというコメントいただきました。長崎大学で、人類学会と民族学会の連合大会があったときに、懇親会でお会いしました。一九八〇年でしたかね、あれが最後でした。

赤坂　最晩年ですね。

秋道　陽に焼けた精悍な顔つきの宮本先生を見て、「先生、大間でお手紙をいただいた……」。「ああ、あのときのきみかい」。それが最後でしたね。

海の民俗関係では宮本先生が第一人者で、後継者の森本孝さんはわれわれの同世代です。あと、文化人類学では大林太良先生、南山大学の後藤明さん。ナマコ研究の鶴見良行先生、歴史学では網野善彦先生。地理学の大島襄二先生、関西学院大学の田和正孝さん。海をやっている人はいっぱいいますけど、故人となられた先生も多くて、泣けてきます。民俗学でいまやっているのは、川島秀一さん（東北大学）、野地恒有さん（愛知教育大学）くらいですかね。もっとやってくれる若手がほしい。就職とか安定化などもたいせつですが、自由な学風を持続したい。

赤坂　そうですね。

秋道　日本ではもう（フィールドワークは）できないって、みんな思いこんでいるんでね。いまはＧＰＳがあるし、いろいろ便利になっている。しかし、伝統的な漁法もすたれてきた。ではどうするか。海に生きる人の調査はできないことはない。生きている人間が相手だから、真剣勝負です。あとは、やる気だけです。わたしらの時代には何もなかった。あるのはカメラとノートだけでした。けど、「自然相手に生きている人とつきあう姿勢は、時代を超えて共通する面があるはずだ」という思いがあります。

赤坂　ようするに、下北、石垣、ソロモンという初期のフィールドワークが、完全に『なわばりの文化史』とかコモンズの問題とかにつながっているのですね。どうしてそういうテーマをつかまれたのか、あるいは選ばれたのか。それが知りたい。

秋道　コモンズは「共有地」の意味で、特定の集団のメンバーが土地や海の資源をみんなで共同して利用することをさします。共有ですから、利用する時間とか場所もみんなで決めた一定のルールにしたがった。ルール違反は罰せられることもありました。みんな自分勝手にバラバラで行動していないわけはなんだろう、どんな意味があるんだろうという点に興味をもちました。

農地だったら、むかしは一般的に、私有地で耕作し、共有地としては放牧地とか採草地などがあった。しかし漁業は、現代の漁業法とは関係なく、釣るにしろ網にしろ、他人のことを考えないとダメです。操業する場所ですね。「だれかが一年間ある場所を使ったから、（そこは）ちょっと休ませとくか」てなことを考えたって、べつのだれかが勝手にはいったら、資源保全の意味がなくなる。他人がどうするかを考えると、必然的に、なんらかのかたちで、「これはおれのもの」あるいは「これはみんなのもの」ということを社会的に合意しておく必要があるし、民俗的な決まりや了解事項があるはずです。共有することと、自分だけのなわばりをもつことが出てくる。そういう意識は、漁場をどう選ぶかということとつながっている。

よくいうのですが、漁師さんはわれわれの先生です。民俗を学ぶわれわれにとっての先

『なわばりの文化史』
『なわばりの文化史　海・山・川の資源と民俗社会』小学館ライブラリー、一九九九年

生は、現場の人です。そのことを忘れたら、フィールドワークはなりたたない。研究の意味と立場をわきまえるべきでしょう。そのスタンスは、哲学としてもっています。

赤坂　いいですね、ほんとに。

「入会の海」の存在を知る

秋道　ソロモンの例でいいますと、魚がいっぱい獲れるところはほとんど、有力な氏族が所有している。いっぽう、魚はいるけれどあんまり獲れないところがある。そこは「共有の海」になっている。ラグーンのなかの浅瀬にある藻場《もば》や外洋などが共有になっています。外洋は、あまり漁をしない場所です。

共有の海では「どうせ、魚は獲れんやろう」と思っていた。潮がひいたら、子どもがナマコを手にして、体内から出るネバネバした白い糸状のキュビエ器官を相手の体にかけてキャッキャっと遊んでるようなところです。

一九九〇年に再訪したときにわかったのは、「あそこを共有の海にしているのは、海域を所有しない氏族でも食べていけるような場所として考えている」からだということでした。社会的な弱者をバックアップしている。同じ島の人間でも貧富の差があるわけで、弱小の氏族でも、共有の海はいつでもだれでも使える。ああ、こういうふうにやってるんだと、一九九〇年の調査でわかりました。

所有権が決まっているところは「アシ・アブー」といいます。アシは「海」、アブーは「禁止された」という意味です。アシ・アブーは所有海域で、特定のグループしかはいれない。だれでもはいれる共有の海は、「アシ・モラー」。モラーは「自由」という意味です。

現地のモラーということばは、現在使われている「コモンズ」ということばとほぼ同じ意味で、学問以前からラウの社会で生きてきた発想でした。コモンズは学問用語で、あとから使うようになったわけです。日本では、林政史や農村社会学の分野で共有地の問題が相当研究されてきましたが、海にもそういう共有海域があることがわかりました。一九八四年に、民博で同僚のケネス・ラドルさんと「海のなわばり」に関する国際シンポをやったところ、いきなり注目されました。このときわたしは、漁業におけるなわばりの話を、沖縄の糸満《いとまん》の事例から発表しました。

赤坂　すこしもどるけれども、いまの話を聞いていると、漁村の調査研究といってもいろんなテーマ設定があるわけですね。

たとえば、わたしも山形県の飛島にはいって聞き書き調査していて、いまの問題――三つの集落の延長したところが海の境界だとか、漁場争いとか――がすごくあったわけです。漁場の、漁法と漁場のありかたとか権利関係とかがたいせつだということはもちろんわかるけれども、わたしがとても興味をおぼえるのは、のちに『なわばりの文化史』や『コモンズの地球史』で論じられることになる、いろんなテーマがすべてここに流れこんでいる。つまり、まだ世の中にはコモンズなんてことばがなんにもなかった……。

秋道　使ってなかった。

赤坂　使われてなかった時代ですよね。それで一貫してこのテーマをフィールドのなかで追いつめてきたということは、研究者として幸福だったのか、それとも幸運だったのか、

『コモンズの地球史』
『コモンズの地球史　グローバル化時代の共有論に向けて』岩波書店、二〇一〇年

それとも天才だったからなのか……。

秋道　わたしは、基本的には、年をとったら海外はしんどいので、これから何十年か十何年かは、やっぱり日本の先史、歴史、民俗、地理をやりたい。ものすごくデータがあるから、テーマは変わりません。村史とか県史とかをふまえて奥の深いことができるのは、日本です。しかも、使われているのが外国語ではないからちゃんと読める——古文書はちょっと弱いですが……。

あとの問題は、聞きだせる人びとがだんだん減っていくということでしょう。

赤坂　はい。

秋道　それがちょっと心配なんです。

赤坂　それはそうです。

聞きだせる人は消えていく

秋道　このまえ、『日本のコモンズ思想』（岩波書店）を出版するにあたって開いた研究会で、田口洋美さんに新潟県三面のマタギの話をしてもらいましたが、彼は、三面の歴史と民俗、生態のじつに細かいことにこだわっていて、ぼくもやりたいと思うようなことを全部やっていました。

フィールドにはいって同じ生産活動を調べるにしても、どこまでつっこむかという興味のありかたは、人によって異なる。山口大学の安渓遊地さん、それに彼の奥さんも植物中心の研究者で、こっちが水の管理とかもっとちがうことをやろうかなと思ったら、けっこうやっとるんですよ（笑）。

たとえば、ワラビやゼンマイなどの植物学にくわしかったら、あんまり動物のことをやらんかもしれません。人によってバックグラウンドがちがうと、興味のもちかたやアプローチもけっこう変わると、わたしは思っている。だからやっぱり、現場で目を使うこと、どこを見るかということがたいせつです。電車でスマホやっている人は、フィールドワークにいってもスマホを見るんじゃないかな。一種の中毒で、周囲を何も見ていない。

赤坂　つまり、だれもまわりを見ていないと。

秋道　そう。だけど、こっちは見てる。

赤坂　秋道さんが見ているのは？

秋道　スマホを見ている人の足がどんだけ開いているとかね。それから、この子はいったい何を考えてるんだろうと思う。そういうふうに、ふだんから訓練のためにマン・ウォッチングを心がけています。

赤坂　ほう。冗談ではなく、ほんとにやっているんですか？

秋道　ほんとに。あまりジロジロ見てると変態あつかいですから、そこは要注意ですが。マン・ウォッチングとともに景観ウォッチングも重要で、自然のなかに、あるいは村にはいったときのいろんな景観を読み解くことが必要です。一里塚とか木立があれば、その意味について、むかしの民俗学者だったらすぐにわかりそうなことを、いまの若い人は「あれ、なんですか？」って思う。

赤坂　わからないですね。

秋道　教えるとしたら、それは教育ですか。それとも独学ですか……。教えられるのかな、気づくしかないと思う。
赤坂　どんどん消えていってますからね。
秋道　それもありますね。
赤坂　何かを知りたいと思っても、それを知っている人もいなくなっていますよ。
秋道　いま、二〇一一年に東日本大震災で被災した岩手県沿岸部にある大槌《おおつち》に通っていますが、もともとは一九九九年に現地で研究会をやって以来のことなんです。町内には湧水がたくさん湧きでている。その湧水環境にしか生息できないイトヨというトゲウオ科の魚の保全活動なんかを、仲間といっしょにやってきた。
いっぽう、町内を流れる大槌川、小鎚川には、サケが溯上します。イトヨが生息する小さな川の横には、サケのふ化場があります。そこに「昭和二〇年一二月三一日建立」の、高さが二メートル以上もある大きな「鮭大漁記念碑」があるんですよ。この碑は、津波で流されなかった。終戦直後の食料難の時代には、人びとは溯上するサケのおかげで飢えを逃れたことが書かれている。
ところが、べつの場所にいったら、江戸時代の変な石碑がいくつもある。地元の人に「これなんですか?」と聞くと。「知りません」ということです。このような「モノ」は、知らぬまに業者がもっていったりする。あぶない。だから、おっしゃったとおり消えていってる。
赤坂　たぶん、一九七〇年代ぐらいまではかろうじてあったんです。わたしが岩手県の遠野でいろんなことを教えてもらった郷土史の先生も石仏や石碑の悉皆《しっかい》調査（全数調査）

東日本大震災
二〇一一年三月一一日に発生した、三陸沖を震源とするマグニチュード九・〇の大地震。直後に大津波が発生したこともあって、東北地方の沿岸部は壊滅的な被害を受けた。

イトヨ
トゲウオ科の魚で、陸封型と降海型があり、湧水地帯に多く生息する。近縁種のハリヨ、トミヨなどとともに、稀少種となっている。

をやっていて、その小さな石仏がどのような信仰に支えられているか、「生きているのか」どうかまで確認できたようです。いまでも花が供えられていると、近所のおばあちゃんかだれかが、それを管理していることがわかります。

秋道 そういうことか。

赤坂 管理者がいた。でも、次の代の嫁さんのときには、もう忘れられてしまう。石仏といっても、ただの「モノ」ではなくて、そのローカルな地域のなかでは信仰の対象であったり家の歴史とつながっていたりする。それがまだのこっていて、調べることができた。でも、いまはむずかしいと思います。わたしの大学院の学生なんかは、さっきいわれた村史とか町史のたぐい――これまでの膨大な報告書――を必ず横において、それをもってはいらないと聞き書きも豊かにできないという現実がありますね。

秋道 わりとめだつようなモニュメントは、観光案内に紹介されていたりしてますでしょう。だけど、名もなき石碑についての「近所の吉田さんのおばあちゃんが、いつもお花を入れてはった」っていうような話は、それを話してくれたおばあちゃんが死んだら、だれもわからない。

赤坂 そうです、なんにもなくなってしまう。

秋道 その「生きている」といういいかた、好きですね。その村のなかで生きている。たんなる景観じゃなくて、埋めこまれた歴史と民俗が「モノ」としてそこにあるということは、なんともいえない。その話をわれわれのような外部者が聞けるなら、うれしいですよね。

現場にいって発掘できる感性

赤坂　先ほどいわれましたけれども、膨大な情報がすでに蓄積されていますね。これからは、その膨大な情報をどのようにフィールドのなかに生かすのかということを、徹底してやらざるをえない。たとえば、わたしや野本寛一先生の教え子でもありますが、川合正裕くんは、「畑の神さま」をずっと追いかけていた。いまは奥会津（福島県）の三島町《みしままち》にはいって、町の職員としていろんなことをやっています。

秋道　畑の神さまですか。

赤坂　「畑の神さま」といったって、北上山地で聞き書きをしても、ほとんどたどりつけないですよ。でも、ほんのわずかな写真がのこっていて、畑のなかに石積みがあったりする。「これ、気になるんで、ちょっとがんばって聞きなよ」という感じであと押ししてはじまったんですが、一生懸命聞いているうちにかなりの数のデータが集まりました。それがさらに、「会津のほうで、こんなものありました」という話につながっていったりします。

奥三面《おくみおもて》みたいにすべてがあるフィールドには出会うことができなくなっています。膨大に蓄積された情報を横におきながら、とにかく歩いて断片的なものをひろい集めながら、それを再構成するような時代になってしまっているのかな……とは思いますね。

秋道　あるいは蓄積された情報から――「落ち穂ひろい」といういいかたは非常にいやなんで――なんていうかな……「発掘できる能力」というのか……。

たとえば、『北越雪譜《ほくえつせっぷ》』を読んで現場にいって、「このへん、ちゃうかな」といったって、

『北越雪譜』
鈴木牧之による天保年間の書。越後国魚沼における雪国の生活習慣、風俗、方言、産業を挿絵入りで活写した貴重な資料。

いまでは「住宅ばっかりやんけ」の状態だったら幻滅ですね。ただ、やっぱりどっかになんかあるんちゃうかなあ、痕跡みたいなものが。

赤坂　それは、きっとあると思います。

秋道　環境変化が起こっているから景観は変わったとしても、石のモニュメントは、割れたりとりとりさられなかったらそこにありますね。

赤坂　ありますよ。

秋道　田の神さんは、まだのこっていますか？　圃場《ほじょう》整備でなくなってませんか？

赤坂　石仏とか石碑とかは、もとあった場所から動いちゃっている。そこにあるからといっても、じつは圃場整備の結果だったりします。

秋道　本来の場所からは、ようするに〝本籍〟が変わるわけですね。

赤坂　本籍と断ち切られてしまっている場合が多いですね。しかし、「集まっている」ということも、その村の歴史にとっては意味のあることだとは思いますけどね。

秋道　わたしはいつも新花巻から釜石経由で大槌にいくので、釜石線に乗って、ずっと外を見ています。イネ扱《こ》きの形はどうだって見る人が多いけれど、わたしは、田畑のまんなかに石が三つぐらいぽっぽっぽっと並んでいるのを見て、「おお、なんの碑かな？」と思うんです。山形県の置賜《おきたま》地方にいったら、もっとすごいですね。

赤坂　そうですね。

秋道　突如、すごい草木塔《そうもくとう》（次ページ写真4）がダーンと現れて、「なんじゃ、これ?!」という感じであるから、びっくりしますね。石仏は、田んぼのなかだったら、わりとよくわかります。だけど、茂みの斜面では全然見えない。

圃場整備
労働生産性向上のため、国や自治体が、耕地の区画や用排水路、農道などを整備する公共事業。

草木塔
自然の木や草の命をたいせつに思い、その命を供養する碑や塔。約九割が山形県内にあり、なかでも置賜地方（内陸部の南の一帯）に集中している。

赤坂　震災後に南三陸町にはいってみると、三戸辺《みとべ》という集落で鹿《しし》踊りが復活していました。集落は志津川《しづがわ》湾に面した漁村で、津波にのみこまれました。津波がとどかなかったちょっとした高台に石仏・石碑が集まっている場所があって、無事だった。そのひとつが、鹿踊りの供養塔なんです。表面が剥落していて何が書いてあるのか読めないけれど、市町村史をのぞくと、その文字を知ることができる。ようするに、「生きとし生けるものすべての命のために、この踊りを奉納する」といったことばです。

秋道　うーん、そうか。踊りで「供養」するのか。

赤坂　そうです、とっても大事なことばがあったなあと思うけれども、いまは読めない。でも、記録はある。

秋道　時代はいつですか?

赤坂　一七二〇年代、たしかそのころです。そこは漁村です。

秋道　漁関係だったら、大槌のあたりにも鮭供養碑があります。釜石の北の両石にも鮭供養がある。そこも波をかぶったけど、大丈夫かな?

赤坂　どうでしょうか。浸水区域ですね。

秋道　三陸はひどかったもんね。大槌でも、いるか供養碑が流された。あとで見つかりましたが……。

写真4　草木塔（「平成9年12月」建立、高さ4.2m・幅2.7m、山形県米沢市置賜地方）

歴史の変遷に目をむけないと、ダイナミックな動きは見えない

赤坂　なんで鹿踊りなのか。すこしだけ聞き書きをしました。じつは、昭和三〇年代までは、その村の男衆はみんな炭焼きをしていたんです。背後は里山で、シカもいるからシカ猟もしている。炭焼きをしていて炭が売れなくなったんで、もっていた漁場の権利みたいなところにもう一度もどっていって、養殖漁業をはじめたっていうふうに聞かされて、「ああ、海と山のあいだに生きるってこういうことなんだ」と思いました。三陸の、大槌なんかもたぶんそうだと思うけれど、漁村は必ず山を背負っていて、山をすごく大事にしているようですね。

秋道　うん、うん。

赤坂　魚附林《うおつきりん》（写真5）をつくったりとか。山をきちんと守っていないと自分たちの漁場が荒れるということを、よく知っている人たちですね。それで、わたしは以前のことを確認していないけれど、漁業の変遷のなかで、海がダメになったときは食っていけないから、みんないっとき山にはいって炭を焼いていた。それもダメになったが、漁場の権利をもっていたからもう一度海にもどった。しかも、養殖漁業というあたらしい漁法がそこにはいってきた——たぶん、そういう変遷だと思います。

秋道　やっぱり、その歴史の変遷を見ないと、ダイナミックな動きは見えないですからね。

赤坂　そうです。見えないです。

魚附林
漁獲の向上と維持のため、海岸部や離島における保護林。魚附林が魚を寄せる理由についての決定的な科学的根拠はないが、経験知による保全策として評価されている。

写真5　魚附林（新潟県の三面川河口部）

秋道　わたしが大槌町の吉里吉里《きりきり》にいったとき、おばあちゃんに聞いたら「むかしここは、塩をつくっておった」と。

赤坂　塩ね。

秋道　どこもっていったのかとたずねると、「山を越えて、遠野にもっていった」という。吉里吉里では、一七六八（明和五）年ころから鉄釜が使われ、一七七七（安永六）年には浪板《なみいた》海岸に塩田も造成されたと聞いてます。製塩は明治期以降も続けられたけれど、一九二九（昭和四）年の「製塩地整理法」公布によって、浪板海岸の製塩は廃止されたようです。

大槌から界木峠《さかいぎとうげ》を越えて遠野にいたる交易路は、大槌街道と呼ばれていました。沿岸の海産物や海藻などとともに、塩を運ぶネットワークがあったんです。その際の産物は、五十集俵《いさばだわら》に入れて、牛馬の背に乗せて運ばれました。帰りには、コメや野菜などをもち帰ったそうです。むかしからの、山と海の相互交流みたいなものがあったんですね。

赤坂　まだ、駄賃付《だちんづけ》の馬が、峠越えで遠野と海辺をつないでましたから。

秋道　いま赤坂さんがおっしゃったような、山と海、あるいは森と海というか、そこで人が右往左往したりいろいろな苦労をした歴史についての学問を考えるかどうかでね。なに学でもいいから研究をすれば、広がりが出てくる。それも、若い人がね。

現存する分野からはいるのはしかたがない。いま話の出た「鹿踊り」でいうと、鹿踊りの分布を調べて、ビデオを撮って記録する。それでいいんだけど、「なぜ、鹿踊りがここで？」という問題意識が重要です。漁村っておっしゃったでしょ。しかも、山の話とか炭焼きとかが出てくる。炭焼きは戦後どうなってしまったかという話にもなるわけで、

駄賃付
荷主から運賃をもらって荷を運ぶこと。明治時代にはいると、鉄道や道路の整備にともなってしだいにすたれていった。

研究の広がりが出てくる。若いあいだに、そういう感受性で何を見るのか……。

赤坂 そう、何を見るかです。若い人たちの研究を見ていると「これ、おもしろくてやっているわけじゃないよな」って思うことがあります。はずしている。

秋道 だから、「おもしろくないなら、研究をやめなさい」ということになる。やってもいいけど、もうちょっと見るものがあるやろうと思う。

アタリのつけかた（なぜ、そこに着目したのか）

赤坂 一九七〇年代の後半に資源管理みたいなものがグローバルなテーマになってきて、ここで一九七〇年代はじめからの秋道さんのフィールドワークとか研究が生きてきたということだと思います。じゃあなぜ、そこに着目していたのですかね。たぶん、研究者の資質などいろんなものがあるだろうけれど、理系だと、はずしてしまうとどれだけやってもダメですね。そのアタリのつけかたは、なんでしょうか？ そこがじつにみごとだと思うんですよ。正直いって、最初にマグロ漁のときのエサを季節ごとにどう変えているかなんて、ふつうは考えないでしょう。それが意味をもってくるという予感を、どの程度もっていらっしゃったのかな？

秋道 「どうして、マグロ釣りのエサを季節や漁場によって変えているのか？」という疑問から、一般的に何がいえるかを知りたかった。「なぜ、これを使うんや？」ってことかな。まずいえることは、個人差がある。獲れたマグロは、船上で暴れると血がまわるから、エラをとって血ぬきをする。内臓もとって、すぐ胃袋を開ける。何を食ってるのかを調べるわけです。
赤坂　なるほど。
秋道　水俣病の研究でも知られている東大・人類生態学教室の鈴木継美《つぐよし》先生に「マグロをやります」って相談にいったら、「そうかあ。おまえ、悪いけど胃袋を調査してほしい」といわれました。マグロは、海洋では高次の消費者ですが、体内に水銀がどれだけ蓄積されているか、人類生態学的な点から興味があるわけです。いわゆる生物濃縮のデータになるわけですね。
そこで、大間では浜にもどったマグロ漁師からマグロの胃袋をもらい、東京からもっていった布袋《ぬのぶくろ》に入れて、一斗缶のホルマリン溶液で固定しました。ほんとうはすじ肉がいいんですが、売りもののマグロですから、それはさすがに無理でした。
赤坂　ほんとに。
秋道　胃袋の中には、カタクチイワシがどっさりあったり、イカの目玉とかがある。何もない空腹状態のこともある。エサに使ったと思われるイカが一匹丸ごと出てくることもありました。胃の内容物は共同研究として分析してもらい、論文にしましたが、一〇年以上受理されませんでした。水俣病の研究に貢献できなかったのが残念ですが、当時からすれば、いまはもっと技術も進歩しているでしょうね。
ふつう、漁師さんはマグロの胃袋を家にもって帰って、焼いて食べます。マグロの胃袋や心臓とかをもらって、ときどき漁業組合の人らと浜で焼いて食べました。心臓は「まあまあおいしい」でしたね。
赤坂　漁師たちは、マグロが何を食ってるかを確認しているわけでしょうか？

水俣病
熊本県水俣市の化学工業会社チッソから排出された水銀が魚貝類をつうじて人間に摂取され、多くの被害をもたらした環境汚染由来の最初で最大の公害病。

秋道　そうです。だから、食っているものをエサとして使うのが常套ですが、マグロはエサであればなんでも食べる広食性の特徴があります。じゃあエサとして何がいいのかは、時期や漁場で変わる。

津軽海峡域では、表面水温が一八度になったら、漁期がきたと判断します。通常は、七月の二〇日前後です。最初は生きたイカを使う。八月にはいったら、今度はマサバ。九月になったら、サンマ、イワシ、トビウオとなります。

死んだトビウオを使う漁師がひとりだけいました。八丈島産の大きなハマトビウオを塩漬けにしたものを送ってもらい、胸ビレに針金をとおして使うわけです（写真6）。見せてもらいましたけど、まあみごとですよ。エサの話を聞きにいっても、わたしがたずねることはわかっているから、「これしか使わん」って（笑）。ほかの人は変えている。

季節差と年齢差、個人差を調べてみました。でも、一年ぶんだけの調査ですし、いまみたいに魚探（魚群探知機）を使うことや船に自動巻きあげ機やウィンチも装備されていない時代です。二〇年、三〇年やればもっとおもしろくなったでしょう。

調査した年のマグロ漁は、一一月で終わりでした。シャチがきたんですよ。

赤坂　シャチ？

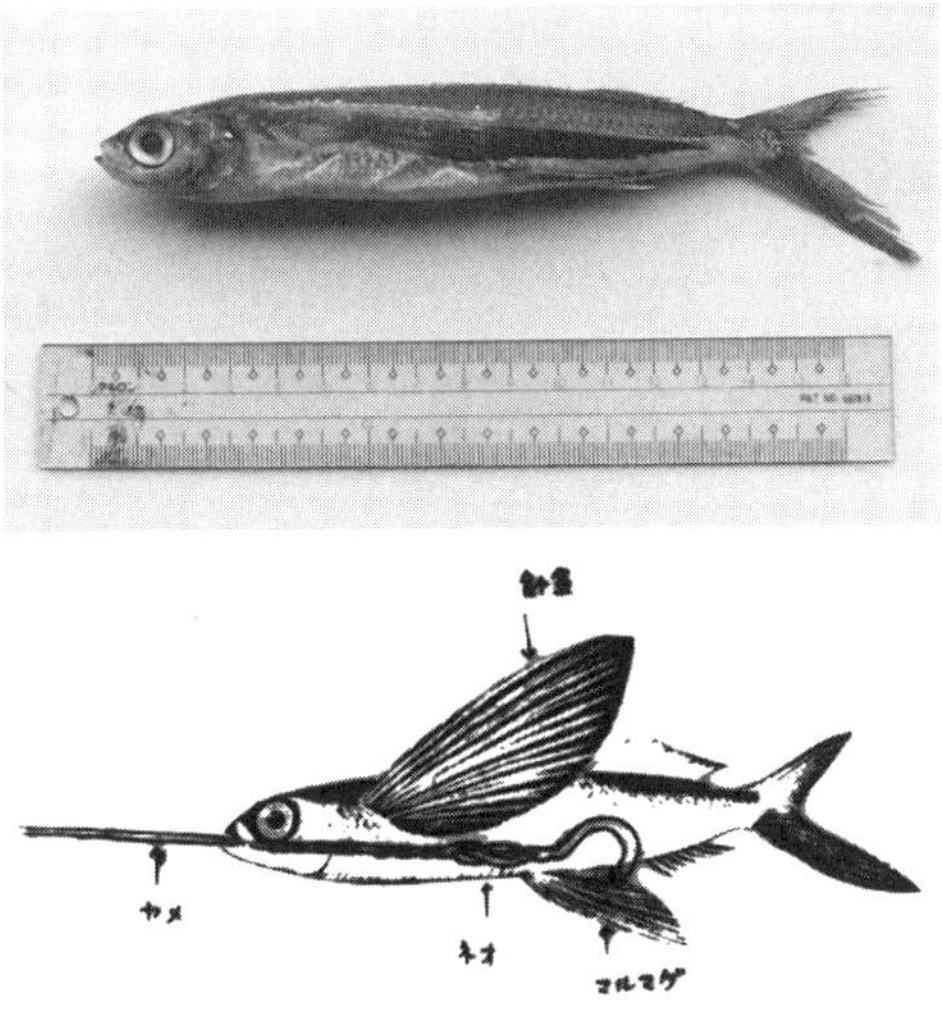

写真6　八丈島産ハマトビウオ（上）と、それを擬餌として使うときの、胸ビレへの針金のとりつけかた（青森県大間町）

秋道　シャチがきたら、マグロはすぐに逃げる。「ヤイヤイ、もう、今年は終わるべさー」っていってました。最近は、大間のマグロ漁は一二月ごろもやってますね。テレビでよく見ます。
赤坂　やってますね。
秋道　築地の初セリで一本何百万円とかしますね。
その後、わたしは大間から南の海をめざしました。オセアニアにいって、沖縄やって、東南アジアやってと、ふらふらしてきました。地球研にきてからは、ほとんど東南アジア大陸部と中国の雲南省です。

東南アジアと中国大陸　外国でのフィールドワークのむずかしさ

赤坂　今度は、東南アジアと中国のフィールドワークの話を聞かせてください。
秋道　中国は、最初に秋篠宮殿下といっしょにいったんです。一九九八年でした。家禽資源研究会というのがあって、人間はなんでニワトリを野生から家禽にしたのかということについて研究してきました。家禽としてのニワトリは四種類知られてますが、そのなかの赤色野鶏が家禽化の対象となったとされています。
なぜ家禽化したのかについては、いくつかの仮説があります。食用にするためとする説。朝、コケコッコーと鳴くので、時間を知るために目覚まし時計がわりだとする時告げ鳥説。人間が天上に他界する際に鳥が媒介となるとする儀礼説などです。最後の天上他界説では、鳥人＝バードマンが登場します。わたしたちは、「それだけではないだろう」

と思いました。そこで、現場の少数民族の話を聞いてみようと、個人としても都合一〇回以上、中国にいきました。中国語ができないので、日本語か英語をしゃべれる、現地の雲南大学の先生や若手といっしょです。

そうしたら、野鶏との接触機会は意外と日常的だということがわかりました。野鶏は、春や秋に、繁殖のためやエサを食べるために、山から村の焼畑にやってくるんです。

赤坂　ほほう。

秋道　春の繁殖期には、オトリ用にメスのニワトリをひもでくくっておくと、野鶏がきます。あるいは、ワナをしかけておいて、捕獲します。秋の収穫期には、畑の穀物を食べにやってきます。ときには、村の家の庭にもはいってくることがあるということでした（写真7）。

ところが、こうした話から、「野鶏といわれているのは、ほんとに野生なのか？」という疑問が出てきました。つまり、「家禽が村から逃げて、また村にもどってきたのではないか」とも考えられるわけです。こうなると、文科系の仕事だけでは解決できません。イノシシとブタの話と同じで、遺伝学的には家畜・家禽と野生種は連続するし、一度山に逃げた個体が村のほうにもどってくることはよくあることです。家禽の脚はふつう黄色ですが、野鶏の脚は灰色です。このほか、野生と家禽とは見ためでもいろんなちがいがあるけれど、なかなか判定はむずかしいものがあります。それでわたしは、「焼畑農耕や狩猟が家禽化の要因」という説を

焼畑
森林を伐採して火入れし、その灰を肥料としておこなわれる農耕。陸稲、雑穀、自給用・換金用の作物の耕作を数年間おこない、地味（土壌）の回復と森林再生のために休閑期間を設ける。

写真7　野鶏を手にするチノー（基諾）族のNさん（西双版納タイ族自治州の基諾山にある巴朶寨）

提起しました。もちろん、家禽化の話以外にも、人間とニワトリとの関係については文化系的な仕事もあります。たとえば鶏占いは、ニワトリの脚や頭の骨を使って、旅行の是非、友人とすべきかどうかなど、日常的な出来事を占いますし、娯楽としての闘鶏などもありますしね。

狩猟や闘鶏の調査は、ラオス、タイ、ベトナムなどでもやりました。でも、中国での調査はいろいろとむずかしいです。

赤坂　やはり、そうですか。

秋道　東京外国語大学で中国の歴史学をやっているクリスチャン・ダニエルスさんのように、ことばができて、むこうの共同研究者がいないと、長期間の調査はできない。それで、わたしがやったのがメコン川なのです。メコン川流域の、タイ、ラオス、カンボジア、中国ですね。中国側では、昆明にある雲南大学で人類学を研究している尹紹亭《インシャオティン》先生がわれわれの共同研究者で、雲南大学で何度もシンポジウムや研究会をやりました。あとは、タイのチェンマイ大学、ラオスのナフリ（国立農林業研究所）やラオス国立大学などが共同研究機関でした。

赤坂　そこでは総合調査をやりましたか？

秋道　「アジア・熱帯モンスーン地域における地域生態史の統合的研究　一九四五〜二〇〇五年」というタイトルの研究です。地球研のプロジェクト研究として、中国成立の一九四九年よりちょっとまえから現代までをということで、五年ほどやりました。

中国の研究者を入れると一〇〇人を超える人数での共同研究で、八つほど班をつくりました。わたしはリーダーだったので、自分の調査はあんまりできなかったですが……。

クリスチャン・ダニエルス　一九五三—。西南中国の歴史研究者。とくに雲南省におけるタイ語族系の少数民族を対象とした歴史研究に従事。

赤坂　川野和昭さんもそれにはいっていたんですか？
秋道　はいってました。彼は、よくラオスにいきました。
赤坂　いってましたね。
秋道　彼は、チベット・ビルマ語族系の焼畑農耕民の社会で、「この森はまだ若いから伐ってはだめだ」と、そういう調査をやってます。わたしは、報告書でちょっと文句をいったことがありました。というのは、彼は、外国の調査でも現地語の表記にカタカナを使うんです。カタカナだけでなく、アルファベットでも書かないと……と。焼畑は、放棄してから一〇年くらい休閑期間をおくんですが、たとえばカムー族の社会では、木が少し生えてきた段階を「若い森」といいます。現地語では森のことを「レン」というんです。そして一〇年以上の森は「レン・ケー」といいます（「ケー」は、「年とった」という意味）。といってカタカナで「レン」と書いても、綴りがＬｅｎなのかＲｅｎなのかわかりません。だから、カタカナ書きは日本の論文にしか使えません。
赤坂　なるほど。
秋道　膨大な報告書を書いてもらったのはいいけれど、カタカナだけではダメ。しっかりした通訳がいましたので、キチンと書いてほしかった。川野さんは、あそこまで調べるのには時間がかかるだろうなあと思えるような、いいデータをもっているんですよ。日本では、焼畑の調査はほとんどできないでしょう。鹿児島とラオスの竹林の焼畑が似ているなんて竹林文化論を提起されてますが、伝播なのか類似の現象として収斂したものなのか。川野さんはまだ六十代ですかね。

川野和昭
民俗学者。西南日本や東南アジアにおける少数民族の調査に従事。焼畑農耕の比較文化論では独創的な論を展開している。

赤坂　六十代前半ですね。

秋道　焼畑の調査は、日本ではできないけれど、東南アジアではできます。ただ、農学的な方法で精緻に面積を測り、どんな植物が生えているとか土壌の酸性度とか調べている。だけど、儀礼や祭りの話などは完全にぬけている。森林保全、作物の収量の向上などについて、いろんな計測機を使って数量化し、サンプリングして、実用的なレベルで植物のリストをつくるようなことは、パーフェクトにやる。

わたしのプロジェクトの佐藤洋一郎さんはイネのＤＮＡ考古学の専門家ですが、イネの野生種についていい成果を出しています。こうした研究と川野さんの焼畑の民俗調査、民族植物学や農学的な調査がくみ合わさって、ずいぶんと質の高い成果を出せました。ところが、森の所有権の話はどっちかというと、みんなやりませんでしたね。

赤坂　そうですか。

秋道　おもしろくないんかなあ……。わたしだけ、おもしろがっている。

日本では、明治の地租改正や戦後の農地改革などがあって、小繋《こつなぎ》事件など、共有林の官有化をめぐっていろんな事件が起こりました。ラオスやタイでも、国が住民の使ってきた共有林を国立公園にしたり、管理の国有化をすすめました。共有林として使ってきた地元の人びとは立ち退きです。これは、小繋事件そのものです。暴力事件はあまり起こっていませんけれども、住民の不満は大きい。

彼らは少数民族で、差別されている面があるけれど、勝手に国有地にはいってチョロチョロと作物をつくっているしたたかさがあります。日本だと裁判闘争でやるけれど、彼らはこそっとはいったりして、黙ってやっているんですね。でも、もともとは少数民族

小繋事件
岩手県二戸郡一戸町字小繋にある小繋山は共有林として利用されてきたが、地租改正で民有地となった。これを契機に、山林所有をめぐる法廷闘争が戦前・戦後にわたり長期間あった。

の人びとは数百年まえから移動してきたとはいえ、山の利用について、カミの世界や共有の世界をもってかかわってきました。ところが、政府の政策で人びとの暮らしや慣習が蹂躙され、無視されることがたいへん多い。中国の場合も、国の森林政策が一九八〇年代以降に何度も変わり、住民は翻弄されてきたのが実情です。

たずねかたひとつで、まだまだ出てくる

赤坂　一九九二年二東北に移ったときに、焼畑がどうなっているのか、気になりました。山形では、けっこう歩いて調べたんですよ。そうしたら、内陸部でもやっている人はいたし、温海《あつみ》（現・山形県鶴岡市）のほうでもあった。

秋道　温海のカブは有名ですね。

赤坂　いま、山形大学の江頭宏昌《ひろあき》さんのグループが、焼畑を復活させるようなことをいろいろやっている。そうすると、いろんなことが見えてきています。わたしが九〇年代に聞いて歩いただけでも、ほとんどの漁村でやっていました。おもしろいテーマだと思うんですけど、本格的にそこにはいって研究する若手が出てこないです。

秋道　山形の沿岸の漁村ですか？

赤坂　びっくりしました。沿岸部の漁村が、その背後の山でやっていました。いまはもう、聞き書きもむずかしいかもしれません。

秋道　はじめて聞いた。

赤坂　だから、研究者が聞いてないんですよ。聞けば出てくるんですが……。

秋道　聞いていないんですね。

赤坂　聞き書きのノートがあります。三陸とはまたちがいますけれど、漁村は、必ず背後の山を利用しています。

おもしろかったのは、庄内の漁村の男たちはいっさい農業をやらないことです。農業をやっているのは女たちで、小さな畑を耕している。男に話を聞いても、まったく出てこない。男は、自分のところの畑がどこにあるかも知らない。「男は海で、女は山畑《やまはた》だ」という。

秋道　鳥海山《ちょうかいさん》のふもとの遊佐町《ゆざまち》あたりは庄内平野で稲作があるので、畑作はあまりないじゃないですか。

赤坂　鳥海から温海のほうにかけて、点々と漁村を歩いて話を聞いてきましたが、あたりまえに出てきます。

もうひとつね、山形のあのあたりに、潜水漁撈、海女《あま》さんがいたっていう報告がないんです。あるときわたしが資料を見てたら、絵ハガキの写真に温海の海女が写っているのを見つけた。鶴岡市の加茂のすぐ南の漁村で、海女さんがいたのかなと思って聞くと、聞いたその女性がドンピシャで、海女さんでした。昭和三〇年代なかばまでのことです。クグルとかクグリといい、おもにテングサをとっていました。

秋道　それ、もう大あたりじゃないですか（笑）。

赤坂　昭和三〇年代なかばまで彼女がリーダーで潜っていたという話を聞いて、びっくりしました。そのあたりをフィールドにして研究している民俗の研究者が何人かいるのでたずねたら、呆然としている。「あのばあちゃん知ってるけど、あのばあちゃんが海女やってたなんて、知らなかった」って。

われわれは、「もうなんにもなくなってしまった」というふうに思いこんでいるところもあるけれど、自分のかぎられたテーマでアプローチするから聞かないんです。わたしはそのおばあちゃんから、岩ノリをみんなでとったとか、自分がやっていた話をずいぶんいろいろ聞きました。

秋道　そのときはうれしかったでしょう？

赤坂　うれしかったですよ。リーダーがその日にその海の状態を見て、岩ノリを採取するために磯浜にはいっていいかどうかを決める日和見《ひよりみ》もあったっていう。飛島なんかではそれがあったわけですが、ここには女の日和見もあったのですね……。

秋道　日本海沿岸では、ちょこちょこ岩ノリ採集をやってますね。わたしも飛島で、岩ノリのことを聞いたことがあります。あと、島根の十六島《うっぷるい》とか、能登半島の輪島（石川県）、丹後半島（京都府）の経ケ岬《きょうがみさき》の袖志《そでし》などでも話を聞いたことがある。岩ノリをとる日のことをね。鼠ケ関《ねずがせき》（山形県と新潟県の県境）のあたりにも海女はいたんですか？

赤坂　あのへんにもいたかもしれません。

秋道　わたしね、地球研で岩ガキの調査をやった。海底湧水が出る場所の岩ガキは大きくておいしいということを、地球研の谷口真人《まこと》さんが調べています。山形県の岩ガキ漁について、山形県酒田市にある漁連で聞いた。そしたら、鼠ケ関や温海のあたりは、おじいちゃんが船の上から磯見で岩ガキをとる。ところが、酒田より北のほうは素潜りで、大きな鉤《かぎ》を使ってとっていました。秋田県境に近い月光川《がっこうがわ》河口部にある吹浦《ふくら》で話を聞きましたが、「なんでちがうのかな？　おもしろそうやな」って思った（次ページ写真８）。

素潜りは、資源管理のために、とりすぎないようにするためとか聞いています。海女漁もあったとは、びっくりしました。

赤坂　だから、聞きかたひとつです。わたしはフィールドワーカーじゃないので、浅く、ずっと海岸を歩いて、「ああ、なんだ、みんな焼畑やってるわ。海女もいるわ」と確認するだけで、それ以上つっこんでないわけです。たとえば焼畑の研究だって、海女の研究だって、かろうじてできた時代でした。でも、いまはもう無理ですね。わたしが話を聞いたおばあちゃんも、数年後にいったときには病院にはいっているとのことでしたから。一九九〇年代のなかばですね。

秋道　九州の玄界灘（福岡県）に、沖ノ島という島があります。国宝を八万点ほど出した、有名な島です。いまは世界遺産の候補地になっていますが、世界遺産関連の活動の中心になっている九州歴史資料館の西谷正先生に聞いたら、そこにも、いまでも海女がいる。サザエをとっています。そんなこと、どこにも書いてありません。男性の海士《あま》はいますけどね。壱岐東部の八幡浦なんかは海女でしたかね。海女の伝統は弥生時代か縄文時代からあるけれども、海と陸をセットで考える発想は重要ですね。やっぱり、宮本常一先生はえらかったと思います。ただし、先生のお仕事から何十年ですか、まだまだやるべ

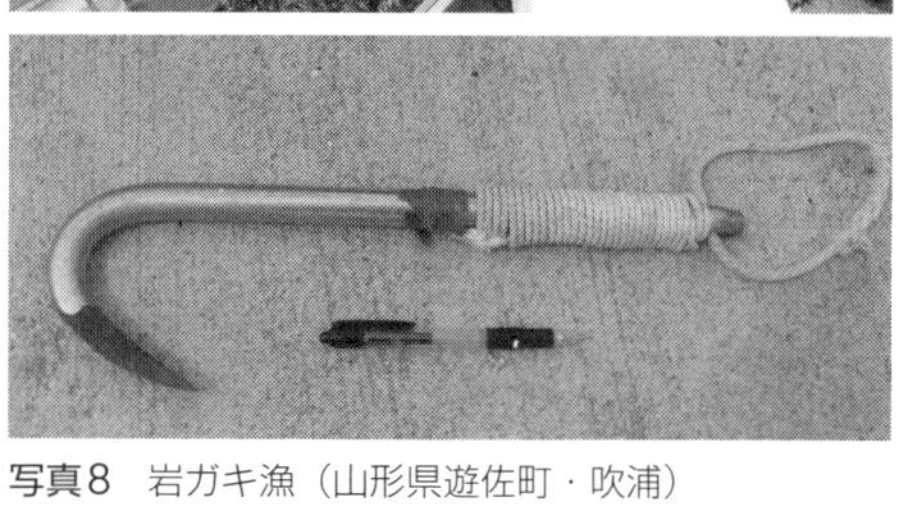

写真8　岩ガキ漁（山形県遊佐町・吹浦）
上　収穫した岩ガキの出荷のようす
下　岩ガキ漁に使う鉤

き研究があるということですね。

赤坂　そうなんですよね。

津波が教えてくれたこと(1)

秋道　狭い日本だけど、開発による自然破壊もさることながら、津波のような自然災害による破壊の問題も考えざるをえないですね。

赤坂　その津波ですけど、震災後にとにかく歩きつづけて、何が起こったのかを見て歩きました。ひとつの発見は、三陸のリアス式海岸からずっと南にさがったところ、宮城の仙台以南から福島にかけての沿岸部には「潟」がたくさんあったこと。松川浦は深くて埋め立てできないので、唯一のこったところです。

秋道　ラグーンですね。

赤坂　調べていくと潟や浦が点々とあって、福島県立博物館にも潟の開発史の展示があったんですが、震災のまえはなんの興味もなかった。ところが震災のあとであのへんを歩いていると、いたるところに泥の海が広がっていることに気がついた。「この下はなんですか?」って聞くと、「水田だった」っていう。泥の海が一面に広がっていて、震災直後、一か月後ぐらいはまだそういう泥の海がいくつも点在していた。調べてみたら、たとえば、いまは八沢浦干拓という地名になっているけれど、かつては浦です。海との境を堤防をつくって埋め立てて、排水施設をつくり、全部水をぬいて、塩ぬきをして……半世紀かかってます。明治三〇年代からそこを水田地帯につくりかえてきている。

秋道　明治……か。

赤坂　そこが、今度の津波でキレイに潟にもどってしまった。

秋道　もとの状態に。

赤坂　深さが二メートルぐらいだったので、干拓しやすかったわけです。まさに水田が泥の海に、潟にもどって、地元の人たちが「江戸時代にもどっちゃった」っていうわけです。あるいは、「浦にかえったんだ」っていいかたをする。

これからどういうふうに復興していくんだろうって考えたときに、「このまま潟にもどしてやればいい」というふうに、わたしは考えました。理由は、いくつかある。放射性物質も降ってますし、塩漬けになってしまった田んぼをもとの田んぼに復旧するには莫大な金がかかる。年数もかかる。

はっきりしているのは、そこで耕しているじいちゃんたちの平均年齢が七十代なかばだということです。じいちゃんたちが生きているあいだに五年一〇年かけて田んぼにもどして「さあ、もう田んぼを耕していいよ」っていっても、耕せるわけないんです。耕す人がいないにもかかわらず、公共事業を起こすとお金が降ってくるから、それをやりたがる。

それで、もどすべきなんじゃないかと思って調べはじめてみると、明治三〇年代までは、そのあたりには美しい潟の風景があった。そこで塩づくりをしたり、ウナギを獲ったり。獲った魚を峠越えして郡山のほうに運んで大金持ちになって、御殿が建ったとかね。いまも塩づくりの穴はたくさんありますし、文人たちが風光明媚なので歌を詠んだり、旅館があったりという歴史が見えてきたときに、わたしは「潟にもどしてやればいい」

放射性物質
二〇一一年三月の東京電力福島第一原子力発電所事故により、東北と関東の全域の大気および太平洋側の海洋が、放射性物質で高濃度に汚染された。

と強く思いました。

実際に、自然の復元力って、ものすごく強いです。結局、点々とあった泥の海はもう消えてしまいましたが、三陸のほうでも干潟が復活してアサリが大繁殖しているとか、そういうことを聞きますね。

浦であった時代、潟であった時代は、そこは完全に「入会の海」だったはずです。それを水田にすることによって、田んぼとして私有地に分割していった歴史があった。その歴史をもう一度反転させるような発想ができないだろうかと。そのときに入会地の問題とか、コモンズの問題だとかが出てくる。それがリアルにせまってきて、秋道さんの『なわばりの文化史』などを夢中になって読みはじめました。

これを解決するには「コモンズ」という考えかたが必要なんじゃないか、莫大な資金を投入して、だれも耕すことのない田んぼをつくっているヒマはないだろう。人口がどんどん減少する時代のなかで、近代の一〇〇年間ぐらい自然からお借りしていた浦とか潟とか山とかを、もう自然に帰してやる時代がはじまるのじゃないかと思います。そのときに、土地の所有とか私有という考えをすこしカッコにくくって、コモンズとして利用しながら、あたらしい自然生態系をデザインしなおしていく時代がはじまると思うわけです。

秋道　意義のある話です。戦後の経済発展の際に露呈した土建業中心の発想と、今度はオリンピックでしょ。

赤坂　何やってんだと。

秋道　震災地のことを考えなさいよ、といいたいですね。このまえ、防潮堤建設反対の署名に名を連ねましたが、自然に土砂が堆積する話と沿岸を埋め立てる話は、わけがちがう。それはいいとして、この潟はいくつくらいありますか？　大小あるでしょうけど。

赤坂　大小ありますが、五か所くらいは確認しています。原発から一五キロ地点の小高《おだか》っていう地区、海岸から数キロ内陸部にはいりこんでいる井田川浦。いまは水がひいてもどってきているけれど、おもしろいのは、そのまわりを車で走っていると、道路をはさんだ山側は津波をかぶっていない。田んぼが生きている。つまり、近世の田んぼです。

ところが、近代の開拓のエリアは津波をかぶっている。全部かぶっているわけです。

秋道　ということは、江戸時代にあったであろう津波にも、近世の田んぼはもった（被害にあわなかった）わけですね。

赤坂　（津波は）とどいていないですね。丘の中腹に縄文の貝塚があるんですが、貝塚もみんな無事でした。つまり、自然の植生とか生態系が、いまある海岸線を維持しているのだということ。多くの人びとは、自分がそのリアリティを感じなくなっているということに、気づいていない。

秋道　日本の長い歴史を考えたら、たかが一〇〇年なんだから、「今回のことをいい機会にして、きちんと反省しなさい」ということですか。

赤坂　そう。それで経済力は落ちていくし、人口だって急激に減少していく。だから、ある意味ではチャンスだと思うんです。

秋道　それを具現化する法律も重要なんで、なんとか防潮堤をつくらん方向にいかないと。五十嵐敬喜（法政大学名誉教授）さんも同じように総有論を提唱されて頑張っておられる。わたし、この話がむちゃくちゃおもしろくって、この本に書いていただきたかった。

総有論を提唱されて
五十嵐敬喜編著『現代総有論序説』ブックエンド、二〇一四年。

赤坂　まにあわなかった。

秋道　ここでもう一回、話だけでも出るなんて、うれしいです。

赤坂　このコモンズの問題は、わたしのなかでは震災後に「あ、これだったんだ」っていうふうに気づかされました。人と自然との関係を根底から再編しなくちゃいけない時代にきているいま、入会とかコモンズという考えかたしか突破口はないと思う。自然はもともとだれのものでもなくて、それを私有というかたちで分割して囲いこんでいたのは例外的な状況だったというふうに考えるべきだと思います。

秋道　コモンズ制度に、ヤクザだけは入れたくないです。またウナギの稚魚をとりよる。

赤坂　ウナギの稚魚ですか？

秋道　ウナギの稚魚のシラスは、暴力団の資金源だからね。一キロ数百万円しますからね。

赤坂　どこも押さえてる。

秋道　大阪なら大阪市と堺市の境界にある大和川、ほかに九州の福岡、大分、宮崎など、シラス漁のおこなわれているところがいろいろあります。

赤坂　知らなかった、ウナギもなんて。海産物の密漁は全部そうでしょうね。

秋道　北海道のオホーツク海や噴火湾で獲れるナマコ。むかし、中華料理でナマコは、うま煮にして大皿が円卓に出た。

赤坂　いまは小さいでしょ。

秋道　いまはね。銘々皿に小ぶりのナマコが一匹づつ出る。この手の大きさのナマコは、アンダーサイズで獲ってはいけない。水産庁でも問題にされている。ナマコの資源が減ることはまちがいないです。

江戸時代はもっときびしくやっていたです。清国への輸出品で、フカヒレ、アワビとともに俵物だったんです。規格外の製品は、はねられた。幕府や商人がきちんとやっていたからよかったんでしょうがね。

自然とともに生きるために、むかしから培ってきた作法が、「コモンズ＝入会」

赤坂　最後のテーマですが、私有や国有とは異なる「地域基盤の共有のシステム」は、これからの社会でどのような役割をはたすのでしょうか?

秋道　私有と国有については、むかしから議論がありました。一九世紀に、モーガンやエンゲルスなどによって「私有制度のまえに共有制があった。私有制と国有あるいは公有制度ができて生まれた資本主義を否定して、もう一度共有制をもととする社会主義をつくりましょう」という共産主義のモデルが提唱されてきました。共有制は古い時代からの議論なんですが、ある意味でヨーロッパ主導の発想かなと思います。だが、ちょっと待てよと。モーガンとかエンゲルス、マルクスは、一九世紀のヨーロッパ人でしょう。「日本はどうなってんや?」と思いますね。

縄文時代以降、日本ではどうやって自然の「管理」をしてきたかについて考えてみます。ヨーロッパでは、キリスト教なんかを入れて「自然は神が創造した」という前提で考えますが、日本では、〝自然そのもの〟が共有を考えるキーワードだったということを、もっとはやく気づくべきです。コモンズの本を書いてノーベル賞をもらっている

モーガンやエンゲルス
ルイス・ヘンリー・モーガン（一八一八–八一）は『古代社会』（岩波文庫）、フリードリヒ・エンゲルス（一八二〇–九五）は『家族・私有財産・国家の起源』（岩波文庫）の著者。一九世紀中葉に人類史の発展モデルを提示した。

カール・マルクス
一八一八–八三。F・エンゲルスとともに一九世紀の唯物論的世界観を提示した

エリノア・オストロムさんのようなアメリカ人もいるわけですけど、ある人はいってます。「おまえの仕事を英語で書いたら、オストロムよりよっぽどおもしろい」って。でも、わたしはあまり英語で書かなかった。わたしがもっと英語がうまかったらねえ……。

赤坂　惜しかったですね（笑）。

秋道　日本は、いまこそ、縄文時代から記紀・万葉時代を経て、古代、中世、近世、近代、そしていまにつながる歴史のなかに埋めこまれたコモンズの発想なり実践を、実証的なレベルで検証すべきだと思います。さっき赤坂さんがおっしゃったような、潟を水田にする発想がコモンズの場を破棄してきたわけで、そのことについて熟考することが津波からの復興をいかに考えるかという問題提起につながるということに、深い賛同をおぼえます。潟にもどすという発想の重要性は、かなりの人が納得するようなことだと思いますね。

その発想は、「自然とともに生きる」という、われわれがむかしから培ってきたような観念であり、作法であり、人間社会にたいしてのルールだと思います。「こんなことやったらあかんで」というルールをつくってきた。それは、国の法律ではなく非公式な伝承制であり、祭りや儀礼などいろんなかたちとしてのこっていることが多いです。だから続いてきた。

法律なんて、ガタガタ変わってね、「裁判で敗訴したらこうなった。ハイそうですか」って、シャレじゃないですよ（笑）。

ことばにならないで生きている、自然と人間とのつきあいめいたものがある。儀礼などの行為であったり、歌であったりするんでしょうけど。今後、わが思想を掘りおこし、

哲学者・思想家・革命家。資本主義から共産主義に移行するマルキシズムの原理を提唱した。

エリノア・オストロム
一九三三―二〇一二。米国の女性経済学者。共同体基盤型の「コモンズ論」を提起し、あたらしいコモンズ研究の火つけ役となった。二〇〇九年にO・ウイリアムソンとともにノーベル経済学賞を受賞。

われわれのもっている思考なり感性を今後も継承していきたい。それは体にしみついているはずです。

自分自身をとぎすませるような感性を維持しようと思ったら、本を読むことも重要だけど、できるだけ現場にいくこと。現場にいって考えるフィールドワークが重要です。現場にいって何を感じるか、時空間の広がりのなかで自分の思いもふくめて考えることが重要ではないかと思います。

年をとると、認知症になったりボケたり、シャープさもアンテナもなくなって、同じことばかり話すことになりがちです。だけど、老いても目と鼻と耳と口と足があれば、歩いていろんなことを見聞きすることが可能だし、まだまだそれは重要です。一万年のグレート・ジャーニーを、うしろ側にいる過去の祖先たちが歩いてきた道を、もう一度自分がどこかで遭遇して再発見する。

さっきいわれた潟みたいに、過去には「なんで、ここをつぶして水田にしたんや」といった揉めごとがあったはずなんです。経済発展とか、人口増加とか、それをふまえて考えられる感性、ある意味ではアンチ権力的なとらえかた、あるいはもっとつつみこむような自然とのつきあいを許容する発想を、われわれがもっているかどうかということにかかっていると思うんです。

その嗅覚が、コモンズというカタカナを使わなくて……なんちゅうたらいいですかね、いい日本語が見あたらない……（笑）。

赤坂　いちばんわかりやすい、「入会《いりあい》」ということばでいいでしょう。

秋道　入会ね。いろんな入会がある。なかには、「石高《こくだか》」をもっている人だけで、水呑み百

石高
太閤検地から明治期の地租改正まで、大名の所領、農民への課税などは、おとなひとりが一年間で消費するコメの重量、すなわち一石をもとに計量された。

姓はいれません」とかね。いろんなルール上の問題があるけれど、ひとついえるのは――「平等」じゃなくて「公平」にちかいのかな――いろんな人がはいれるということ。これにたいする競争も起こる。だけど、とりあえずはいることは拒めないような公的な倫理というか、十把ひとからげじゃなくて「みんな、いっしょやで」という、他人にたいする思いやりがたいせつでしょう。

わたしが『なわばりの文化史』で最後に書いたことは、「人間だけが入り会ってたらアカン」ということやね。人間だけが入り会っていると、いろんな問題が起こってくる。「自然ものこしながら」ということが大事で、それを「カミ」ということばで書いた。そんなことを書いたら、「おまえ、いつから宗教学者になったんや？」なんていわれて……。

赤坂　ははは（笑）。

秋道　わたしは名文家ではないけれども、冗談じゃなく最後の二ページを読んで泣いた人が、ある出版社の編集者でいます。神さんみたいな自然を入れた入会がたいせつで、人間だけの入会をやってうまくいくのか、それはちょっとこわい。それを今回教えてくれたのが津波です。

あんなこわいことは、一〇〇年まえにも二〇〇年まえにも一〇〇〇年まえにも、いろいろあった。人間はすぐ忘れる。それは困る。「のど元すぎれば」ではまずい。人間のことで「恋人とか親のことを忘れるなよ」といいながら、自然のことをあんまりにも端っこに追いやり、私利私欲に走ってきた戦後の七〇年は、なんだったのか。

だから、赤坂さんには大賛成。これまで一〇〇年間やってきたことのツケがあるんだから、せめて津波で塩性湿地になったところがどんな歴史的な澱をもった場所なのかを認識しなきゃダメ。

土建屋とか国交省が仕切って考えるように卓見であるようなことをいっても、日本の歴史あるいは日本の自然に失礼です。役人根性をすてて、自然とともにつくってきた日本人の魂の歴史をもっと長い時間で考えてください。ヨーロッパ人のコモンズ論を読んだって、あんまりようわからん（笑）。それより赤坂さんや野本さんの本を読んでるほうが楽しいですよ。そういうあたらしい発見がいっぱい書いてあるから。若い人で本を読まんと（読まないで）フィールド（ワークに）いく人がいますけど、これはおもしろくない。

文化人類学者の中根千枝さんにいわれたんです。東大にはいったときに挨拶に顔を出したら「あんた、何やんの？」と問われ、「わたし、フィールドやります」っていった。「あなた、これ貸してあげるから読みなさい」って、アメリカの人類学者メルヴィル・J・ハースコヴィッツが書いたグリーンの表紙のキレイな本を貸していただいた。「ただし、あんまり読みすぎちゃダメよ」っていわれた。その意味は「あんまり読まんでもフィールドいきなさい」ってことか、「読むまえにフィールドいきなさい」ってことなのか……。

人生には、ある程度の素養をみがくためというか、とっかかりの材料の芽になる本がある。バイブルではなく、「こんなことやってる人がいる。おもしろい」っていうことがわかる本がある。いろんな分野、方面である。線をひっぱって「ここいきたいな」と、そういうことはあったほうがいいと思う。あこがれ的な、あるいはこんなことやりたいという。

メルヴィル・J・ハースコヴィッツ
一八九五―一九六三。米国の経済人類学者。文化変容と文化変化についての理論を確定した文化相対主義論で著名。

なんにもなしでいったら、ゼロの状態。そんな白紙状態で生きるほどアホな研究者にならたらダメです。生意気な若いときにも、ある程度の問題意識をちゃんともたなきゃって思う。「先生、わたし何やったらいいですか?」という修士課程の学生がけっこういますが、わたしは「きみが、それを考えるんやないか」っていう。

赤坂　はいはい。そうですね。

秋道　「こうせい、ああせいといったら、全部いうこと聞くかあ?」ってたずねると、「いやあ、それは……」という。「森蘭丸みたいな小姓じゃないのだから。きみ、独立した人間やろ?」っていったことがあります。

赤坂　そうなんだ。そういうの、多いですね。

秋道　そう。だからそういう意味で、今後は「コモンズ」なんていわずに、「入会」をふくめて、いいフィールドワーカーができることは大賛成。とくに、人類学や民俗学のように人間とその頭のなかの世界、あるいは手のぬくもりとかシワを見ながら仕事をするような人が、引きつづきいろいろ出てきたらうれしい。たくさんじゃなくても、いいフィールドワークをやれる若者があちこちにポコポコと出てきたら、日本の民俗学はすごくよくなる。ちょっと年とったら、そういう人たちといっしょにシンポジウムをやって、「ああ、こんな人やったんだ」いう話が出てきたら、わたしは非常にうれしい。

津波が教えてくれたこと(2)

赤坂　わたしは、震災のあとひたすら被災地を歩いたけれど、誤解をおそれずにいえば、こんなにおもしろいフィールドはない。津波に洗われたいたるところで聞きました。「ここ、六〇年まえは海だったんです」「あの、ここも海だったんです」と。土地の人の記憶のなかにはのこっているわけです。だから、「江戸時代にもどってしまった」ということばが出てくる。あたりまえのようにそういう発言が出てくる。ようするに、目の前にある海岸線が自明ではない。だからそこで話を聞いていくと、まだまだいろんなことが見えてくる。たとえば、これは書いていいかどうかわからないけれど、震災後、沿岸部では魚とかタコを食べることをいやがる風潮があったのです。流された人たちが魚やタコに食べられていることを、みんな知っているわけです。

秋道　うん、そうですね。

赤坂　実際に、つかまえたタコの頭を切ったら髪の毛が出てきたとか。地魚っていうんですか、底のほうに生息している魚を獲って内臓を開くと、爪とか歯が出てくるとか、そういうことが都市伝説みたいに語られ、食べたくないっていう人が多かったです。ただ、わたしが聞いたんじゃなくて間接的に聞いたのですが、そういう話をしていたら、ひとりの漁師が「いや、だからおれは食べる」っていいきったという。人間も、その自然の命の連鎖のなかにくみこまれている。たしかに、海の村で聞き書きをしていると、海で家族が死んでます。つまり、海で死んだら魚のエサになるという循環のなかに人間もいるんだという感性が、確実にのこっている。先ほど見た鹿踊りの「生きとし生けるもの」というのは、シカだけじゃない。魚も、鳥も、タコも、すべての生きものの命のためにという感覚が、まだここに見え隠れしている。とってもおもしろい。もしかしたら、そういうものが手がかりになるのかもしれないとも思いました。

津波の被災地という、ほんとうに残酷な風景ですけれど、そこをフィールドとして歩くことによって、自分たちがこれからむかうべき社会のありかたをデザインしていくための手がかりがたくさん転がっていることに気づく。

もうすこしいうと、あるエリアから消えてなくなったといわれていた絶滅危惧種の植物が、どんどん復活していたりする。土のなかに眠っていたタネが津波で攪乱されて出てきて、気温や一定の気象条件の何かによって芽を吹いたってことなのではないかと思います。そういう植物群落が、津波で洗われたエリアの片すみに、いっせいに出てきている。

植物にかぎらず人間も自然の大きな生態系のなかに生かされていると思うと、津波の意味をもう一度考えなおすことが必要だろうと、考えたりしています。

秋道　いちばん上の人は、「人間復権」だというでしょう。けれどわたしは、人間だけを中心において考えることには反対です。
遠野でシンポをやったとき、さっきのタコの話が出たです。魚のエサをめぐる循環で、都市の住民、切り身の魚を食べているような人はなかなかむずかしいけど、おそらく漁師さんたちは命のつながりにちかい発想を経験でもっています。わたしはやっぱり、もっと下の子どもへの教育で、いまの話の「循環で命はつながっている」ということを教えていかなきゃあかんと思います。人間だけでつながっているわけじゃないですから。それをいってほしいですよ、学校で。とくに海洋教育なるもので、と思っている。

もとめられる民俗知の復権

赤坂　これはつけ足しになりますけれども、海岸線をずっと歩いていて、いたるところで排水施設が破壊されているのを見ました。「こんなに排水施設があったのか！」とびっくりしました。そんなもの、これまでなんの興味もなかったわけです。それが破壊され、背後には泥の海が広がっている。われわれの見ていた海岸線は、心臓のペースメーカーみたいに人工的に〝施設〟をつくってかろうじて守られていたものだったと考えなくちゃいけない。ほんとうに、いたるところに排水施設がある。

秋道　隠していたわけだ。

赤坂　いまわれわれが見ている風景は、つねに水ぬきをしていることで〝保たれている〟ってことです。そんなことも、津波にあうまでは思いもしなかった。

秋道　津波は、それを暴いたような感じですね。

赤坂　そうですね。

秋道　地球とか日本の、脆弱な画一的な近代をえぐりとったら、変な欠陥がいっぱい出てきた。排水溝もそのひとつ。

赤坂　「民俗知」ということばがありますが、わたしは震災の直後に、民俗知の復権が必要だって、原発の爆発事故の光景を見ながら書いたんですよ。でも、歩きはじめたらものすごい無力感を感じた。しかし、やがて無力感をとおりぬけたときに、もう一度、民俗知の復権ということが必要になる時代がきたなと思いはじめました。いっとき無理かなと思ったんですけども、逆にその民俗知みたいなものを、たとえば聞き書きで掘りおこすことによって、いまその地域のデザインをどうするのかという、最先端のテーマにつながっていける気がします。

秋道　いまの時代からいうと、一時期ＳＴＡＰ細胞で世の中がさわいだことがあった。「科学とはなんぞや」といった議論が何度も出てきた。津波は歴史的にも起こってきたことなので、過去にあったことをもう一回えぐりだすことになるにしろ、歴史的な蓄積を検証する。そのなかからあたらしいものを見つける努力を重ねる。歴史や民俗の議論は、サイエンスのＳＴＡＰ細胞の議論とはぜんぜんちがう。われわれのやっている民俗知みたいなものをちょっと荒げたいいかたをしたら、「バカにすんなよ」と。「こっちのほうが強いで」っていうことです。きみらがさわいでいる科学なんてほんとは脆弱で、先人たちがやってきたもっと頑強で柔軟な学がある。論文に載ったからどうだとか、実験できませんとか、そんなのとちがってね。わたしたちは大きな歴史的な実験をしているのかもしれない。むしろ、「二一世紀の夜明けや」と考えたい。津波によって、あらためて目が覚めた。「夜明け」というふうに思いたい。悲惨なことに新たな価値観をくりだす勇気と思いをあたえられているという意味で、「いいフィールドです」といいたい。誤解されないように伝えたいです。

赤坂　そうですね。

秋道　わたしはそう思います。そういう意味では、津波は大自然がやってくれたオペレーション（大手術）です。膿を出してしまう、いい機会です。

赤坂　書きかたはむずかしいですけどね。

秋道　むずかしい。「誤解をおそれずに」と書いたとたんに、批判がばーんとくるから。

ＳＴＡＰ細胞
刺激惹起性多能性獲得細胞の略称で、小保方晴子氏によるネイチャー誌への投稿で注目されたが、追試により否定された。ＥＳ細胞（胚性幹細胞）とともに万能細胞として注目された。

いろんな人が過剰反応するから。ただ、タコから髪の毛が出てきた話はいずれだれかが小説でも書くでしょう。

赤坂　書くでしょうね。フランスでは、メディアがはやくからそれをおもしろおかしく報道していたらしいです。フランス人のジャーナリストも知っていて、「知らないのは、日本人だけだよ」という。でも、「だからおれは食べる」っていう漁師のことばは強いですね。

秋道　そう、そちらのほうが強い。

赤坂　強いです。つきぬけてます。

Ⅱ部

オアシスプロジェクト調査記録
砂漠に生きるモンゴル人の水利用を探る

――小長谷有紀・秋山知宏

I　プロジェクトのはじまり

1　はじめての極乾燥地域

暑い！　というか、のどがかわく。宿にもどって冷えた水を買いもとめ、ペットボトルを直立させて一気に水を流しこむ。冷水は、口の中にとどまることなく、のどを瞬時に通過して胃袋へ直行した。水のありがたさが五臓六腑にしみわたる。

ここは中国内モンゴル自治区の西端にあるアラシャン盟《めい》エチナ旗《き》（以下、エチナと記す）。地元の人びとの発音はエゼネあるいはエジネーと聞こえる。まずは地図をごらんいただこう（図1）。世界の乾燥地（表1）の乾燥度を四つに区分した地図である。わたしたちの調査地エチナは、ユーラシア大陸中央部にある。四つの区分があるなかで、エチナは乾燥のきわめてはげしい、極乾燥地域に属する。この世界地図をつくってくれたのは、秋山知宏くんである。わたしは彼といっしょに、この極乾燥地域に住むモンゴル人たちの水利用

内モンゴル自治区
中国の行政区分は一般に省、県、郷という制度をとるが、内モンゴルの場合は、盟、旗という清朝時代からの遊牧民に関する区分の名称が一部受け継がれてきた。盟の中心地は市（県級市という）、旗の中心地は鎮《ちん》（ソム）である。また、近年では、盟の領域全体が市（地級市という）として格上げされ、経済発展がすすめられるいっぽうで、民族自治の度合いは小さくなっている。

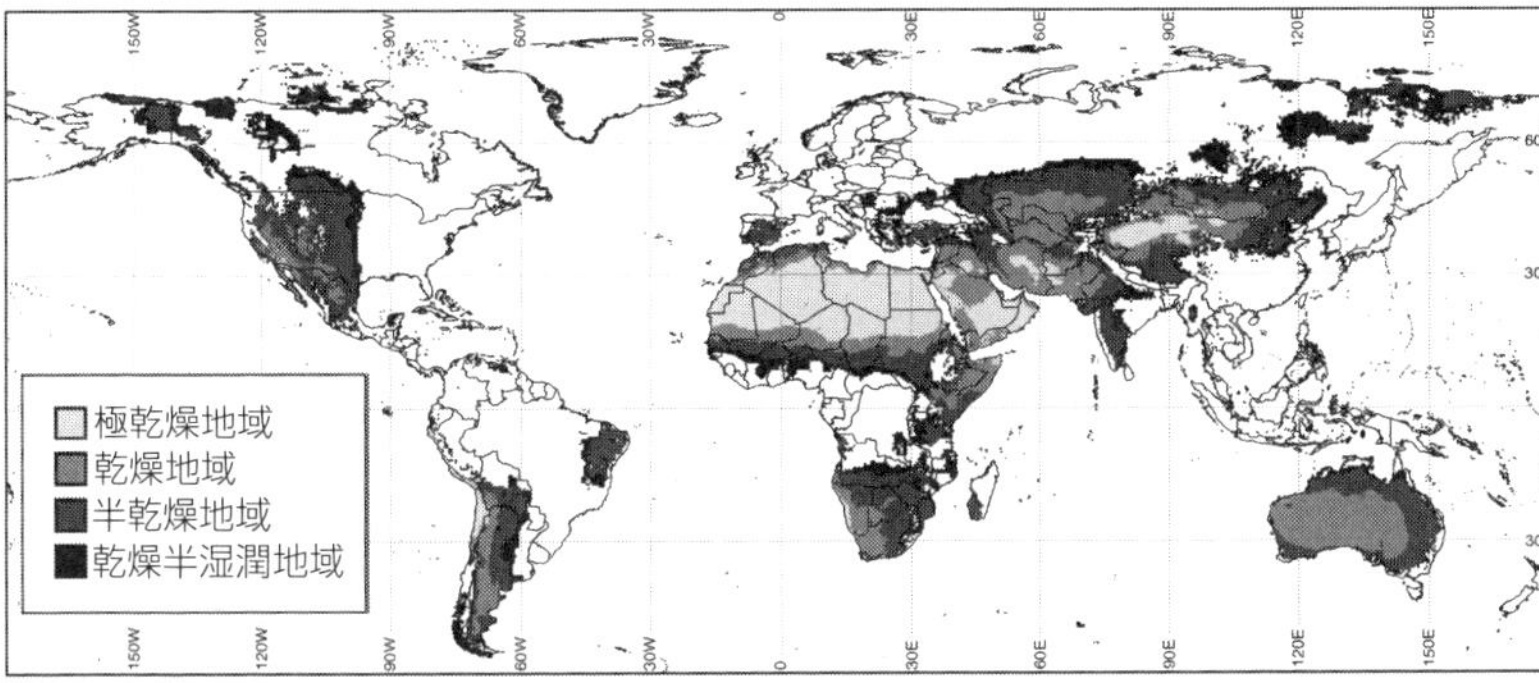

図1 世界の乾燥地の分布（Trabucco and Zomer（2009）のGlobal Aridity Indexデータにもとづいて作成）

表1　世界の乾燥地
国連環境計画（UNEP）の定義によれば、乾燥地は、年平均降水量と可能蒸発量との比によって以下のように区分されている

極乾燥地域	降雨は不規則で、まったく雨の降らない年もある。植生はほとんど見られない砂漠地帯。乾燥地全体にしめる面積割合は16％
乾燥地域	年間降水量が200ミリ以下の地域が多く、その年変動率は50～100％。乾燥地全体の25％をしめる
半乾燥地域	年間降水量は、夏雨地帯では800ミリ以下、冬雨地帯では500ミリ以下の場所が多い。降水量の年変動率は25～50％程度で、草原が発達し、気温の高いところでは、これに低木林がともなう。乾燥地全体の38％をしめる
乾燥半湿潤地域	明瞭な雨季があり、降水量の年変動率は25％以下。植生が比較的豊かで、気温の高いところでは常緑低木林、低いところではステップとなる

これらを合わせた地球上の乾燥地は61.5億ヘクタールあり、陸地面積の47％にもたっする。図1に示すように、乾燥地は北緯60度から南緯54度までのすべての大陸に存在している

について調査をしていた。二〇〇二年六月のことである。

秋山くんは当時、名古屋大学の大学院生で、乾燥地の水循環を専門にしていた。水循環とは、雨が地上に降りそそぎ、地表面や地下を経由して海にたどりつき、そして蒸発して雲となり、また雨となるというような、水の一連のサイクルのことをいう（図2）。いっぽう、わたしはモンゴル高原に住む遊牧民の生活を専門にしてきた。文化人類学と水文学《すいもんがく》の「文理融合」調査といえるだろう。モンゴル人の住む地域での現地調査ははじめてという秋山くんのための通訳をかねながら、協働がはじまった。

わたしたちふたりのほかに、中国社会科学院から色《サ》音《イン》さんや張さんも参加して、調査全体のコーディネートをしてくれていた。おかげでわたしは手配業務から解放されており、もっぱら秋山くんが焦点をあてていた井戸調査そのものに専念することができたのだった。

連日、四〇℃を超す猛暑が続いていた。そのせいだろうか。いま思いだしてもアツイ。わたしは、日本にくらべて乾燥しているモンゴル高原をこれまでずっと

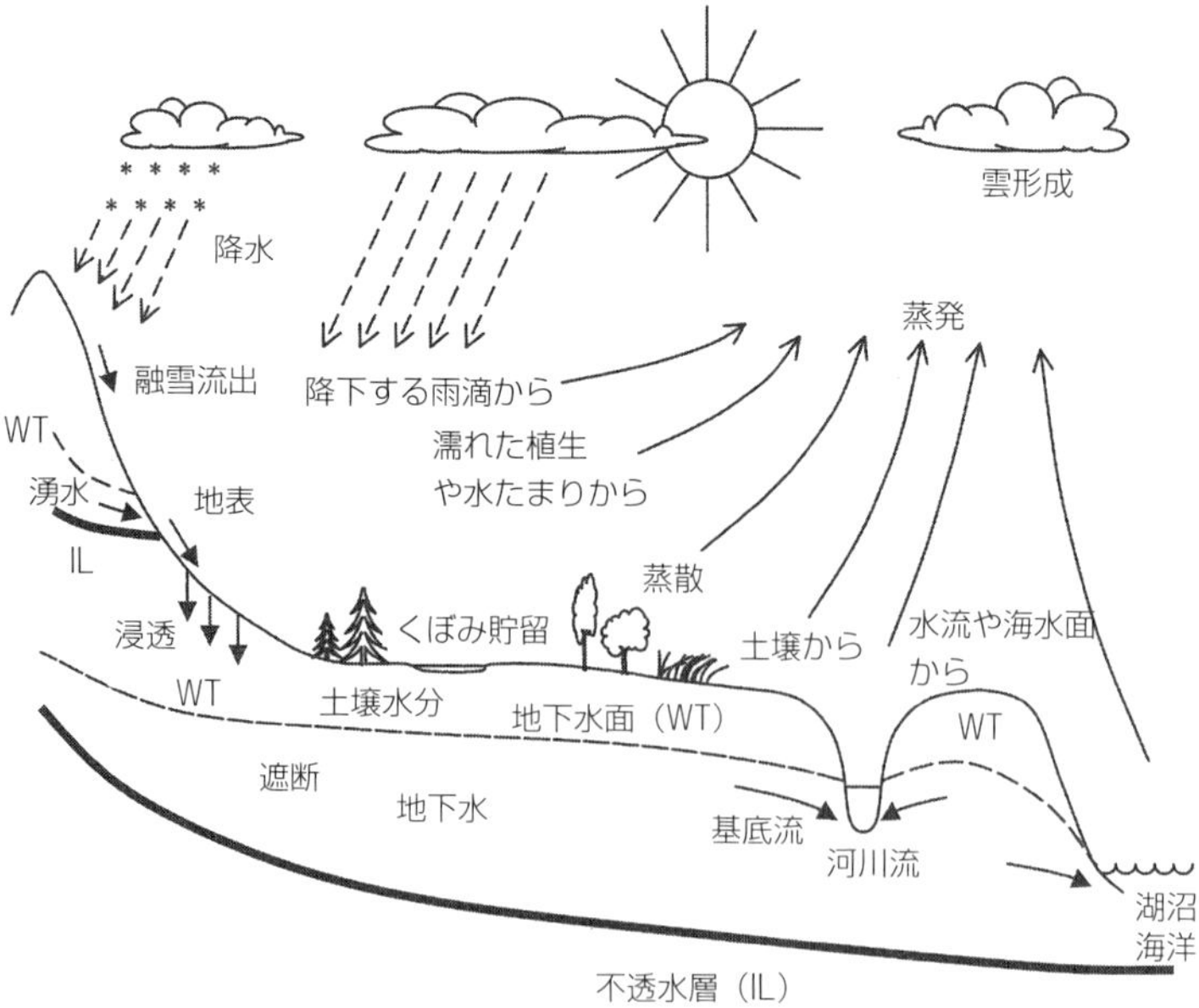

図2　水循環の概念図（杉田, 2008より）

調査してきたものの、これほど暑くて乾燥した地域での調査経験はそれまでなかった。と同時に、こんなにはっきりと分野の異なる人とタッグを組んでいっしょにかけずりまわることも、当時はまだなかった。

はじめての極乾燥地域。と同時に、はじめての学際調査。だから、思い出がアツイのは気温のせいだけでもないように感じられる。分野のちがう研究視点がくみ合わさることによってべつのエネルギーが生まれていたこと、それが記憶を熱くしているように思われる。

そんなわけで、このフィールドワークの紹介もまた、せっかくだから「学際融合」方式で書いてみよう。そもそも、それぞれの分野のアプローチがいかに異なっているか、それでもなお協働はどのようになりたつかが伝われば幸いである。

2　総合地球環境学ことはじめ

わたしたちの調査は、総合地球環境学研究所（以下、地球研と称す）でおこなわれた「水資源変動負荷に対するオアシス地域の適応力評価とその歴史的変遷」という研究（二〇〇二―〇七年度）の一部として実施された。とても長い名前なので、いつも「オアシスプロジェクト」と呼ばれていた。いまでもこの通称でプロジェクトのホームページがのこされているから、ウェブ上で参照することができる。

通称「オアシスプロジェクト」でリーダーをつとめたのは、雪氷学の専門家で南極越冬隊の隊長をつとめたこともある中尾正義先生。同プロジェクトを紹介した『地球環境を黒河に探る』（勉誠出版）の冒頭で中尾先生は、「小長谷有紀さんとの出会いは運命としか言

水文学
水循環を中心概念とする学問分野。天文学や人文学と同じように、水文（すいもん）の学である。

中国社会科学院
一九七七年に設立された、中国における人文社会科学の最高学術機関。哲学および社会科学に関する中国の最高学術機関。ホームページによれば、文哲学部、歴史学部、経済学部、社会政法学部、国際問題研究学部、マルクス主義研究学部にわかれ、およそ四〇の研究所から構成されている。

総合地球環境学研究所
地球環境問題の解決にむけた学問を創出するために、二〇〇一年四月に創設された国立の研究所。国立民族学博物館や国際日本文化研究センターなどとともに、人間文化研究機構に属する。

いようがない」と述べておられる。運命的というのは、「彼が自分で選んだわけではない」というほどの意味である。

彼がわたしを選んだわけではなく、二〇〇〇年四月、わたしはたまたま地球研を創設するというタスクのために学術調査官に任命された。わたしと同じく東大の城山英明さん（行政学）や沖大幹《おきたいかん》さん（水文学）も任命され、あたらしい研究所のために研究テーマの設定方法を考えるなど、基本計画づくりに参加した。

翌二〇〇一年四月、地球研は無事に創設され、その直前からプロジェクト形成がはじまっていた。どこで何をどのように調べて何をあきらかにするかを具体的に考える作業である。あたらしい研究所にとってお手本となるような研究例をくみ立てていこうという意気ごみで、伊豆半島のつけ根にある畑毛《はたけ》温泉で研究会がおこなわれた。

中尾先生の当初の構想では、対象地域として中国新疆ウイグル自治区が第一候補であったため、その地域に関する歴史学や考古学、文化人類学の専門家たちが一堂に会した。ところが、ひとりの発表が直前になってキャンセルされ、急遽、わたしが発表することになった。

そこで、わたしはピンチヒッターとして、その前年におとずれたエチナのことを話した。人びとがいかに水問題に苦慮しているかということを報告した。そしてそれが、オアシスプロジェクトのはじまるきっかけとなった。

瓢箪《ひょうたん》から駒とはまさにこのことである。

中尾正義

雪氷学の専門家。南極観測の第一二次隊（一九七〇—七二）と第二四次隊（一九八二—八四）の越冬隊員をつとめた南極観測のベテランでもある。総合地球環境学研究所の設立時からのメンバーであり、オアシスプロジェクトをリーダーとして牽引した。当該プロジェクトに関連する多数の編著のほか、専門家の道を自伝的に語った『ヒマラヤと地球温暖化　消えゆく氷河』（昭和堂）もある。

学術調査官

比較的若手の研究者がそれぞれの専門分野を生かして、学術研究の振興に関するさまざまな業務にたずさわるための文部科学省の制度。たとえば、大型の研究プログラムについて審査委員の諸意見のとりまとめや、研究教育プログラムの企画立

3　砂漠のなかの楽園だったのに……

エチナは、一九二〇年代から三〇年代にかけて、かの有名なスウェン・ヘディンの調査隊が踏査した地域であり、なかでもヘニング・ハズルンド＝クリステンセンが民族音楽を集中的に録音した地域でもある。当時の録音テープを保管しているデンマーク博物館からきたアネット・エルラーさんといっしょに、七〇年以上もまえの民謡をむかしながらにいまでも歌うことのできる人をもとめて、わたし（小長谷）は二〇〇〇年八月に聞きとり調査をしていた。一種の無形文化遺産の調査といえるだろう。そのときもっとも印象的だったのは、いまは亡きリグジェーおばあさん（写真1）の、次のような語りである。

「むかしはポプラがたくさんあった。カッコウが鳴いていた。カッコウの声が多いと雨になる。川の周辺には葦が生えていて、ラクダが見えないくらいの草丈だった。いま、土地はあるが草地はない。コケのように薄い草しかない。むかしはたくさんの植物があった。いまはもうポプラとタマリスクとアカザしかない」

たしかに、スウェン・ヘディンの調査時の写真を見ると、川はなみなみと水をたたえ、その周辺には木々が生い茂っている（次ページ写真2）。砂漠を通過してこの地にたどりついたスウェン・ヘディンは、その旅

写真1　2000年8月調査でのリグジェーおばあさん

案にたずさわる。

スウェン・ヘディン　一八六五―一九五二。スウェーデンの地理学者で、中央アジア探検家として知られる。とくに、一九〇〇年に古代都市、楼蘭の遺跡とその東にあるロプノールの湖床を発見し、湖の位置が変動していることを推測して「さまよえる湖」説を提唱した。一九二七年には、「西北科学考査団（The Sino-Swedish Expedition）」を組織して中国の東北地方から西北地方までを広く踏査した。

行記『ゴビ砂漠横断』で、川沿いに伸びる緑のオアシスのことを「この世の楽園」と称えている。

ところが、二〇〇〇年当時、川はいまにも途切れそうで、周辺の木々も弱々しい。多くの胡楊《こよう》は先端のほうが枯れている（写真3）。そうやってみずからダウンサイジングして、地下水の減少に耐えているようだった。木々があるから林ということはできるのだが、カッコウなどとても鳴いていそうにはない。林から一歩出ると、一面に砂地が広がっている（写真4）。

人の一生のあいだに、これほど風景が変わるものなのだろうか。たしかに、日本でもどこでも、ダムが建設されれば村の水没など風景が激変することはある。現代なら、ニホンジカが木々の芽を食いつくして急激に禿山になることもある。しかし、いったいこのエチナの激変はどうしたことだろう。地元の人びとは口々に、水不足に関する調査研究の必要を訴える。「地球温暖化の影響は、今後どうなるのだろうか」「上流での水使用量がこのまま増えて、下流のわたしたちは暮らしていけるのだろうか」「砂漠化の原因をこのまま自分たちの牧畜のせいにされてしまうのか」などなど。

人びとの話を総合すると、水不足の原因はどうやら上流の過剰摂取であるらしい。にもかかわらず、下流に住む人びとによる「過放牧」が原因だとされているらしい。上流のせいなのに下流のせいにされているという不満が、見え隠れしていた。

写真2　ドンド・ゴルの魅惑的な森（Sven Hedin, 1943, *History of the expedition in Asia*, 1927-1935 : vol.1　国立情報学研究所　ディジタル・シルクロード・プロジェクト『東洋文庫所蔵』貴重書デジタルアーカイブより）

オアシス
砂丘のなかの水たまりのように乾燥地域で淡水が得られるところ。湧水地帯に植物が広がっているところもオアシスと呼ばれる。このようなオアシスに栄えた都市をオアシス都市と呼ぶ。黒河流域では張掖市や酒泉市が人口一〇〇万人を超える大オアシス都市である。

もしもこのような不満が妥当なら、それはきわめて政治的な問題であるといえよう。その処方箋をとやかくいうなんて、中国への内政干渉になりかねない。だから当初わたしは、この問題を自分のとり組むべき研究課題として受けとめてはいなかった。二度とくることのない場所だと思いながら、やりすごしていたように思う。

しかし、伊豆で開かれた前述の研究会でその実情を披露した瞬間、事態は一転した。現地の人びとの苦悩は、研究者が国際的にとり組むべき環境問題に変身したのである。

エチナに住む人びとの水不足の悩みは、乾燥地で地下水に依存するオアシス地域ゆえの環境問題である。地中に潜って見えない水のふるまいをあきらかにする必要がある。この

胡楊
ヤナギ科の落葉高木。ポプラの一種。モンゴル語では「トーライ」という。

写真3　胡楊の風景

写真4　砂漠の風景

地域なら、南の祁連《きれん》山脈に氷河があり、居延海《きょえんかい》という消えた湖の跡地には湖底堆積物もある（写真5）。戦前から発見され、三万枚にものぼるという「居延漢簡《かんかん》」もある。古来より辺境防衛地帯であったため、歴史的文献もある。つまり、長期的な環境変動を探る資料が、理系から見ても文系から見てもある！

諸分野がそれぞれの特徴を生かして、長期的な環境変動をあきらかにし、その変化に人びとがどのように対応してきたかをあきらかにする。そのうえで、現代のあるべき姿を考える。それこそ、地域を事例に地球全体の問題を総合的に探求する、格好の研究プロジェクトではないか。

瓢箪からとびだした駒は、こうして走りだした。

Ⅱ　予備調査

1　黒河の流れとエチナのオアシス

わたしたちはまず二〇〇一年に予備調査をおこなった。黒河流域の現況を理解するため

写真5　居延海という消えた湖

居延海
祁連山脈から流れでた黒河が北流し、砂漠のなかにそそぎこむ末端の湖。漢代には「居延澤」と呼ばれていた。モンゴル語では「ガシヨンノール」と呼ばれ、苦い湖という意味をもつ。その名のとおり、塩湖である。

居延漢簡
一九三〇年、スウェン・ヘディンの調査隊が望楼の跡から木簡の一部を発掘したことをきっかけに大量の漢代の木簡が見つかった。地名と時代名を付してこう呼ばれている。その多くは、遊牧民などの侵入をふせぐためにこの地を警護していた軍の役人の駐屯記録であり、漢代の辺境統治の実態を知るうえで第一級の資料とされている。

黒河
祁連山脈から流れでる川は

に、約一か月をかけて、上流域の氷河地域から下流域の末端にあった居延海の跡地まで全流域をかけめぐった（黒河流域の位置と流域図は、それぞれ図3と図4）。そして、すでにどのような観測施設があり、どのようなデータを提供してもらえるか、さらに細かく調べる

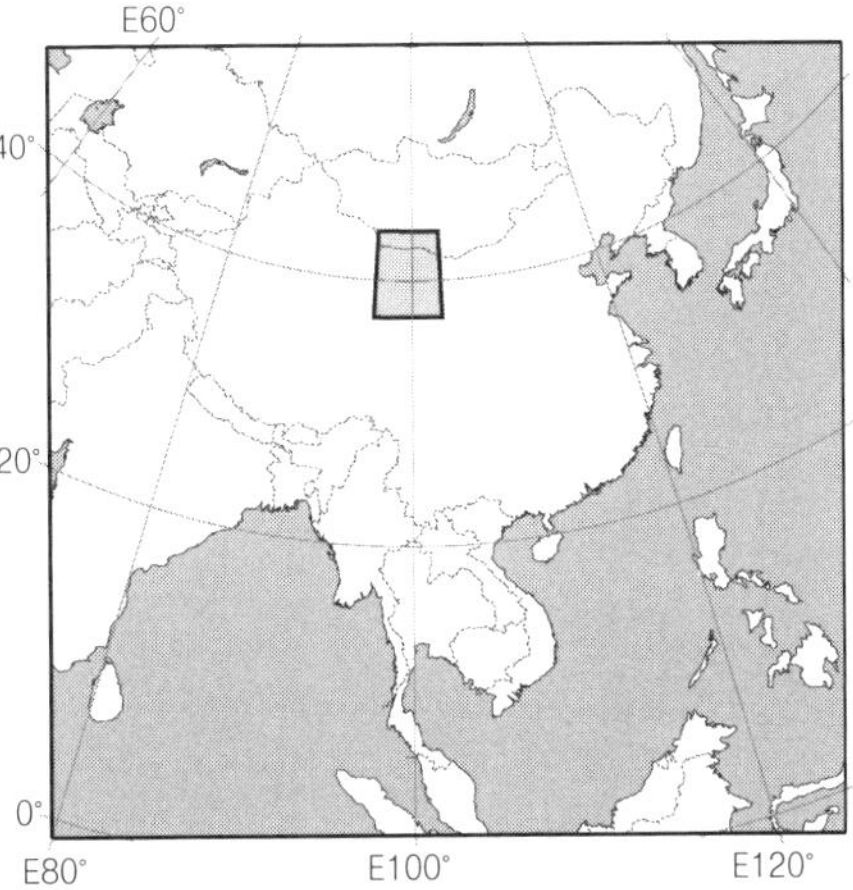

図3　黒河流域の位置

もともと「弱水」と呼ばれた。北流して左右にわかれ、東側ではエチナ川やナリン川（細い川の意）があり、

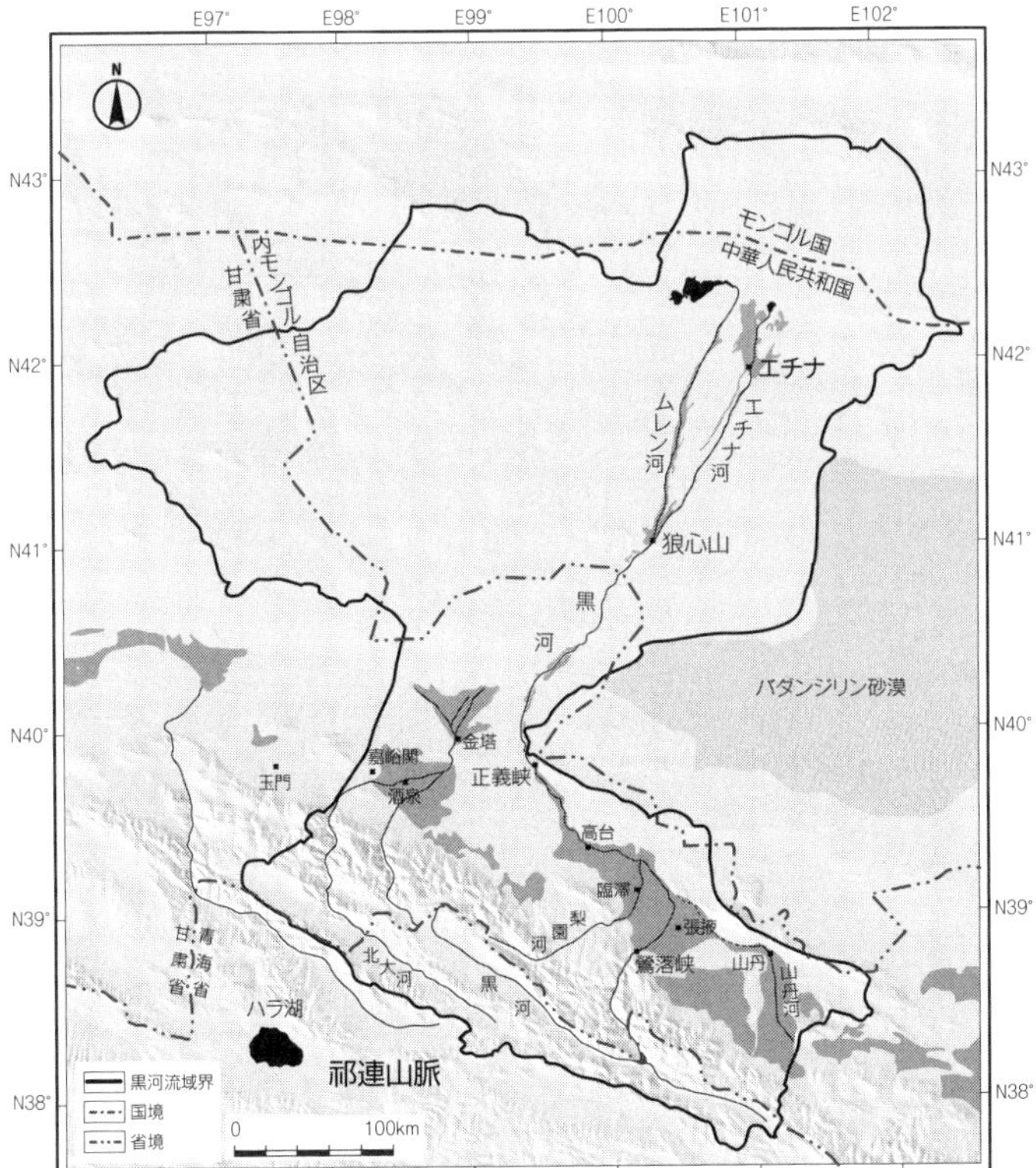

図4　黒河流域図。黒河は、南から北に流れている。バダンジリン砂漠は砂砂漠である（渡邊三津子氏作成）

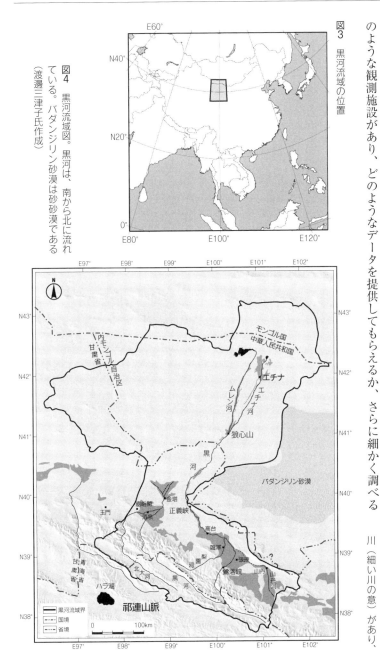

調査地点はどこがいいか、どのような項目を調査するかについて、中国側の共同研究者たちと相談しあった。

フィールドワーカーにとって、事前準備は実際の調査と同じくらい重要である。とくに外国人の立ち入りが制限されているような地域は、あらかじめ許可を得なければならない。エチナは周辺に軍事基地があるため、現地の研究機関や政府を訪問し、調査の趣旨を説明して協力を依頼しなければならなかった。

黒河流域はユーラシア大陸中央部に広がる広大な砂漠地帯にあり、古くから東洋と西洋をむすぶシルクロードの要衝であるとともに、北の遊牧文化と南の農耕文化の交わる文化の十字路であった。数千年にわたって、宗教、文化、生活様式の異なるさまざまな人びとが暮らしてきた。現在、黒河流域は中国の青海省、甘粛省、内モンゴル自治区にまたがっている。東経九七度から一〇二度まで、北緯三八度から四二・五度までに位置し、緯度では日本の新潟から札幌に相当する。

黒河は、チベット高原北縁を形成する祁連山脈に源を発し、甘粛省のオアシス都市である張掖市を通って北に流れ、内モンゴル自治区にはいって広大な砂漠地帯をぬけ、最終的には居延海と呼ばれる湖にそそぎこんで消滅する。日本の河川とはちがって海に流れていかない、いわゆる内陸河川である。全長は約八二一キロ。流域面積は約一三万平方キロで、これは日本の国土面積の約三分の一に相当する。新疆ウイグル自治区のタリム河に次いで、中国第二の内陸河川である。

黒河流域は、水文観測所のある鶯落峡《インルオシア》と正義峡《チエンイーシア》を境にして、上流・中流・下流の三つに区分される。それぞれの流域の年降水量は、上流から順に二〇〇から六〇〇ミリ、一〇

西側ではムレン（川より大きい「河」の意）という対比的な名称になっている。全体として黒河と呼ばれる。黒いといっても、川の水が黒いわけではなく、むしろ透きとおっている。そもそもモンゴル語では、透明を「黒」と表現する。奔流となって水しぶきが泡だつ川ではないことを示しているものと思われる。

流域
地上に降った雨や雪は、その一部は蒸発散によって大気中にもどるが、のこりは地表面を流れたり地中に浸透したりして、最終的には河川に流れこむ。このように、ある河川にたいして雨や雪が集まって流れこむ範囲を、流域あるいは集水域という。

○から二〇〇〇ミリ、一〇〇ミリ未満である。日本の年降水量の平均一七〇〇ミリと比較すると、いかにも少ない。いっぽう、水が十分にある場合にどのくらい蒸発するかという指標を「可能蒸発量」という。年間の可能蒸発量は、上流域では一六〇〇ミリ、中流域では二五〇〇ミリ、下流域では三五〇〇ミリである。国連環境計画（UNEP）の定義によれば、上流域は半乾燥地域、中流域は乾燥地域、下流域は極乾燥地域に属する（67ページ表1）。

黒河の流れるさまを概念図で示そう（図5）。

上流域の標高は五五四七メートルから二五〇〇メートル。祁連山脈で降る雨や雪と氷河の融解水が、おもな水源となる。氷河は一般に、インプットとしての降水量とアウトプットとしての融解量とのバランスでなりたっている。たとえば、降水量が多いと拡大し、暖かくなってとける量が多くなると縮小する。近年の温暖化の影響によってとける量が増えつつあり、その結果、氷河は後退しつつある。氷河のとける量が増えれば一時的に河川流量は増えるものの、とけてなくなってしまえば河川流量が著しく減ってしまうおそれもある。

標高二五〇〇メートルから一二〇〇メートルの中流域では、黒河がもたらす豊かな水によって扇状地が形成されている。この扇状地の中央部では、河川水の一部は地下に浸透する。そして、扇

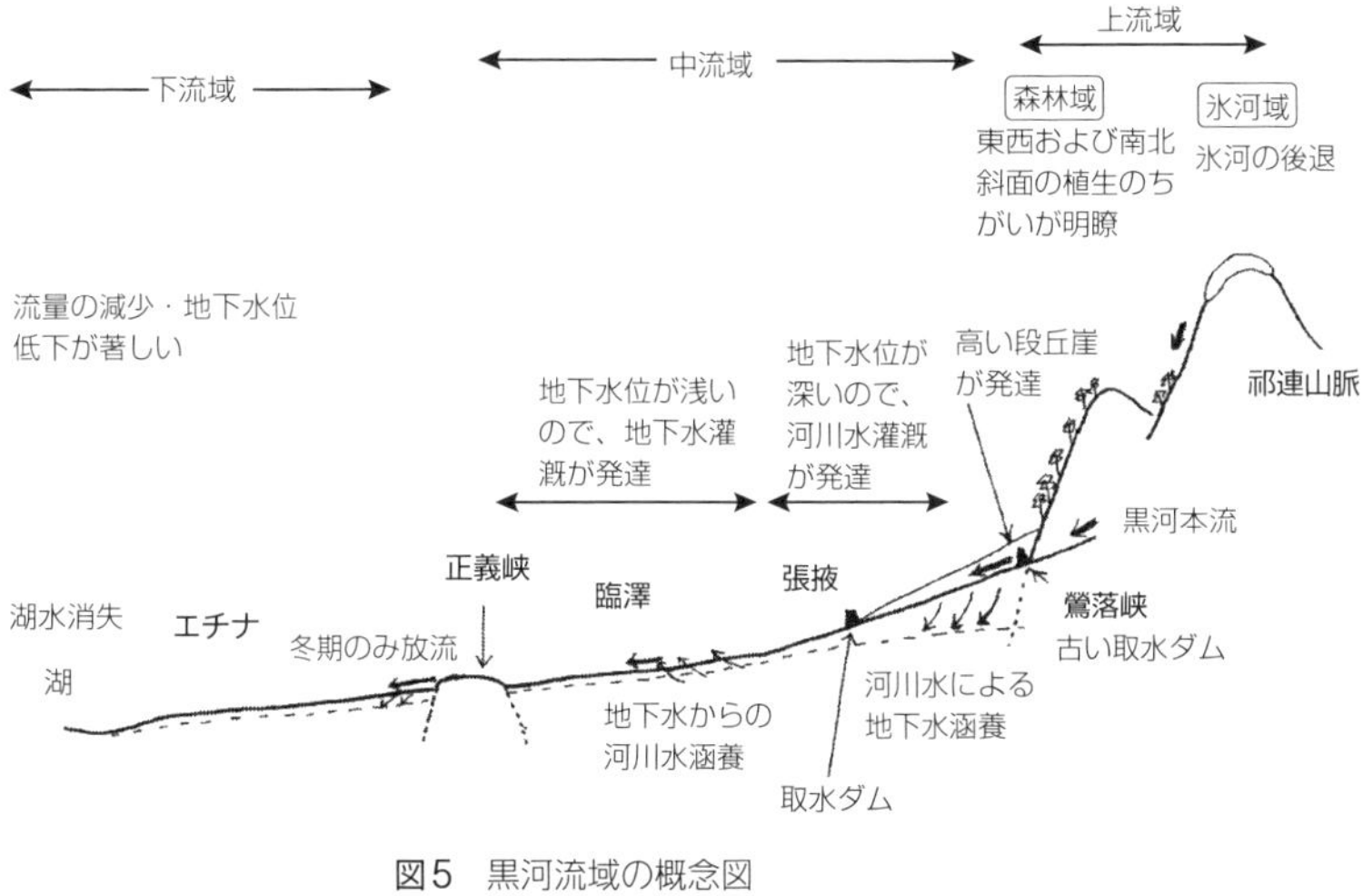

図5　黒河流域の概念図

状地の末端では、地下水が湧き水になって地上に現れる。このような扇状地の末端に、オアシスが形成される。古くから人びとの生活の場となってきた。いまでは張掖市や酒泉市など人口一〇〇万人を超えるオアシス都市も形成されている。水資源に恵まれた中流域はまた、農業の盛んな地としても有名である。黒河流域のほぼすべての灌漑農地がこの中流域にあるといっても過言ではない。中流域でつくられた農生物は、いまや中国各地に送られており、中国の重要な食糧生産基地となっている。

張掖市から北にむかうと、いよいよ下流域である。下流といっても標高は一二〇〇メートルから八五〇メートルで、モンゴル高原の一角をしめる。そこには広大な岩石砂漠（いわゆる「ゴビ砂漠」）が広がっている。砂漠のなかを流れる黒河のほとりには、胡楊や紅柳といった植物が広がっており、モンゴル国との国境付近には黒河の終着点となる居延海がある。そして、この居延海の手前に、小規模なオアシス地域がある。それがエチナだ。

このオアシスには、古くから匈奴《きょうど》、西夏《せいか》、元などの遊牧民族が興亡をくり返した。現在、エチナには約二万人が暮らしている。一九五〇年代までは住民のほとんどがモンゴル遊牧民であったが、近年、農耕に従事する漢族の流入が著しい。遊牧の暮らしは、家畜を移動させることによって植生にたいする負荷を分散させることができるが、一か所に定着した暮らしになると、自然環境への負荷を分散できなくなってしまうという問題をはらんでいる。

氷河は後退しつつある
氷河が縮小する場合、標高の低いところから高いところにむかって退いているように見えることから、氷河の後退という。

扇状地
上流の山岳域から運ばれてくる土砂で形成されている。この地形を真上から見ると扇状になっていることから、こう呼ばれている。

地下水
砂層を顕微鏡で拡大すると、粟おこしのような構造をしている。粟粒にあたるものが土粒子で、粟粒をくっつける飴にあたるものが水である。飴が間隙をすべて満たしている状態のとき、つまり地層が水で飽和されているとき、その水を地下水という。

2　地下水の重要性

乾燥地ではもともと遊牧を中心とした生業が営まれ、例外的に水資源に恵まれたオアシス周辺で農業がおこなわれてきた。ところが、近現代以降、大規模な灌漑農地の開発がすすめられてきた。乾燥地には日射、気温などの面で農業生産に有利な条件がそろっていたため、いわば広大な未開発の土地がのこされている状態だったのだ。また、灌漑農地は概して単位面積あたりの収量が多く、二毛作あるいは三毛作も可能である。そのため、二〇世紀になって灌漑が普及したとたんに食糧生産が急激に推進された。現在、中国国内の食糧生産量の半分以上が、こうした灌漑農地で生産されている。

しかし、灌漑農業のためにもっぱら地下水をくみあげてきたため、地下水位が急激に低下してきた。これが深刻な問題になっている。とりわけ乾燥地では雨があまり降らないので、地下水が涵養される速度は、日本のような湿潤地域にくらべてきわめておそい。なかには、数万年以上かけて涵養される地下水もある。涵養される速度を超えて人間が利用すれば、その地下水は枯渇してしまう。そして、いったん枯渇してしまったら、回復する可能性はほとんどなく、その影響は深刻である。

たとえば、ワールドウォッチ研究所の設立者であるレスター・ブラウンは、一九九五年に出版された〝Who Will Feed China? Wake-Up Call for a Small Planet〟（邦題『だれが中国を養うのか?　迫りくる食糧危機の時代』）のなかで、「とりわけ中国の食糧生産量の約四〇%を生産している華北平原では、一年に約一・五メートルのペースで地下水位が低下している。中国が高度経済成長を続ければ**地下水帯水層**が枯渇する可能性があり、二〇三

ゴビ砂漠
ゴビは、モンゴル語で砂礫のある草原をさす一般的地形用語。地名としてのゴビ砂漠は、モンゴル国から内モンゴル自治区、甘粛省にかけて、約一五〇〇キロにわたって広がっている。総面積は一三〇万平方キロで、中国の砂漠でもっとも大きい。ゴビ砂漠の南側にはさらに、中国で三番めに大きなバダンジリン砂漠があり、ここはゴビというよりもマンハ（砂丘の意味）が広がっている。

紅柳
ギョリュウ科の落葉低木。英語でタマリスク。モンゴル語では「ソハイ」という。

地下水帯水層
地下水によって地層が飽和している透水層。帯水層ともいう。

〇年には三億トン以上もの穀物を世界から輸入しなければならなくなる。しかし、世界の穀物市場にはその余裕はなく、世界の食糧危機が起こるかもしれない」と警鐘をならした。

にもかかわらず、地下水の需要は世界各地で増すいっぽうだ。ディーゼルや電動ポンプの普及にともなって揚水量が増大しているばかりでなく、近年では、掘削技術の進歩によって、これまでにないほどの深度におよびはじめている。世界の灌漑農地面積は増すいっぽうで、そのしわ寄せが目に見えない資源である地下水におよんでいる。かぎられた水資源のもとでいかに持続可能な発展を実現するかという課題は、地球全体で解決しなければならない。そのひとつのケース・スタディに、わたしたちはとり組むこととなった。

3　西部大開発による地下水へのあらたな負荷

黒河流域をふくむ中国西部内陸地域は、「貧困地域」と位置づけられている。中国政府は、東部沿海地域との格差を是正して、西部内陸地域の経済が発展するよう、「西部大開発」と呼ばれる国家プロジェクトを開始した。鉄道や道路建設などのインフラ整備や、投資環境の整備、科学教育の発展などの優遇政策に加えて、国境貿易や観光開発などを柱とする成長戦略が打ちだされた。

と同時に、生態環境の保全も重要視されるようになった。二〇〇一年八月三日、中国国務院は「黒河流域近期治理規画」という黒河流域管理の方針を発表し、それにもとづいて、水利部黄河水利委員会は翌二年四月に「黒河工程与非工程措施三年実施方案」という具体的なプランを定めた。当該プランには、「生態工程」（生態環境の保全のためのプロジェクト）と「水利工程」（水利用を改善するためのプロジェクト）というふたつの項目がある。生態工程については、三〇万ムーの河畔林の柵による囲いこみ、四万ムーの家畜飼料基地の建設、一一〇眼《がん》の機械式井戸の建設、一五〇〇人の「生態移民」などが提案された。「生態移民」とは、生態環境の保全を目的とする強制移住政策である。移民村と呼ばれる小規模な町が建設され、そこでの畜舎飼育が推奨された。家畜飼料基地や機械式井戸の建設は、生態移民政策の一環でもある。いっぽう、水利工程については、河川水の取水制限、地下水利用への転換、節水型作物の導入、送水効率の改善（水路の改修や建設）などが提案された。ここでいう水路はコンクリート製で、底から地下へ漏水しないようにしてある。このような水路がゴビ砂漠のあちこちに張りめぐらされ、枯渇していた居延海まで導水されるようになった。一見、水がくばられるように見えるが、水路がコンクリート化されることによって地下水は涵養されなくなる。すると、地下水位の低下がより深刻になる可能性がある。

このように開発と環境をめぐる政策状況が急激な変貌をとげようとしている雰囲気のなかで、わたしたちは予備調査をおこなった。

わたしたちの調査隊は、まず北京から蘭州に飛び、そこから車で張掖にむかった。蘭州から張掖までの距離は約五〇〇キロ。いまでこそ高速道路を利用して五時間程度でいくことができるが、二〇〇一年当時は丸一日かかった。当時は高速道路もなかったし、ところどころに砂利道さえあった。

張掖の手前の山丹に近づくと、漢の時代に土でつくられた万里の長城が見えてくる。車の窓からながめていると、それはみるみる近づいてきて、あっというまに横切ってしまっ

ムー
中国の面積の単位。漢字では「畝」。一ムーは六六六・七平方メートル。

生態移民
環境保全と貧困削減を目的に、二〇〇〇年ごろから中国で積極的に推進されるようになった移民政策。北京での砂嵐の主たる原因としてエチナの砂漠化があげられ、内モンゴルではとくに川沿いにある胡楊林を守るために人びとを都市に定住させるなど、強制的に移住させる政策であった。

た。道路を建設するために万里の長城の一部を壊したというのだ。わたし（秋山）にとってははじめての中国だったが、これにはおどろいた。歴史的遺跡よりも現代的インフラこそが重要であるらしい。そして、下流域のエチナに到着すると、連日のように突然の停電が続いていた。人口一万七〇〇〇人にも満たなかったエチナでは、中心地でも夜はわずかな灯りがともる程度で、それをたよりにいくつかの屋台が出ていたにすぎなかった。わたしたちが予備調査をおこなった二〇〇一年当時は、まさに西部大開発の実施前夜とでもいえる時期であった。

あの「九・一一」のときも、わたしたちはエチナにいた。調査からもどって宿でテレビをつけると、ビルから煙が出ている映像があった。てっきり何かの映画だろうと思っていたら、アメリカで起こった同時多発テロ事件のニュースだった。その日の調査では、わたしたちは、ちょうどカラホト（黒水城）、緑城、温都格城などの遺跡を視察し、こうした文明がなぜ崩壊したのかと議論をしていた。そのためだろうか、わたしはそのニュースを見て、「現代社会システムはすでに崩壊している」と感じた。これまでの価値観のままで開発や環境保全をすすめていいのだろうか、人類はパラダイムシフトをせまられているのではないだろうか。

地下水はしばしば、地域の自然環境を健全な状態に保っている血液にたとえられる。そのような命の源の危機が懸念されるにもかかわらず、地下水を持続可能な水循環の一部として適切な状態に保全するための管理体制は、整備されていない。管理の指針をつくるためには、まず地下水がどのように涵養されているかというメカニズムをあきらかにしなければならない。このメカニズムのことを、水文学の専門用語で地下水涵養メカニズムとい

カラホト（黒水城）、緑城、温都格城
チベット系のタングート族が一一世紀に興した西夏の城塞都市の遺跡。西夏はチンギス・ハーンに滅ぼされたため、地元ではこれらの都市もチンギス・ハーンによって滅ぼされたという伝説がある。カラホトは、一九〇八年、ロシアの考古学者コズロフが砂漠のなかにある遺跡を発見し、多くの西夏語の資料や仏教経典を発掘した。のちにオーレル・スタインも発掘した。これらの資料をもとに、西夏文字は西田龍雄によってほぼ解読された。

う。とくに極乾燥地域の地下水については不明な点が多い。極乾燥地域の地下水はいったいどこからきているのか。地下水の起源を知るということは、目に見えないものをあきらかにするということなのだ。

Ⅲ　二〇〇二年六月、暑い夏のはじまり

1　水利用を聞きとる——質的調査

フィールドノート

フィールドワークの方法は、一般に、テーマによって、また人によって、ちがっていてかまわないだろう。同様に、フィールドノートも多様であっていいだろう。ただし、わたし（小長谷）は一貫して大学時代に学んだときから同じものを使ってきた。小ぶりで細長く、表紙は硬い。なかは、図面も書きやすいように方眼になっているものと決めている。

六月二日から三〇日までのおよそ一か月間の現地調査で、わたしが使ったフィールドノートは二冊であった（次ページ写真6）。少ないともいえるし、多いともいえる。というのは、ステイ型調査ならじっくり話を聞くので同じ一か月でももっと冊数が増えるし、踏査型調査なら走りぬけるので冊数は減りがちである。

今回の調査は、町の宿に泊まりながら、およそ二〇〇キロの流域圏内にある家々をまわって聞きとりをするという調査なので、ちょうど踏査型とステイ型の中間的なスタイルといっていいだろう。だから、多くもならず少なくもない。二冊のノートを見ながら、調査

を復元してみよう。

まず、六月二日に日本を発ち、北京で中国社会科学院のスタッフと合流して蘭州まで飛び、一泊してから列車で西にむかう。いわゆる河西回廊を通って、車中泊を経て、六月四日に酒泉で下車。酒泉では、エチナからむかえにきてくれていた車に分乗して一路北上し、エチナで投宿開始。エチナの中心地の町の名はダライフブ鎮。

ダライは海、フブは岸だから、「海の淵」すなわち「湖岸」とでも訳すのがふさわしい名前であり、かつて幾筋もの川が合流して沼地になっていたことから発している。いまはすっかり街路も整って町らしくなっており、かつての沼地を想像するのはむずかしい。

翌五日は、まず外事辦公室（通称ワイパン）に挨拶にでむく。エチナには軍事基地があるので、外国人が許可なく調査してはいけないからだ。夕食は観光拠点「胡楊村」で歓迎会。中国における調査では、酒宴をさけてとおることができない。遠来の客をむかえ、本格的な調査の開始を祝してその成功を祈念する宴会が設けられたのに、むげにことわることなどできない。そして、帰るときには答礼宴として、こんどはわたしたちが主催しなければならない。最初と同様、最後の宴会もさけてとおることはできないのである。

二〇〇二年当時は、二〇一四年現在のような綱紀粛正ムードはなかった。かといって、それほど派手なさわぎでもなかったようだ。その証拠に、ちゃんと聞きとり調査をしていたらしき記録がある！

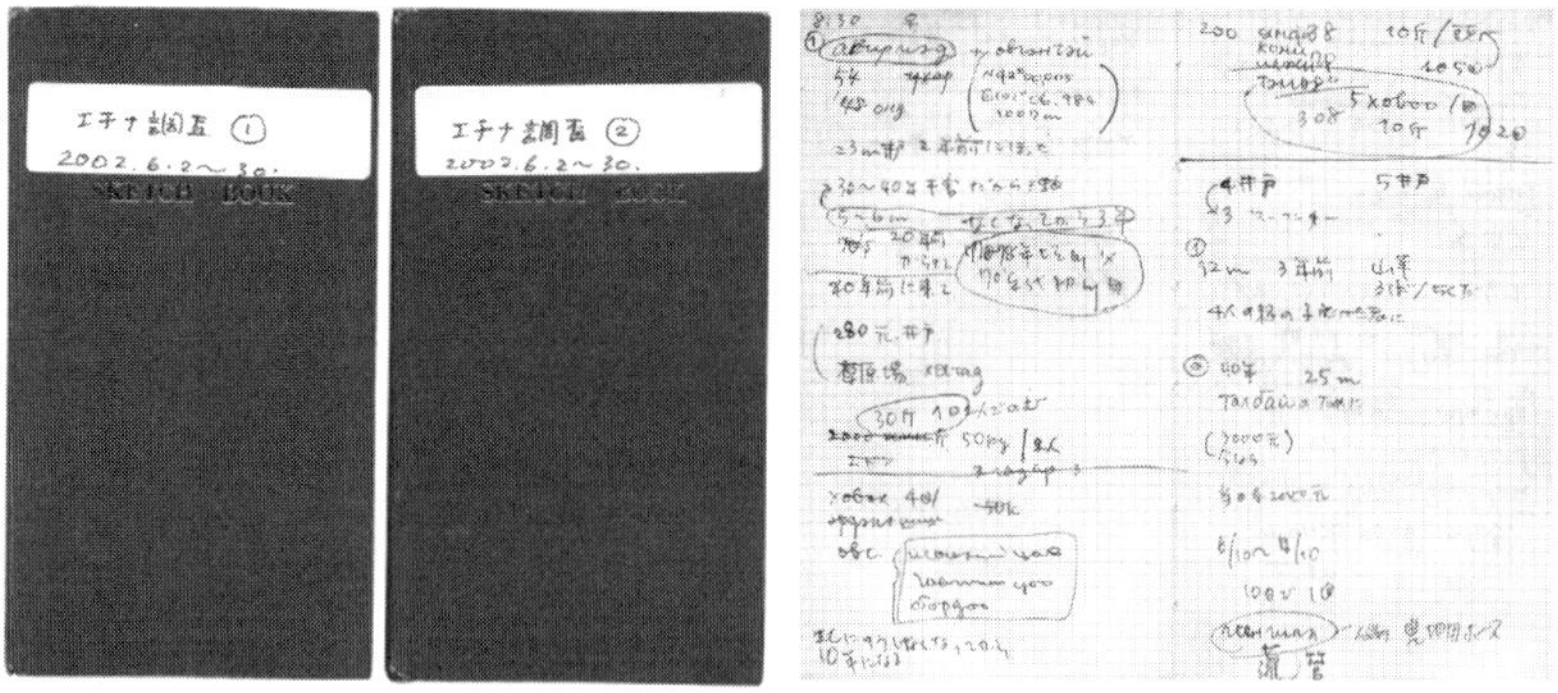

写真6　筆者（小長谷）が調査で使用したフィールドノート2冊。右は8月30日の記録

たとえば、この観光拠点は二〇〇〇年一〇月から運営された。地元の観光局が北のモンゴル国で直径七メートルほどの大きなゲル（モンゴル人の移動式住居）を購入し、民間と合資で設置した。一〇月になると、胡楊の葉が落ち、それを食べるために集まってくるラクダたちを、もちぬしが分別する。イチョウに似た黄葉の絨毯に、大集結するラクダの群れ。そんな大イベントだから、ほかならぬ観光資源になる。

ちなみに、中国映画「英雄（ＨＥＲＯ）」（二〇〇二年公開）で、赤い衣装に身をつつんだマギー・チャンとチャン・ツィーが直接対決する黄葉のシーンは、ここエチナで撮影されたものである。地元の人びとによれば、撮影用に大量の落ち葉が集められたのだった！

ラクダは、もっぱら冬の乗りものとなる。夏は使わないので、遠くに放たれている。ときどきだれかが見張りにいけばいい。そんなふうに遠牧されているたくさんのラクダを、秋に一か所に集結させ、もちぬしが各自のラクダを回収するという方式をとっているのである。そういう牧畜文化をぜひとも観光資源にしたいという話を聞いた。

出された料理についても、もちろんすかさず話を聞く。エチナでは、ラクダの乳を発酵させたものを「アイラグ」と呼び、甲状腺の腫れに効くとされている。

このように、地元の慣習である宴会をありがたく受け入れながら、そこでもさらに精力的に聞きとり調査をしていた。宴会であってもいろいろと質問してかまわないという人間関係がすでにできあがっていたといえよう。

しかし、だからといってなんでも聞いていいというものではない。想像してみてほしい。友人の結婚式に招待され、偶然相席になった人に、「ところで、あなたの収入はどれくらい？」などといきなり質問できるだろうか。どんな場合でも、一歩まちがえれば失礼にな

外事辦公室
中国の省や都市など、地方政府において、外国人の出入りをはじめとする国際関係をあつかう部署。

りかねない。

聞きとり調査というものは、一般に、聞きたいという調査者の欲望を満たす行為である。だからこそ、遠慮も必要だ。答える側の立場を気にかけながらたずねることがフィールドワークの最重要事項であると、わたしは思う。たとえ、相手が野生動物や自然の風景であっても、たぶん同じだろうと思う。

フィールドノートからカードへの転記

本格的な調査は六月六日からはじめた。聞きとりで訪問した世帯には、日にちごとに番号をふっていくようにした。たとえば、本調査で最初に遭遇したのはアビルメットさん。その家は、六日の一番さん。こうした共通番号によって、情報の共有が容易になるにちがいない。毎日宿にもどった時点で、秋山くんと番号を確認しあった。地図には、「601」という番号で記されている(図6)。

砂漠の夏は暑い。だから、はやめに出発だ。六月六日、朝八時に宿を出て、エチナ旗の中心地ダライフブ鎮に定住し、井戸のあるお宅を訪問していった。朝八時半。五十代らしき女性がむかえてくれた。

聞きとりは、まず自分たちについての情報を提供しないかぎりはじまらない。かくかくしかじかでまいりましたと告げる。わたし自身が告げることもあるし、同行者が告げることもある。エチナでは地元の運転手さんが協力してくださって、おおいに助かった。かくかくしかじかできた人たちだよと、わたしたちにかわって説明してくれることもあった。

それから個人情報におよぶ。相手の名前や年齢について質問する。そんな事項はどうで

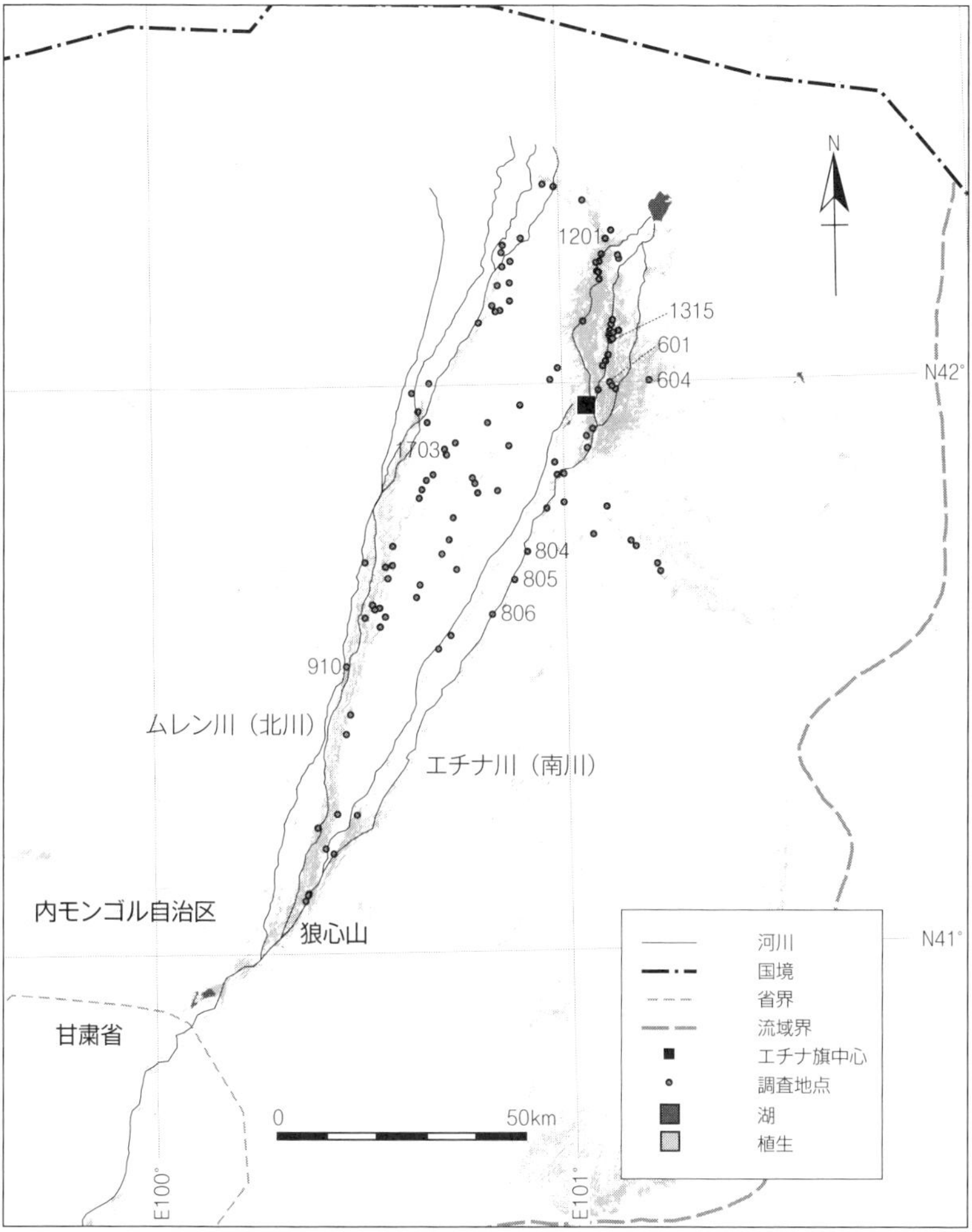
N
1201
1315
601
604
N42°
1703
804
805
806
910
ムレン川（北川）
エチナ川（南川）
内モンゴル自治区
狼心山
甘粛省
0
50km
E100°
E101°
N41°
河川
国境
省界
流域界
エチナ旗中心
調査地点
湖
植生

図6　黒河下流域の地図

もいいじゃないかと思われるかもしれない。とくに、今回の調査のように井戸の水位や水質を調べるのに、名前など関係ないだろうから。しかし、わたしたちは数値として計測できる情報だけをとりにきたわけではないのだ。そうした量的調査に加えて、質的調査もしたい。否、むしろ質的調査こそが重要であったことは、これからしだいにわかるだろう。

量的調査（quantitative research）というのは数量的に把握する研究をさし、多くのサンプルから定型的なデータを得ることによって客観性が保証される。いっぽう、質的調査（qualitative research）というのは、数量で把握できないことをインタビューや観察などで調べる研究をさす。二種類の調査の協働関係がわかるように書いていくので、ぜひこのまま読みすすめてほしい。

インタビュイー（インタビューを受ける人）が水利用について教えてくれたとしても、たまたまここの家にいた人なのか、ずっとここで暮らしてきた人なのか、それは聞いてみないとわからない。むかしの水利用についててていねいに話してくれたとしても、それがべつの地域で育ったときの話であるかもしれない。だから、どんなテーマであれ、個人から聞きとるときには、その人のパーソナルヒストリー（個人史）がある程度必須である。そして、いきなりくわしいことから聞くわけにもいかないから、やっぱり名前と年齢あたりから聞いていくのである。

まず、自分の名前を告げて、相手の名前を聞く。自分の干支を告げて、相手の干支を聞く。こうして話がじょじょにはじまっていく。概して女性に年齢を聞くのは失礼のように思われるけれど、自分についての情報をさらすことで第一段階はクリア。モンゴル国であれ、中国内モンゴルであれ、モンゴルでは干支のシステムが浸透しているから、干支で話すとうまくいく。「わたしは酉年です、あなたは？」と聞けばいい。アビルメットさんは一九四八年生まれと知れた。当時、五四歳だった。
話好きの人ならついつい長居し、話をしにくそうな人なら早々に引きあげる。平均すると三〇分ほど集中してお話をうかがう。ノートに記載された順序で、聞きとり内容を復元してみよう。

井戸は、深さ二三メートル、二年まえに掘った。二〇年まえから住む両親が七〇年代に掘った井戸が、もともとあった。その深さは五～六メートル。その井戸の水がなくなったからあたらしく掘った。水がなくなってから三年たった。父は、一九七七～七八年ごろにやってきた。母は七〇年代のはじめごろやってきた。いま、一日ひとり三〇斤（一・五リットル）飲む。ふたり暮らしだから、およそ五〇斤（二・五リットル）使う。畑では綿花、とうもろこし、飼料用作物をつくっている。綿花には年に四回灌漑する。搾乳しなくなってから一〇年になる。ヤギとヒツジでおよそ二〇〇頭。ロバとラクダもいる。全部で三〇八頭。一日五回、一頭につき一〇斤の水をやる。家畜用の井戸は三年まえに掘った。深さは一二メートル。四人の子どもたちの末っ子といっしょに掘った。畑のための井戸は、漢人を雇った。一九九〇年に二五メートル掘った。当時二〇〇〇元だった。いまなら三〇〇〇元するだろう。六月一〇日から八月一〇日までのあいだ、一〇日に一度の割合で灌漑する。畑の面積は全部で一〇余ムー（約七〇アール）。ここは、ジャルガラント・ソム（ソムは、エチナ旗の下部行政単位・鎮）、ウスレングイ・ガチャー（ガチャーは、さらにその下部の行政単位・村）、バイジグ・トーライというところ。

こんなふうに聞いたとおりの順番のままだと、話が少々前後して、ちょっとわかりにくい。そして何よりも、これから同様の話を世帯ごとに聞いていくのだから、きっと混乱するだろう。項目ごとに内容をまとめておいたほうがわかりやすいに決まっている。井戸、農作物、灌漑、家畜、水やりなど項目ごとにまとめておけば、質的調査とはいえ、量的に出そろってきて、比較しやすくなる。つまりは分析しやすくなる。だから、たいていわたしたちは、フィールドノートをあとでカードに転記するものなのだ（写真7）。

帰国後、わたしはただちに二〇〇二年六月の調査記録を整理した。フィールドノートから以下のような項目ごとに部分的にカードへとぬき書きしておいた。まず、各世帯のプロフィールとして、緯度・経度と家の向き、井戸と水利用、生活全般。次に、自然環境に関連する項目として、胡楊、ゴビ、草、植生、植物名、動物名、湖、川、地形。そしてわたしとしての主題は、牧畜生活に関連する項目として、頭数調査、病、飼料、搾乳、乳製品、ラクダ、価格、水やり、農業との関係、過去の移動、現在の移動パターン、定住化、生態移民など。

項目ごとにまとめると、全部で三〇〇枚ぐらいのカードになった。ふつうなら、これらのカードを使って論文を書く。しかしわたしは、かんたんな調査報告をまとめたほかには、これらのカードを使うことがなかった。そのかわり、「生態移民」という環境政策と闘い、「オーラルヒストリー」の収集に力をそそいだのだった。そんなわけで、当時まとめておいただけで本格的に使うことのなかった整理ずみのカード群を、いまここではじめて使ってみよう。

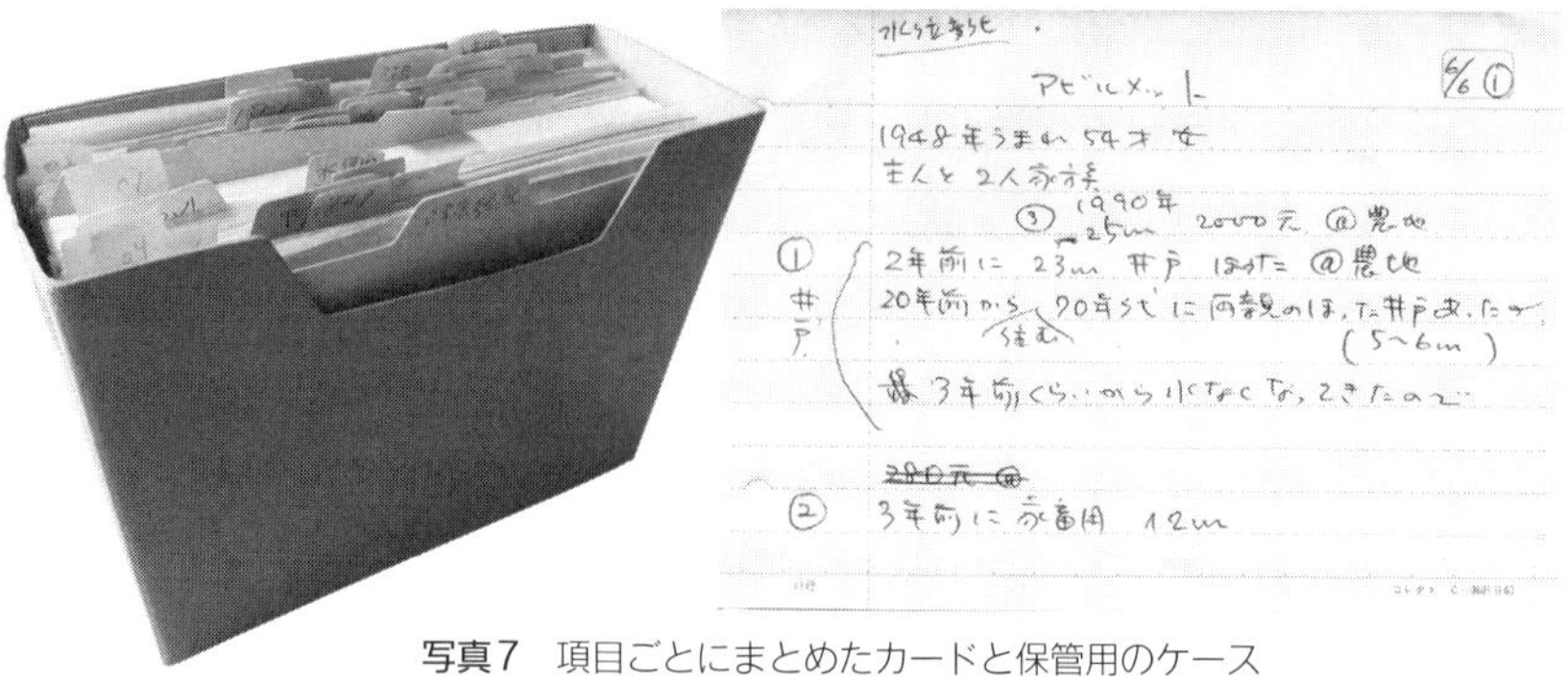

写真7　項目ごとにまとめたカードと保管用のケース

水をめぐる不思議な話

井戸事例というカード群のなかには、先ほどのアビルメットさんの家の事例のように、いつ枯れたかについての言及がある。そんな場合は、「水位変化」という見出しをつけてある。いっぽう、いつごろから飲めなくなったという話には「水質変化」という見出しをつけてある。

調査の初日に、「上層の水は人が飲み、下層の水の質が悪い」という人がいた。六月六日の四番、すなわち604・グン書記である。地下水に関する専門知識をもたないわたしには意外に感じられた。

六月八日は、すこし町から離れてエチナ川（エゼネ川）を南下した。南にある祁連山脈から流れでる川なので、南下は、すなわち上流へさかのぼることを意味する。意外なことに、川沿いは空き家が多い（804）。地名を聞くと、ウブルジンだという。「冬営地」を意味するモンゴル語だ。あれ？　川岸は夏に住むところではないのだろうか。偶然人がいたお宅では（806）、もうすぐ三キロ東南東の夏営地へ出るという。あれ？　そこはいわゆるゴビではないのか？

こうして聞きとりをすすめるうちに、彼らの季節的な移動パターンが了解されてきた。「夏はゴビ（砂漠）、冬はゴル（川）」なのである。川岸には胡楊の林があって、風とおしが悪い。だから、季節風にさらされたくない冬に住む。そして、夏になれば林を出て、風とおしのいいゴビへむかうのだ。

連日の猛暑のなか、日ざしから身を守りたい一心のわたしたちは、つねに木陰をもとめたくなっていた。だからついつい、胡楊林は夏のすみかのように感じていたけれども、事

「生態移民」という環境政策と闘い
小長谷有紀、シンジルト、中尾正義編『中国の環境政策　生態移民』（昭和堂）

オーラルヒストリー
人の一生を聞きとる研究、あるいは聞きとったその資料をさす。中国では「口述史」という。高齢者をたずねてみずからの人生を語ってもらい、それを記録すると、自然に環境変化に関する認識も語りのなかにふくまれる。とくに女性たちの場合、食材として自然資源が言及され、その利用が語られるという特徴が見られる。
小長谷有紀ほか編『オーラルヒストリー　エジネーに生きる母たちの生涯』（総合地球環境学研究所）

実はまったく逆さまだったのである。

　そして、もっとおどろいたことに、川に近いほど地下水位が下がるというのである。

　ある人は、冬営地の水位は二・五メートルくらいで、これは深いといった（805）。あれ？　彼らの冬営地といえば、川筋である。川筋のほうが地下水面が低いのか。またある人は、冬営地の井戸は現在一・五メートルくらいで、夏営地にいけばこれより浅いといった（806）。あれ？　ゴビのほうが地下水面が高いなんてことは、あるのだろうか。

　聞きまちがえかもしれないという不安は、リグジェーおばあさんが打ち消してくれた。二〇〇〇年八月、わたしがはじめてエチナにきたときに環境変化を鮮やかに語ってくれたリグジェーおばあさんは、エチナ川の下流、冬営地にいまだとどまっていた（1315）。わたしたちの調査目的をいちはやく察してくれたのではないかと思われるほど明解に、彼女は説明してくれた。

「ゴビは小高く、風があり、涼しい。夏に住む。冬はソハイ（タマリスク）のなかにはいる。夏、ここは暑くて、とても住んではいられない。南川ならゴビにいかなくてもいい。北川なら夏はゴビへいく。ゴル（川）の井戸は水が遠い。五メートルくらい。ゴビの井戸は水が近い。二メートルくらい」

　一九三二年生まれの彼女は、水を「遠い」「近い」と表現した。近いというのは地表面からの距離であり、浅いということだ。さらに、そんなゴビの水を「デール・オス」「サンダグ・オス」「ザブサリン・オス」ともいった。「上の水」「きれいな水」「はさまれた水」という意味である。砂のフィルターを通ってきたような表現ではないか。

　後日、実際にゴビに出たとき、わたしたちは手で砂を掘ってみた。すると、たった二〇

地下水面
地下には土壌水と地下水の二種類の水があり、両者の境界を地下水面と呼ぶ。そして、この地下水面の水位を地下水位という。

センチくらいでジワっと濡れた砂が現れてくるではないか。ああ、これがモンゴル語で「タトール」といわれる、簡易井戸なのだ。縦に掘りぬく井戸「ホダグ」とは、そもそも単語が異なるのだった。

それにしても、砂地のすぐ下に水が隠れていたとは。砂漠だから、てっきり水はないものと思っていたのに。川に近づけば水がたっぷりあると思っていたのに。地下水の意外なふるまいにはおどろかされた。現地の人びとにとって不思議でもなんでもないだろうけど。

エチナにはいくつかの川筋がある。東側の主要な川はエチナ川で、リグジェーおばあさんは南川と呼んだ。もっとも西側にあるのがムレン川で、彼女は北川と呼んだ（87ページ図6）。エチナでは民俗方位がほぼ九〇度ずれていて、東を南と見立てている。そして、卓越する偏西風に背をむけるようにして家を建てる。ふだんのことば使いをそのままに表現するから、彼らの暮らしかたのツボがわかるのである。

リグジェーおばあさんの解説は、両河川のちがいも示唆していた。そもそも、ムレンというモンゴル語は川（ゴル）よりも大きなものをさし、エチナ川よりも水量が多かったことを示している。そして、水量のちがいは、川沿いの樹木のちがいをもたらすだろう。エチナ川ならもっぱら胡楊だが、ムレン川ならさらに沙棗《すなつめ》もある。わかりやすく表現すれば、エチナ川沿いが林ならムレン川沿いは森とでもいおうか。彼女のいう、ゴビへ出るべきかどうかというちがいは、おそらく木々の鬱蒼さに対応しているだろう。

また、リグジェーおばあさんは自分の住処を「ソハイのなか」といい、植物を指標にしてエチナ川下流域の特徴を表現していた。このように、ふだん使っている表現をそのままに語ってくれること、じつはそれこそが調査する側にとって最大の収穫であり、発見のき

民俗方位
地球の南北極を南北とする自然科学的な方位を「自然方位」というのにたいして、その地域に住む人びとが慣習的に定めている方位を「民俗方位」という。モンゴル高原では北西風が卓越しており、北西を〈北〉、南東を〈南〉とみなすことが多く、およそ四五度、自然方位とずれている。ただし、エチナでは東を〈南〉、西を〈北〉とみなし、およそ九〇度、自然方位とずれている。一八世紀、はるばるカスピ海付近の草原から東へと移動して故郷にもどってきた歴史を反映しているのかもしれない。

沙棗
ヤナギバグミ。グミ科の落葉高木。モンゴル語で「ジグド」という。

っかけになるのである。

約二〇年まえに父が掘った井戸が、いまでは秋になると水位が下がるので家畜に水やりができなくなったという話（910）は、地下水の長期的な変化とともに、季節的な変化を示している。夏営地の井戸は五年まえまで水があったけれども、いまはもう埋まってしまい、冬営地の深井戸はもう苦くて飲めないので家畜用にしか使えないという話（1201）は、水量の減少とともに水質の劣化を示している。両河川にはさまれた開拓地域では、夏営地は北川のほうで、冬営地は南川のほうで、それぞれ水位は一メートル程度であったが、近年、夏営地のほうの水位が低くなったという話（1703）は、ムレン川の減水を示している。

学術的な発見はそもそも現地の人びとの生活のなかに埋めこまれており、彼らが何気なくわたしたちに語ってくれていた。いい換えれば、主観的に語られた事実を客観的事実に転換していく必要があった。語りによる情報（narrative-based）を科学的なエビデンス（scientific evidence）として証明していくこと、それがわたしたちの協働なのだった。

2　水の量と質を測る——量的調査

水サンプルをとる

地下水涵養メカニズムをあきらかにするためには、たくさんの水のサンプルが必要だ。水といってもいろいろある。雨の水、河川水、地下水、泉の水など。調査では、これらの水をとりまくる。ただし、水をとるといっても、じつはかんたんなことではない。たとえば、雨の水をとりたくても、なかなか雨に出会えない。雨の水は地下水の涵養源のひとつの可能性があるから、雨に出会うことも大切だ。ふつうだったら、雨が降ったら逃げるだろうが、調査では、雨が降ったら仕事がはじまる。どしゃ降りのときは、ずぶ濡れになりながら水をとる。そんなときはうれしくてしかたない。極乾燥地域では、どしゃ降りなんてめったに出会えないのだから。そして、同じように雨が降るといったって、自分がいるところで降ってくれないといけない。まさに神だのみだ。

いっぽう、地下水は井戸からとる（写真8）。シャベルで観測用の井戸を掘ることもあるが、今回は人びとの使っている井戸がある。ただし、それほどかんたんなことではなかった。井戸を使っている人がどこに住んでいるかわからないこと。また、多くの井戸がポンプ式であり、地下水面の見える開放井戸が少ないこと。開放式の井戸でないと、そもそも地下水位を測定することができない。量的調査のためにも質的調査は不可欠なのだった。

写真8　水を計測するわたし（秋山）

水をとるときには、不純物を濾過しなければならない。シリンジ（針のない注射器）でサンプルを採水し、〇・二〇マイクロメートルフィルターを装着して、不純物を濾過する。力をこめてシリンジを押しても一滴一滴と垂れるくらいで、手が痛くなる。不純物が多いためだ。苦労して得た水サンプルであるが、ただちに容器に収めるわけにはいかない。容器（三〇ミリリットルポリエチレン製容器。以後、ポリ瓶と呼ぶ）を水サンプルで共洗いしなければならない。その後は、シリンジで採取してフィルターを装着して力をこめてシリンジを押すという作業をくり返して、水サンプルをポリ瓶に収める。そして、ポリ瓶を気泡のはいらないように密閉する。地点番号や日付をビニルテープ（ビニテと呼ぶ）に記録し、それをポリ瓶に貼りつける。雨のサンプルなど、サンプル瓶からの蒸発の影響をすこしでも減らしたい場合には、少量のパラフィンオイルを入れることもある。地下水面の見える開放井戸の地下水や河川水などはそもそも蒸発の影響を受けているので、パラフィンオイルを入れない。それでも、サンプル瓶からの蒸発の影響を知るために、一部のサンプルについて、パラフィンオイルを入れたものと入れていないものという二種類のサンプルをとった。

期間中の調査地点は、87ページの図6に示した。量的調査だから、多くの地点をおとずれたい。しかも、地下水涵養メカニズムが地域によってどのようにちがうのかもふくめてあきらかにしたいので、空間的にほぼ均等にサンプルを集めたい。できるだけ広い地域でたくさんの水をとりたい。しかし、モンゴル人のドライバーは「道のないところは走れない」という。道のないところはすなわち危険であることを意味するからだ。地元の人の協力があってはじめてなりたつ調査なのだから、いきたい場所にいけないことがあっても、辛抱強くなろう。こうして、六月六日から二一日までの一六日間の調査期間中に、合計一三八地点で調査することができた。

水サンプルを測る

採取した水サンプルは、実験室で分析する。とくに、水素酸素安定同位体比が重要であ

パラフィンオイル
流動パラフィン、またはたんにパラフィンと呼ばれる。炭化水素化合物（有機化合物）の一種で、炭素原子の数が20以上のアルカンの総称である。石油にふくまれ、分留によってとりだされる。常温では無色の液体で、水にほとんどとけない。

る。水循環の主役である水分子（H_2O）は、水素と酸素で構成されている。そして、地球上に存在する水素と酸素には、それぞれ**質量数**の異なる**安定同位体**が存在する。質量数が1の水素（^{1}H）の安定同位体は質量数が2の^{2}H（重水素）であり、質量数が16の酸素（^{16}O）の安定同位体は質量数が18の^{18}Oである。質量数の大きいほうが、わずかではあるが重い。つまり、天然の水には、重い水と軽い水が存在しているのだ。たとえば、雨が降るときには重い水から凝結するし、水が蒸発するときには軽い水から蒸発するという具合である。このように水の状態が変わるときに、**同位体の存在量に偏り**が生じる。

安定同位体の存在比のことを安定同位体比という。異なる安定同位体比の水が混じりあうときには、水の量の割合に応じて、混合後の水の安定同位体比が決まる。たとえば、地下水の安定同位体比を測定すれば、地下水中に河川水がどんな割合で混じっているかがわかる。安定同位体比は、δ《デルタ》値で表される。δ値は、**標準平均海水**の重さにたいする採取した水の重さの偏差の千分率（‰《パーミル》という）を意味している。δ値が大きいほど、その水は重いということになる。このように、水の安定同位体比のちがいをあきらかにすることによって、水の起源や流動経路を推定することができる。

民間知の検証

まず、聞きとり調査で得た情報（地下水涵養メカニズムに関する民間知）を次ページ表2にまとめる。聞きとり調査の結果は、①地下水位の深さ、②地下水位の季節変化、③地下水位の経年変化が河畔域と砂漠域とで異なることを示唆している。では、これらのことを水文学的な手法を用いて科学的に実証していこう。

安定同位体
原子番号（陽子数）が同じで、かつ質量数（陽子と中性子の数の和）が異なる物質を同位体という。同位体は、放射能を放って放射壊変をする放射性同位体と、放射壊変をしない安定同位体の二種類に分類される。

質量数
原子は、正の電荷を帯びた原子核と、負の電荷を帯びた電子から構成される。原子核はさらに陽子と電気的に中性な中性子から構成される。陽子の数と中性子の数の和を質量数という。

同位体の存在量に偏り
専門用語で同位体分別という。同位体がどちらに集まりやすいかの度合いを同位体分別係数という。

標準平均海水
水素酸素安定同位体比を決

第一に、遊牧民の保有する開放井戸の地下水位を四八地点で測定した結果、地下水位はたしかに河畔域と砂漠域とで異なる傾向が見られた。河畔域では一・二二から五・四九メートルまでの幅があり、平均すると二・四メートルだったのにたいして、砂漠域では〇・八七から二・八八メートルまでで、平均は一・五メートルであった。語りのなかでとりあげられた地下水位は、おどろくほど観測値にちかかった。

　地下水位が異なるということは、河畔域と砂漠域とで、地下水が涵養されるメカニズムも異なるのではないか。そこで、水素酸素安定同位体比を分析した。その結果を図7に示す。横軸に酸素のδ値（$\delta^{18}O$）、縦軸に水素のδ値（$\delta^{2}H$）をとってサンプルの値をプロットした図のことを、δ-ダイヤグラムという。地下水のδ値は河畔域で高く、砂漠域で低かった。いい換えると、河畔域の地下水は重くて、砂漠域の地下水は軽い。また、河畔域における地下水のδ値は、δ-ダイヤグラムにおいて、灌漑期と非灌漑期の河川水のあいだにプロットされた。灌漑期とは、黒河中流域で農業をしている四月から九月の約半年のことで、非灌漑期とは農業をしていない

表2　下流域の地下水涵養メカニズムに関する民間知

	河畔域	砂漠域
宿営地	冬営地	夏営地
風通し	悪い	良い
体感温度（夏）	暑い	涼しい
地下水位の深さ	深い	浅い
地下水位の季節変化	秋にかけて低下	ほとんど変化なし
地下水位の経年変化	末端域で低下傾向	ほとんど変化なし

めるうえで基準となる水。

偏差
ある母集団の平均値と、その母集団の要素ひとつひとつとの差。ここでは標準平均海水の重さが母集団の平均値ということになる。

河畔域と砂漠域
遊牧民は、川（ゴル）に沿った地域を秋に川沿いへ移動し、川筋にある胡楊（トーライ）や沙棗（ジグド）の林のなかで冬をすごす。農業開発されやすい地域である。いっぽう、砂漠域は木々が密集していないため、夏をすごす場所となる。砂漠域にはモンゴル語でコルと呼ばれる窪地と、デンジと呼ばれる台地がある。コルは、かつての河床や臨時的に水が流れる枯れ川などで、しばしば葦が生えている。コルに近いデンジが、夏営地として利用される。

一〇月から三月の約半年を意味している。つまり、河畔域の地下水は、両期間の河川水が混ざりあうことによってつくられているのだ。いっぽう、砂漠域の地下水のδ値は、どの河川水のδ値よりも低かった。砂漠域の地下水は、河川水よりもはるかに軽いのである。これらのことは、地下水涵養メカニズムが両地域間で異なることを示している。

第二に、聞きとり調査が示唆する地下水位の季節変化に関しては、現場に設置した自記式水位計（スイスSTS社製のMC-1100）の観測データを用いて証明しよう。次ページ図8は、狼心山観測地点（75ページ図4）での日河川流量と、河川からの距離が異なる三地点における地下水位を示す。河岸から一万メートル離れた砂漠域では、地下水位の変化は年間をとおしてほとんど見られなかったが、河畔域（河川から二〇メートルおよび三三〇メートル離れた地点）では、四月から九月にかけて著しく低下していった。これは、夏期には河畔植生の蒸発散によって地中の水分が大気中に放出されるからだ。語りから得られた地下水位の季節変化パターンに関する情報も、たしかであった。

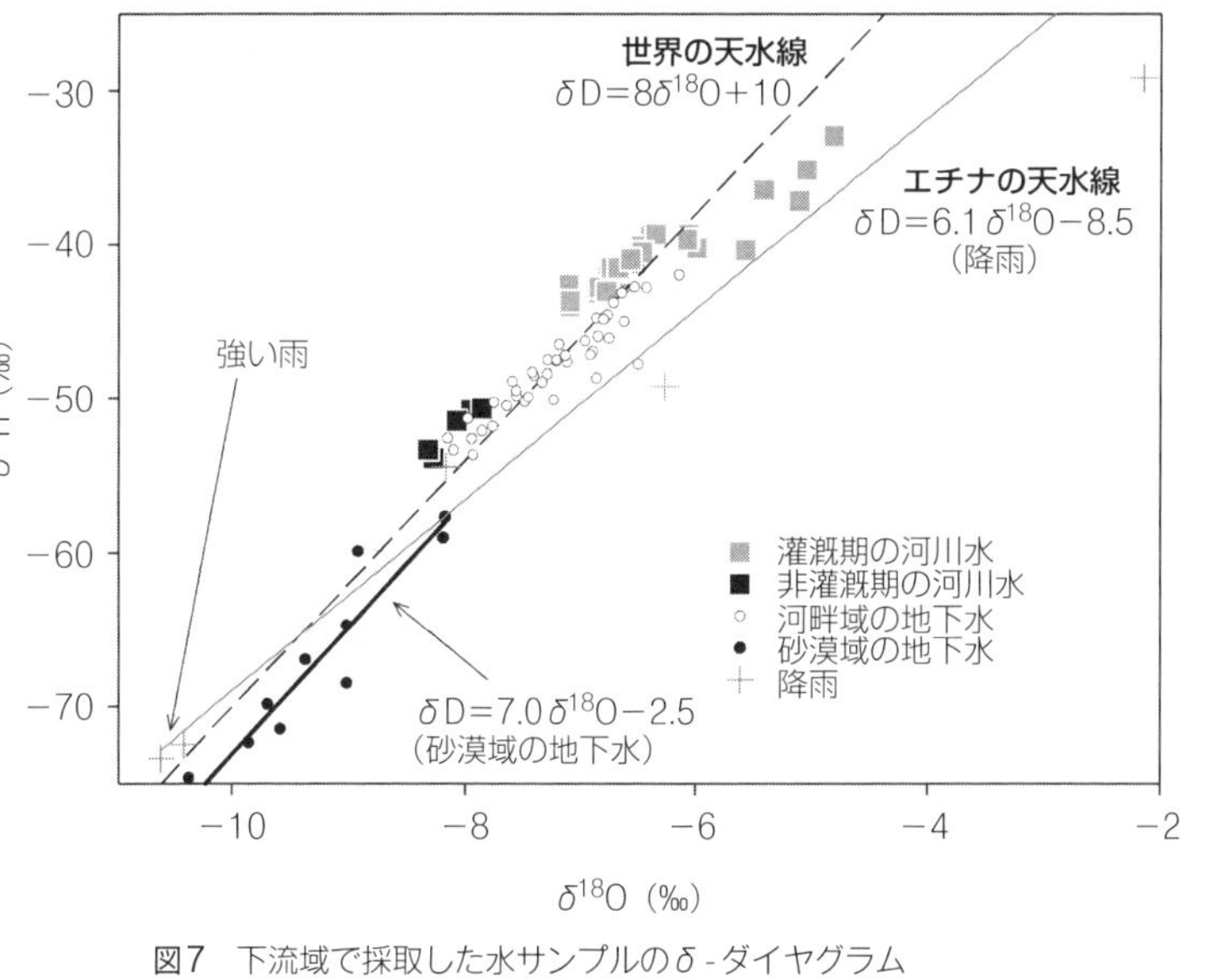

図7　下流域で採取した水サンプルのδ-ダイヤグラム

第三に、聞きとり調査が示唆する地下水位の経年変化を検討しよう。まず、現地の水文観測所において一九八八年から継続的に測定されてきた地下水位の年平均値を図9に示す。彼らの語りのとおり、末端部の地下水位は一九九〇年以降に著しく低下したことがわかる。末端部のG6地点では、一九五二年の地下水位は一・四メートルと、きわめて浅かった。

河畔域の地下水涵養メカニズム

河畔域の地下水涵養メカニズムは、地下水位と河川水位との差に依存する。地下水位が河川水位よりも高いときには、周辺の不圧地下水が河道に流出する。逆に、地下水位が河川水位よりも低いときには、河川水が地下水を涵養する。

しかし、灌漑期には、下流域には河川水がほとんど流されない。なぜなら、中流域で河川水が取水されてしまうからだ。河川水が放流されるのは、あまり取水されない非灌漑期だけである。つまり、冬にしか河川に水がないのだ。ただし、厳密にいうと近年は環境保全のために灌漑期でも一時的に河川水が放流されるよ

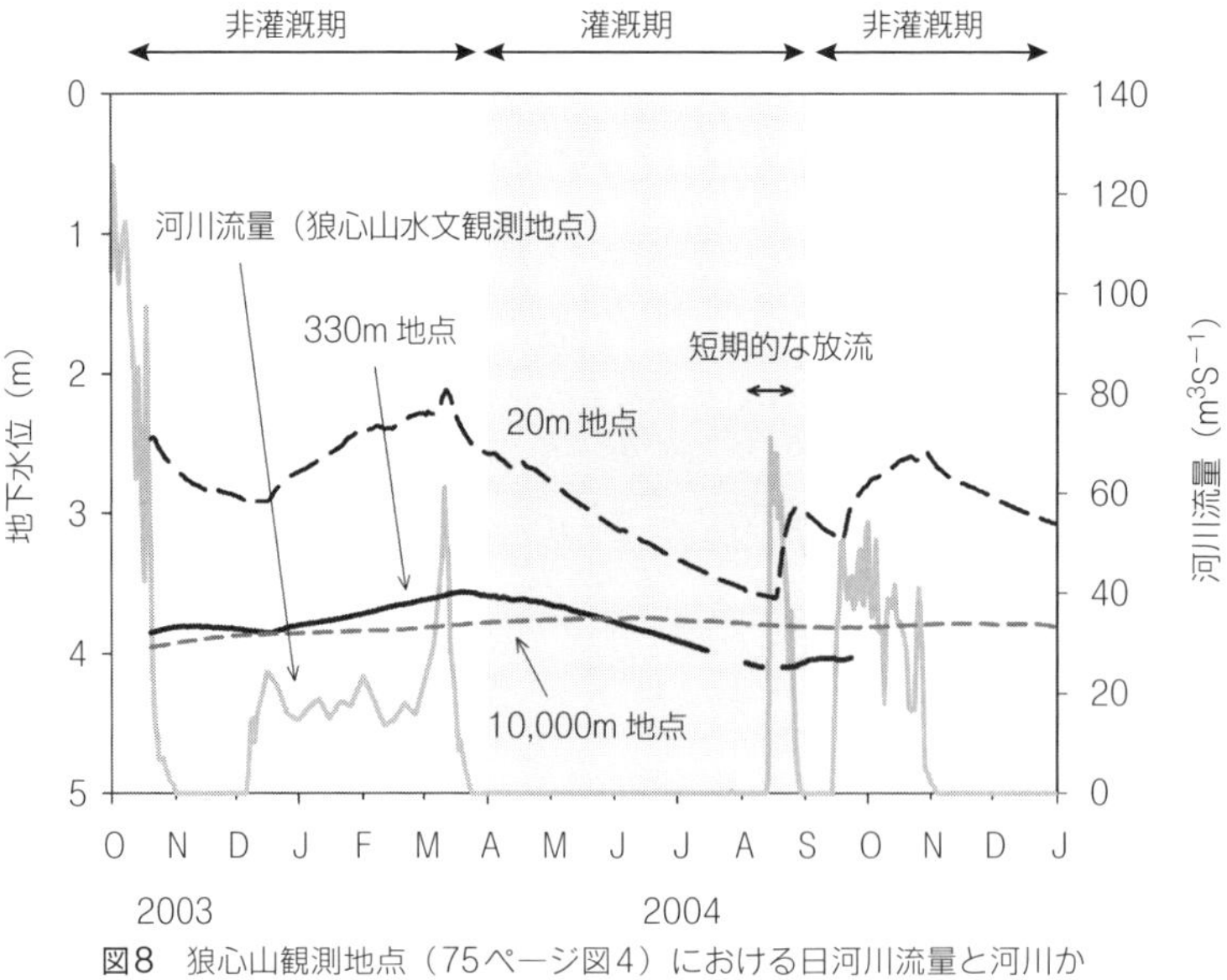

図8　狼心山観測地点（75ページ図4）における日河川流量と河川からの距離の異なる3地点における地下水位。観測期間は2003年10月から2004年12月までで、灰色ぬりつぶしは灌漑期間を示す

うになってきた。このような放流は数日間で終わってしまうので、短期的な放流と呼ぶことにする。河畔域の地下水涵養メカニズムは、河川水の放流パターンとあわせて考えなければならない。

河川から離れるにしたがって、地下水涵養メカニズムはどのようにちがうのだろうか。このような視点で、再び100ページ図8を見ながら考えてみよう。まず河川から二〇メートル地点では、灌漑期と非灌漑期ともに、河川水が流れてくると地下水位は急激に上昇した。地下水位が上昇するということは、地下水が涵養されているということだ。河川水の放流が終わると、河に水がなくなる。そうすると、地下水位はゆるやかに低下していった。対照的に、三三〇メートル地点の地下水位は、非灌漑期にはゆるやかに上昇したが、灌漑期にはほとんど上昇しなかった。すなわち、恒常的な放流によって河川につねに水があった冬のあいだには地下水は涵養されていたが、灌漑期の短期的な放流によってときおり流れるだけの河川水では、地下水は涵養されていなかった。河岸から一万メートル離れた砂漠域にいたっては、地下水位の変化は年間をとおしてほと

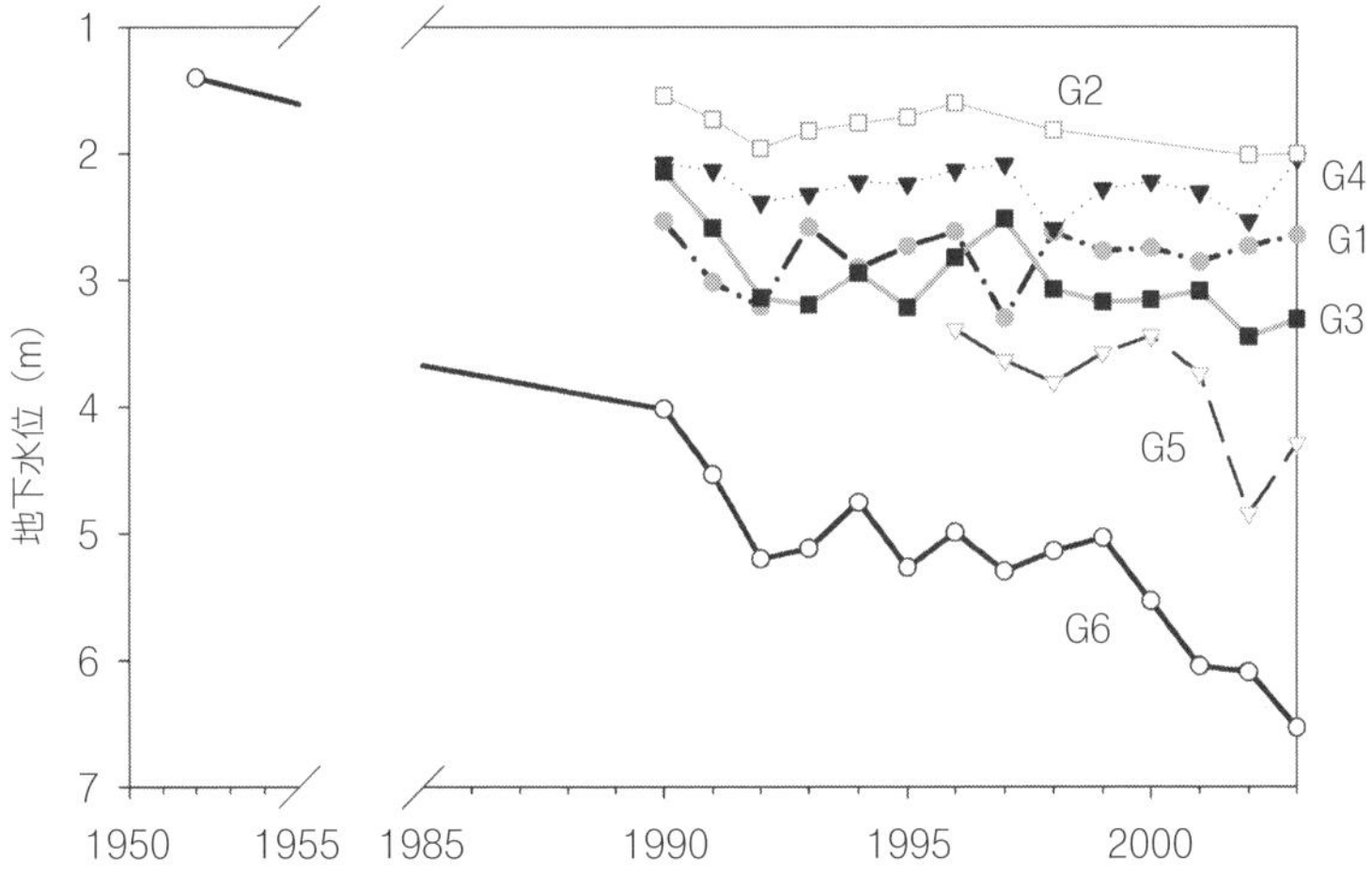

図9　下流域のG1、G2、G3、G4、G5、G6地点における年平均地下水位

んど見られなかった。

これらのことから、ふたつのことがわかる。第一に地下水の涵養量は河岸から離れるにつれて少なくなったこと、第二に短期的な放流は河岸から離れた地域の地下水をほとんど涵養しないことである。したがって、河畔域の地下水を保全するためには、十分な量の河川水を恒常的に放流しなければならないのだ。

砂漠域の地下水涵養メカニズム

河川から離れた砂漠域の地下水はどのように涵養されているのだろうか。極乾燥地域では、観測例がないにもかかわらず、雨によって地下水は涵養されないと考えられてきた。極乾燥地域でも、強い雨があれば地下水は涵養されるのではないか。こう思ったのは、二〇〇二年の調査で三〇ミリ／時のはげしい雨に遭遇したときである。これほどの雨はめったに降らないので、とても幸運だった。それでは、砂漠域の地下水がどのように涵養されているのかを考えてみよう。

まず、水素酸素安定同位体比を分析した（99ページ図7）。砂漠域の地下水のδ値は、どの河川水のδ値よりも低く、強い雨のδ値よりも高かった。このことは、強い雨は砂漠域の地下水を涵養している可能性を示唆するものである。しかも、天水線のちかくにプロットされたということは、砂漠域の地下水は蒸発の影響をあまり受けていないということを示している。これはとても意外だった。極乾燥地域の蒸発作用はきわめて強いから、この調査をするまえは、蒸発の影響があると思っていたのだ。湿潤地域では、かなりの量の降雨が蒸発せずに地中にのこる。このような水分には、蒸発の影響を受けた痕跡がのこされ

不圧地下水
地下水面をもつ地下水のことで、自由地下水ともいう。加圧層によって大気圧よりも大きな圧力がかかっている被圧地下水に対比される。

環境保全のために
水利部黄河水利委員会によって二〇〇二年四月に策定された「黒河工程与非工程措施三年実施法案」のなかで、一定量の河川流量を下流域に放流することが提案された。その方針を受けて、非灌漑期に加えて、農業で比較的に水のいらなくなる灌漑期の終わりごろ、下流にたいして集中的に放流されるようになった。

天水線
降水中の水素と酸素の安定同位体のぞれぞれの濃度のあいだには直線関係があり、この直線のことを天水線という。

ている。それは、最終的に地下水を涵養する。その結果、地下水にも蒸発の影響を受けた痕跡がのこる。しかし極乾燥地域では、表層付近にとどまった降雨はそのすべてが蒸発する。蒸発の影響を受けずに急速に深部まで浸透した強い降雨のみが地下水を涵養する。したがって、地下水にも蒸発の影響を受けた痕跡が確認されないのである。この点が、湿潤な地域とのちがいである。

人間活動が地下水におよぼす影響

黒河流域では、二〇世紀に大規模な水資源開発や灌漑農業開発がおこなわれてきた。上・中流域には複数のダムや取水堰が建設され、中流域のオアシス地域では、河川水のほとんどが灌漑農業に使われるようになった。

ここで、過去五〇年間の年河川流量を105ページ図10（上）に示す。上流域と中流域との境界に位置する鶯落峡における河川流量は、年々の変動ははげしいものの、長期的に見るとほとんど変化しないか若干の増加傾向にあった。したがって、比較的安定した水量が上流域から供給されてきたととらえることができる。それにたいして中流域から下流域への放流量（正義峡）は、とりわけ灌漑期において一九九〇年代に激減したことがわかる。これは、中流域における水需要の増大によるものである。そして、八〇年代になると、中流域では、地下水の取水量も増大してきた。このため、中流域において地下水から河川に湧きでてくる量すなわち地下水流出量が激減してきた。このように、灌漑期の放流量の減少と地下水流出量の減少というふたつの理由から、下流域への放流量が減少してきたのである。

この放流量の減少によって、下流域の地下水位が低下してきたのである（101ページ図９）。農業で水を必要としない一〇月から三月までの期間（非灌漑期）だけに水が流れてくる（写真９）。すると、河にずっと水があるから、地下水位がどんどん上がってくる。しかし、四月から九月までの灌漑期には中流域で取水されてしまい、水は流れてこない。そうすると、地下水位は下がるいっぽうである（100ページ図８）。したがって、地下水位が低下してきた原因は、河川水が放流されないことによる、地下水涵養量の減少なのである。水を制御するという発想にもとづいた政策が実現されることによって、地下水涵養量の減少を招いている。

下流域の水不足が深刻になるにつれて、水環境の改善のためにさまざまな政策がとられてきた。わたしたちの地下水調査の結果から、以下のような五つの問題点を指摘することができる。

ひとつめは、上流域の降水量に応じて下流域への放流量を決めようという政策である。二〇〇二年七月、枯渇していた末端湖に水がもどったことが、いっせいに報道された。報道によれば、この政策の効果であるという。図10（上）を見ると、たしかに下流域への放流量は増えている。しかし、上流からの河川流量も増えていて、これは上流域に降る雨の量が増えたことによるものだ。もし、このぶんがなかったとすると、下流への放流量は図10（下）のようになる。政策がとられるまえとほとんど変わらずに、すくないままではないか。水問題の本質的な解決にはまだいたっていないといえるだろう。

ふたつめは、農業で比較的に水のいらなくなる灌漑期の終わりごろに、下流域

写真９　エチナ旗における灌漑期（左；2002年６月）と非灌漑期（右；2002年２月）の黒河

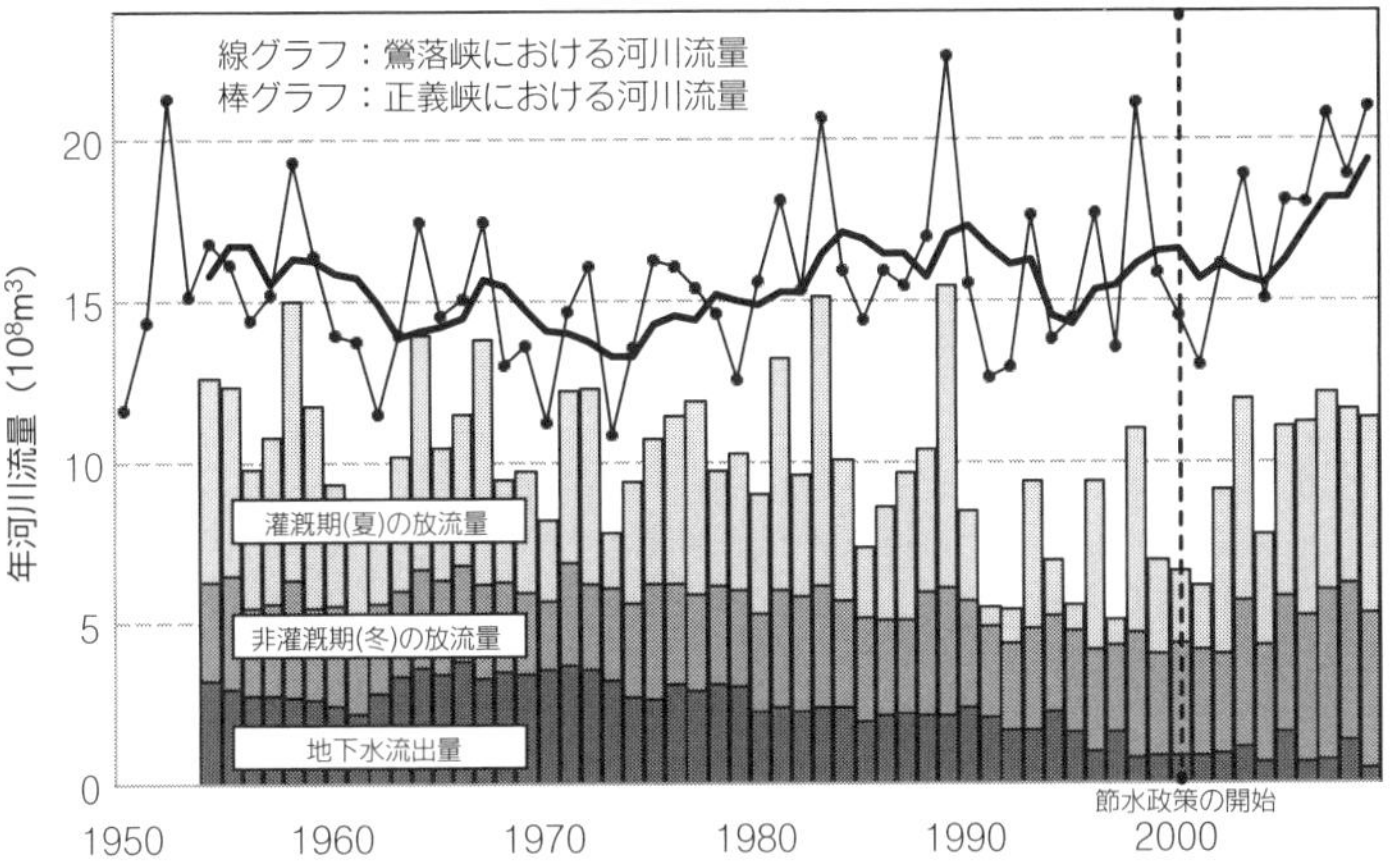

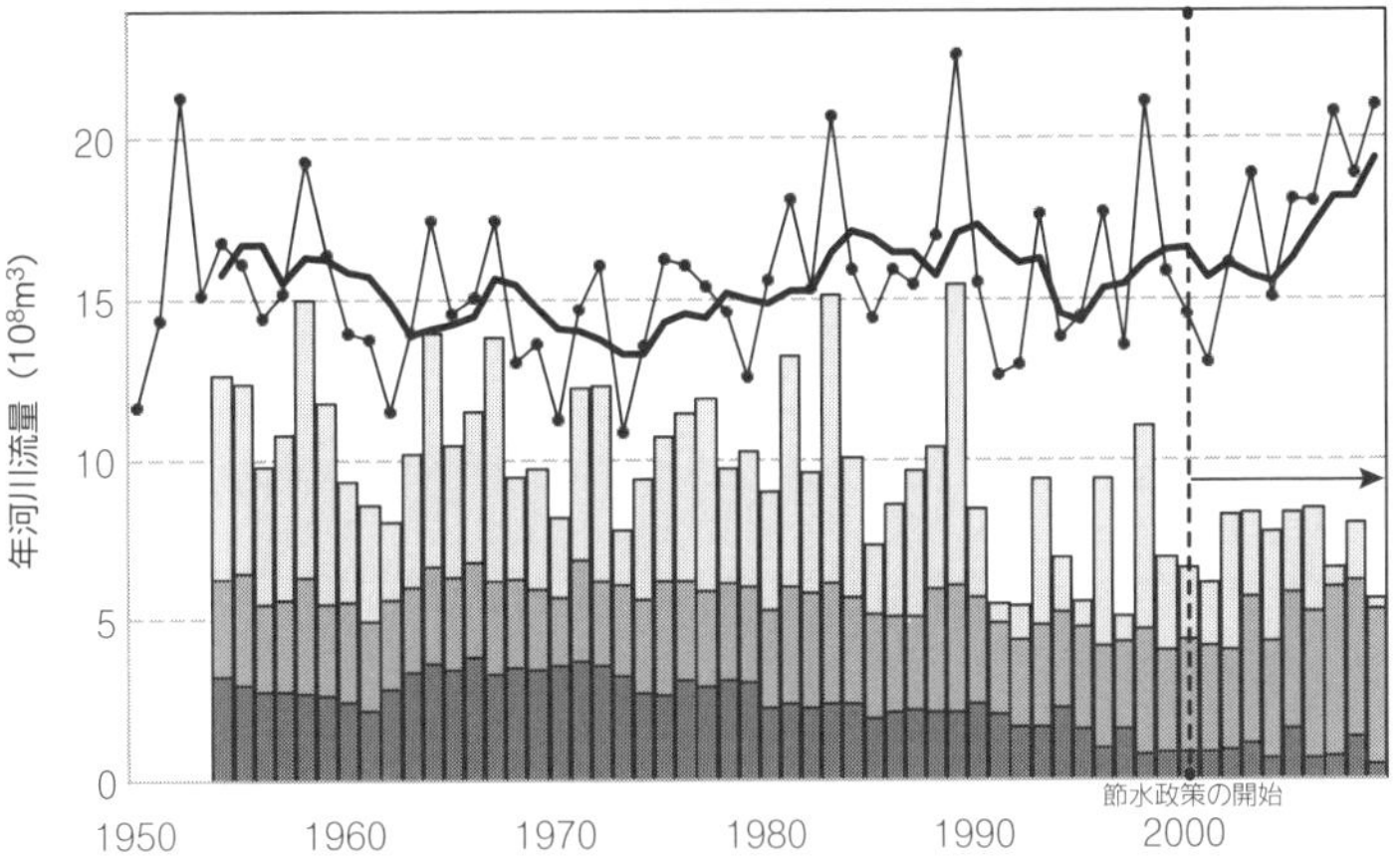

図10　鶯落峡および正義峡における黒河の河川流量
上　観測データ。鶯落峡における河川流量の太線は5年移動平均を示す
下　正義峡における河川流量は、上流域の降水量の増大がなかったと仮定とした場合の推定値

にたいして集中的に放流しようという政策である。しかしながら、この放流は短期的におこなわれるため、河川から離れた地域では地下水を涵養しない。地下水を保全するためには、十分な量の河川水を恒常的に放流しなければならないのである。

三つめは、湖への導水のために、コンクリート水路が使われているという土木技術の選択の問題である。地下への漏水を徹底的にふせぐ構造となっているため、コンクリート水路に流されても、地下水をほとんど涵養しない。そして、水路に水があるとき、もともとの河道に水はほとんどない。つまり、河道のかわりとして、水路に放流しているのである。河畔域では、地下水位がさらに低下するかもしれないし、河畔にある植生は枯死するかもしれない。

四つめは、砂漠域での植林活動である。先に述べたようなコンクリート水路は、砂漠域のあちこちに張りめぐらされた。こうした水路建設のもうひとつの目的が、じつは砂漠の緑化なのだった。「川がないならつくってしまえ」といわんばかりに張りめぐらされている。そればかりでなく、地下水をくみあげるための深井戸も掘られている。砂漠域の地下水は、めったに降らない強い雨によって涵養されている。その量は、植林を支えるほど多くはない。地下水位は、くみあげたぶんだけ低下してしまう。そこは、もともと砂漠だったところだ。「砂漠を緑にしよう」というのは、必ずしもいいことではない。

五つめは、生態移民政策である。生態環境が悪化した原因は遊牧民による過放牧だという考えのもと、彼らを移民させようという政策である。しかし、生態環境が悪化した原因は、過放牧というよりも、むしろ河川放流量が減ってきたためであった。にもかかわらず、生態移民政策は実施される。移民先として地下水位の低下が著しい地域が設定され、そこでの飼料栽培を前提とした畜舎飼育が奨励されている。飼料は、地下水灌漑によって栽培される。あらたな水需要を生じさせ、問題となっている地下水位の低下に拍車をかけてしまうことが懸念される。

　これらの政策は、環境を保全する高尚な目的にもかかわらず、存外、環境を悪化させてしまう可能性がある。地下水を保全するためには、何より河川を断流させないことが必要である。流域スケールの水循環という視点に立って、水の消費量自体を減らしつつ、地下水をふくめた水循環のあらたな管理体制が必要である。

　地元の人びとの漠然とした不安や不満を聞いたことからはじまったこの調査研究は、こうして地下水涵養メカニズムの解明とともに、現地の政策に具体的な提言をするまでにいたった。

Ⅳ　フォローアップの社会貢献

　二〇〇七年三月に、通称オアシスプロジェクトは終了した。プロジェクトの締めくくりとして、エチナで国際シンポジウムを開催し、もちろん現地の人びとを招待した。地元の人たちのたっての願いからはじまった研究であり、彼らの協力があってはじめてなりたつ調査だった。

　黒河地域での水利用の歴史をみると、人の活動の活発化による水不足を、みずからの生活範囲の外から水をもちこむという手法によって解決してきた。土木技術などの発達がそれを可能にしてきたといっても過言ではない。さらにいい換えれば、システムを拡大するという手法によって問題を解決してきたのである。しかし、グローバル化が顕在化した現在、われわれのシステムは地球というとじた範囲に広がりきっている。従来成功してきた「システムを広げるという手法」は、もはや通用しない。わたしたちは、まったくあたらしい解決手段を見つけなければいけない時代に生きているのである。

そこで、わたし（秋山）は、研究成果をより実践的な活動として還元したいと考えていた。ちょうどそのころ、小長谷さんがフフホトで生態移民の国際シンポジウム「中国乾燥地域における環境保全と持続的発展」を開催し、そこでわたしは貴重な出会いをした。鄧《ドン》儀《イー》さんという。彼は、**阿拉善《アラシャン》ＳＥＥ生態協会**という中国のＮＧＯの立場で、『生態移民が達成できない「三生共栄」の内生的発展』と題する発表をおこなった。持続可能な発展のありかたを考えるうえでは、三つの生すなわち生産、生活、生態を共栄させることが重要であり、その実践として具体的なＮＰＯ活動を報告していた。すぐに意気投合し、協働しようということになった。

わたしは、オアシスプロジェクトが終了するとともに、ちょうど博士号を取得し、愛知大学の国際中国学研究センターでポスドクとしてつとめることになった。同じくポスドクとして着任した李佳《リジァ》さんにこの話をすると、すぐに意気投合した。彼女は、名古屋大学大学院国際開発研究科で博士号を取得したばかりの若手研究者で、国際開発機構認定の**プロジェクト・サイクル・マネジメント・モデレータ**の資格ももっていた。わたしたちは、小長谷さんたちの立ちあげたモンゴルパートナーシップ研究所に加わり、海外で活動する資金を集めることにした。旧・日本郵政公社（現・郵便貯金・簡易生命保険管理機構）による国際ボランティア貯金という寄付金の枠組みに、李佳さんと協働して申請書を書いて応募

阿拉善ＳＥＥ生態協会
中国の著名な実業家六〇人前後が出資し、二〇〇四年に発足したＮＧＯ。気候変動やその他の環境問題の解決にむけて、実践的な活動を推進している。砂漠緑化だけにとどまらず、農牧民へのトレーニングやマイクロファイナンスによる農牧業支援など、持続可能な地域社会の構築をめざしている。

プロジェクト・サイクル・マネジメント・モデレータ
プロジェクト・サイクル・

し、助成金を得ることに成功した。

現地では、まず環境教育ワークショップからはじめた。鄧儀さんの人脈のおかげで、現地のNGOや阿拉善盟教育局の協力を得ることができ、エチナだけでなく隣接するアラシャン左旗と右旗にある全小中学校から各一名の教師を招聘することができた。わたしと李佳さんは、黒河流域の環境問題の実態とその原因に関する講演をはじめとして、オアシスプロジェクトの成果を伝えることに徹した。そして、阿拉善SEE生態協会の鄧儀さんと丁平君《ディンピンジュン》さんに加えて、北京と西安から二名の教育の専門家（韓静《ハンチン》先生と劉文化《リウウェンホア》先生）を講師として招いて、子ども向けの環境教育のための参加型教育法に関する講習をおこなった。

北京の韓静先生は、多彩なゲームによる遊びをとおして子どもたちが学習できる方法を教示し、現地の教師から多大な関心を引き寄せた。そして、参加者の先生たちは、環境教育の現場でのさまざまな悩みを韓静先生にたずねた。環境を意識しないおとなの悪影響を子どもたちが受け、環境教育がだいなしになってしまうことがよくあるそうだ。環境教育をおとなたちにもとどけるためには、どうすればいいのかという悩みだった。これにたいして韓静先生は、「小手拉大手（小さな手が大きな手をひっぱる）」のキャッチフレーズを使い、「次世代を担う子どもたちが主体となって社会をリードしていくことのできるような、環境教育のしくみをつくりあげましょう」と答えた。韓静先生の話に参加者の先生たちは共感し、自身の所属する学校で「小手拉大手」を実現できるようがんばっていきたいと話していた。

西安の劉文化先生は、子どもたちがおこなった社会調査の結果をふまえて作成した教材

マネジメント（PCM）手法とは、開発援助プロジェクトの計画・実施・評価という一連のサイクルを「プロジェクト・デザイン・マトリックス（PDM）」と呼ばれるプロジェクト概要表を用いて管理運営する方法である。JICA技術協力プロジェクトなどの運営管理の基本的ツールとして定着している。モデレータ（またはファシリテータ）は、ワークショップでの議論を促進する進行係のような存在である。一般財団法人国際開発機構（FASID）は、PCM手法の研修講師の資格制度を定めている。

モンゴルパートナーシップ研究所　モンゴルとの国際交流を実践する組織として、二〇〇〇年から活動を開始し、二〇〇一年六月から特定非営

を用いて、子どもたちによる子どもたちのための教材づくりのいきさつを説明した。そして、参加者に社会調査法の基礎を教示した。劉文化先生による講習を受けて、現地の教師たちから、自身の所属している学校においても地域文化や自然環境に関する社会調査とそれにもとづく作文コンテストを実施したいという提案があった。

活動のなかでいちばん印象にのこったのは、文化の側面とりわけ伝統文化から環境保全のヒントを得る課題に関して、モンゴル族と漢民族の参加者が民族の差を超えて一体になり、積極的にグループ・ディスカッションに参加したことである。とくにモンゴル族の先生たちからはさまざまな意見が述べられ、社会変化のなかでの伝統文化と環境保全の関係について、参加者全員を考えさせてくれた。

このほか、李佳さんとわたしで担当した黒河流域全体の環境問題の実態とその原因に関する講演のあと、「わたしたちの暮らす下流域は水不足に陥っているが、中流域のたいへんさを知らなかった。いままで自分たちの地元しか見ていなかったので、中流域の漢民族や中流域から移民してきた漢民族を敵視していた。中流域の話を聞き、とても考えさせられた。もっと広い視点で地域の環境問題を考えるようになった」との声もあった。

活動終了時、参加者から「ぜひともこのような活動を続けてほしい」「わたしたちの学校にきて、直接に子どもたちと話をしてほしい」「これを機に、わたしたちモンゴル人の伝統文化を見直して、教わった手法もとり入れて、学校での環境教育にとり組んでいきたい」などの声があった。現地の小中学校をとおして、社会全体への波及効果を期待できるのではないかと感じた瞬間であった。とても幸福な気持ちが満ちてきた。〝Think globally. Act locally（地球規模で考え、足元から行動せよ）〟の標語は、たしかに現代のわた

利活動法人（NPO）の認可を受けた。モンゴル国および内モンゴルの双方にたいして、市場経済化への支援や、雪害後の復興支援などをおこなってきた。モンゴル国全土の小中学校におよそ一〇年間で一五〇〇枚あまりの黒板を配布した。使用ずみ核燃料の国際的な廃棄場所とならないよう意見広告を出す活動もおこなっている。

現地のNGO
阿拉善SEE生態協会、阿拉善盟伝統文化与環境教育促進会、北京天下渓教育咨詢中心および西安小天鵝芸術団。

したちの幸せのゆくえを示している。

〈参考文献〉

・中尾正義「黒河との出会い」『地球環境を黒河に探る』アジア遊学シリーズ99号　2—9ページ　勉誠出版　二〇〇七年
・スウェン・ヘディン『ゴビ砂漠横断』羽鳥重雄訳　白水社　一九六四年
・コズロフ『蒙古と青海』（西域探検紀行選集）西義之訳　白水社　二〇〇四年
・小長谷有紀「山には雪が降り積もり、人には……　中国における口述史の試み」『図書』七三一号　21—25ページ　二〇一〇年
・小長谷有紀「中国内蒙古自治区アラシャン盟エチナ旗における自然資源の利用」『オアシス地域研究会報』四巻一号　3—6ページ　二〇〇四年
・小長谷有紀、シンジルト、中尾正義『中国の環境政策　生態移民』36—37ページ　昭和堂　二〇〇五年
その英訳改訂版は以下。Ecological Migration: Environmental Policy in China. Peter Lang. February 2011.
・中尾正義ほか『中国の水環境問題』勉誠出版　二〇〇九年
・小長谷有紀、サランゲレル「消え行く歴史　ある老女の語りから」中尾正義、フフバートル、小長谷有紀編『中国辺境地域の50年　黒河流域の人びとから見た現代史』183—200ページ　東方書店　二〇〇七年
・小長谷有紀、サランゲレル、児玉香菜子編『オーラルヒストリー　エジネーに生きる母たちの生涯』（オアシス地域研究会報別冊）二〇〇七年
その英訳版は以下。An Oral History of Mothers in the Ejene Oasis, Inner Mongolia. RHIN. August 2011.
・UNEP. 1997. World Atlas of Desertification, second edition. Edward Arnold, London, United Kingdom.
・Trabucco. A., Zomer. R. J. 2009. Global Aridity Index (Global-Aridity) and Global Potential Evapo-Transpiration (Global-PET) Geospatial Database. CGIAR Consortium for Spatial Information (http://www.csi.cgiar.org).
・榧根勇『地下水と地形の科学』講談社学術文庫　二〇一三年
・杉田倫明、田中正「地中水」杉田倫明、田中正編著『水文科学』133—165ページ　共立出版　二〇〇九年
・ブルッツアールト・ウィルフリート『水文学』杉田倫明訳　共立出版　二〇〇八年
・レスター・ブラウン『だれが中国を養うのか？　迫りくる食糧危機の時代』ダイヤモンド社　一九九五年
・籾山明『漢帝国と辺境社会』中央公論新社　一九九九年
・李佳、秋山知宏「環境保全と経済活動が両立できる社会システムをさぐる　中国内モンゴルから」『ＭｏＰＩ通信』

小長谷有紀（こながや・ゆき）

一九五七年大阪府生まれ。京都大学大学院文学研究科博士課程単位取得満期退学。学部在学中の一九七九年に、モンゴル人民共和国（当時）に日本人女性としてはじめて留学。京大文学部助手を経て、国立民族学博物館で長年、モンゴル研究に従事してきた。生業技術から儀礼まではば広くカヴァーし、社会主義的近代化に関するオーラルヒストリーの収集にもとり組む。二〇一四年四月より人間文化研究機構、理事。

＊　＊　＊

■わたしの研究に衝撃をあたえた一冊『牧夫フランチェスコの一日　イタリア中部山村生活誌』

京都大学人文科学研究所で所長もつとめた谷泰教授による民族誌。一九七六年にＮＨＫブックスとして刊行され、現在は平凡社ライブラリーとして文庫本で出版されている。搾乳の季節を中心に、人と家畜の関係が濃密に描かれており、かつ理論的な考察の萌芽もふくまれていた。本書におおいに刺激を受けながら、梅棹忠夫によるモンゴル研究の資産を受け継ぐこととなった。人類史としての共通点とともに、文化圏による相違点を意識するようになった。

谷泰著
平凡社ライブラリー
一九九六年

秋山知宏（あきやま・ともひろ）

一九七八年群馬県生まれ。はじめてのフィールドワークは、筑波大学在学中の二〇〇〇年七月におとずれた茨城県波崎町（現・神栖市）。乾燥地に想いをはせながら、砂丘地帯の地下水流動と水質特性の解明にとり組んだ。二〇〇七年、名古屋大学大学院環境学研究科博士後期課程修了、博士（理学）。二〇一二年八月より東京大学大学院新領域創成科学研究科サステイナビリティ学グローバルリーダー養成大学院プログラム、助教。はば広い分野に関心をよせて、統合学としてのあたらしい環境学の構築に挑戦している。

＊　＊　＊

■わたしの研究に衝撃をあたえた一冊『だれが中国を養うのか？　迫りくる食糧危機の時代』

「高度経済成長を続ける中国は、二〇三〇年には三億トン以上もの穀物を世界から輸入しなければならなくなる。しかし、世界の穀物市場にはその余裕はなく、世界の食糧危機が起こるかもしれない！」と警鐘をならした。中国の水不足とりわけ地下帯水層の枯渇が主要因のひとつであるという。筑波大学第一学群自然学類の水文学の講義で、田中正先生がこれをとりあげた。大学二年生だったわたしは、それから水文学者を志した。それ以来、大学のゼミで発表する際には、たびたびこの問題をとりあげた。当時の指導教員であった辻村真貴先生は、中国の乾燥地の水資源に関する研究をおこないたいというわたしの想いをくみとって、オアシスプロジェクトに導いてくれた。わたしの研究に衝撃をあたえた一冊というよりは、わたしの人生を決めた一冊だと思っている。

レスター・ブラウン著
今村奈良臣訳
ダイヤモンド社
一九九五年

ナマコとともに　モノ研究とヒト研究の共鳴をめざして

——赤嶺　淳

はじめに

はじめてフィールドワークを意識したのは、大学院修士課程の一年生の春休み、一九九一年二月のことである。鶴見良行さんが市民研究の場として組織したヤシ研の調査として、二か月ほどフィリピンとマレーシアを歩く機会をあたえられたのだ。トヨタ財団の研究助成から、航空券代の半額を補助してもらっての渡航だった。

一九八六年に大学生になったわたしは、前年九月のプラザ合意で決定的となった円高、続くバブル経済の恩恵を受け、春・夏の長期休暇のほぼすべてを東南アジア旅行についやすことができた。とはいえ、なにも東南アジア研究を志してのことではなく、当時、財界を中心に盛りあがっていた「アジアの時代」なる空気に動かされての、気ままなひとり旅であった。どこにいくのも自由、何をするのも自由。旅の一部始終を記録し、後日、その内容を報告することなど、はなから想定外のことだった。

第一、わたしの旅は、鶴見が歩いた道をなぞる「鶴見ごっこ」であった。そして、歩けば歩くほどに森枝《もりえだ》卓士《たかし》さんの名著『食は東南アジアにあり』で紹介される屋台の味と雰囲

鶴見良行
一九二六—九四。もともと知米派の知識人として日米で活躍していたが、ベトナム戦争を契機にアジアを歩くようになり、八〇年代に「鶴見アジア学」と称されるアジア研究を構築した。おもな著作に『バナナと日本人』（岩波新書）、『マングローブの沼地で』（朝日選書）、『海道の社会史』（朝日選書）、『ナマコの眼』（筑摩書房）などがある。

気にも魅せられていった。だから、いくら東南アジア経験は豊富であったとはいえ、「ヤシ研の仕事」として研究費をもらってフィールドワークに出るということに身がまえたことをおぼえている。

あれから、ほぼ四半世紀。この間、まがりなりにもフィールドワークを研究手法にすえ、さまざまな機会に調査費をいただき、さまざまな媒体に調査結果を発表するようになった。問題関心の広がりに応じて、調査地も東南アジアだけではなく日本や韓国、中国をふくむ東アジアに拡大した。また、後述するように水産資源の利用と管理を議論する国際会議そのものも、研究対象としての「フィールド」のひとつとなった。そして、国際会議に参加する過程で、研究成果の流通・還元という問題についても考えざるをえなくなった。

ちまたには、フィールドワークの技法に関する書籍があふれている。こうした著作では、データを採取する技術にはじまり、データを整理・分析し、論文を生産していくためのプロセスが解説されている。ともすれば、フィールドワークは調査現場でのノウハウに関心が集まりがちである。しかし、フィールドワークを手法の軸とするか否かを問わずとも、研究とは、「成果」をだれにむけて、いかに発信していくのかといった成果還元までも含意した行為である。ましてやフィールドワークは、わたしたち調査者とデータを提供してくれる相手（調査協力者）との協働作業である。フィールドで見聞きし、考えた事柄を、どのように切りとり、いかに整理していくのかといった分析視点にはじまり、研究成果をどのような文体で、いかに問いかけていくのかといった媒体・作品スタイルの問題までを戦略的にコーディネートし、実践していく必要がある。

本稿では、フィールドワークの技術的側面はあまたある良書にゆずり、わたしの経験を

ヤシ研
正式名称をヤシ研究会といい、ココヤシ、アブラヤシ、オウギヤシ、サトウヤシ、ニッパヤシなどのヤシ類の利用をとおして、東南アジア社会を学ぶとともに、東南アジアと日本とのつながりを見いだすために鶴見良行さんが組織した市民による調査研究グループである。はっきりしたメンバーシップがあったわけではなく、一九八八年から九四年まで総勢三一名が参加した。

森枝卓士
一九五五―。高校時代に米国人写真家のユージン・スミスと出会い、写真をはじめる。国際基督教大学を卒業後、フォト・ジャーナリストとして東南アジアを中心に世界各地で取材。食文化に関する著作も多く、漫画『華麗なる食卓』（集英社）の監修もつとめている。

もとに成果還元のスタイルの多様性について検討してみたい。以下では、わたしが二〇年ちかく関心を寄せてきたナマコを題材に、わたし自身がおこなってきたフィールドワークをふり返り、成果還元のスタイルにこだわる理由を詳述しよう。具体的には、手法としてのモノ研究とマルチ・サイテッド・アプローチ（Multi-sited Approach）という視点について紹介するとともに、「グローバル時代のフィールドワーク」についての可能性を述べてみたい。最後に、わたし自身が現在かかえている課題として、「ヒト研究」の可能性に言及しておきたい。

I 「モノ研究」の視座

わたしは、自称「東南アジア研究者」である。そんなわたしの研究関心をひとことで説明するならば、「グローバル時代の食と環境」ということになる。本論にはいるまえに、フィールドワークなり研究という行為なりに関するわたしの立場をあきらかにしておくため、モノ研究のスタンスについての私見を示しておこう。

わたしはもともと、人類学や社会学といった専門分野の約束ごと・分析枠組み（ディシプリン）を修め、その学問分野を発展させることに熱心ではなかった。それは、そもそも東南アジア地域研究が単一のディシプリンに収まらず、複数の学問領域にまたがる学際性を志向しているという事情もある。加えて、わたしの関心が、日本と東南アジアとの政治経済的な関係性をあきらかにするにあたり、「風が吹けば桶屋がもうかる」的に、あるいは生態学者のヴァンダーミーアとペルフェクトが中米の熱帯雨林消失の主因であるバナ

ジョン・ヴァンダーミーア（John H. Vandermeer）
ミシガン大学生態学・進化生物学科教授。専門は、森林生態学、アグロエコロジー（効率を重視する工業的農業ではなく、有機農業をふくめた「農」のありかたを環境との関係で考え、実践する学問と運動）、理論生態学。

イヴェット・ペルフェクト（Ivette Perfecto）
ミシガン大学自然資源環境学部教授。専門は、アグロエコロジー（とくにコーヒー栽培にかかわるアグロエコロジーと生物多様性）。

ナ・プランテーション開発の背後にひそむさまざまな政治経済的問題群を「因果関係のネットワーク」（web of causality）と呼んだようなさまざまな問題が相互に連関しあう構図を描きだすことにあり、こうした理論化やモデル化を志向しない（ジャーナリスティックな?）問題設定が、もともと単一のディシプリンになじまないものだった。

わたしの問題関心は、いたってシンプルである。わたし自身が快適な食生活を満喫しようとすればするほど、食卓には世界各地の食材が並ぶようになる。当然ながら、そうした食材を輸送するためには膨大なエネルギーを必要とする。エビやマグロに代表される冷凍輸送を必要とする魚類は、なおさらである。しかも、エビ養殖池の開発のために貴重なマングローブが伐採されているかもしれないし、わたしたちが回転寿司屋でマグロをたくさん食べれば食べるだけ、マグロ資源の未来を暗いものにしつつあるのかもしれない。

エビもマグロも、眼に見えるぶん問題の所在は理解しやすい。しかし、「熱帯雨林の減少をくいとめるために、自分自身の生活スタイルを変えていこう」と耳にしても、自分自身の生活と熱帯雨林の消失とがどのようにむびついているか、その因果関係は想像しにくいはずだ。

現在、東南アジアの熱帯雨林消滅の主因とされるのは、パーム油を搾油するために植えられるアブラヤシのプランテーションである（写真1）。パーム油から食用油が精製されることは想像できても、そのパーム油がインスタントラーメンやカップ麺に使用されていたり、カカオバターの代用品として（高級品は例外として）チョコレートに使用されていたりすることは実感しづ

写真1　アブラヤシ・プランテーション（2008年12月、マレーシア、パハン州にて筆者撮影）

らいにちがいない。しかもパーム油は、わたしたちが日常的に使用する石鹸やシャンプー、洗剤の主原料でもある。

わたしが一貫して「食」と「環境」の関係性に関心をもってきたのは、わたしが「食いしん坊」だからかもしれない。しかし、なんといっても「食」研究の魅力は、バナナやエビのように食材の生産から消費までを俯瞰できる「わかりやすさ」にある。ヤシ研の調査で「ヤシ酒」という商品を選んだのも、ココヤシの樹液を採取して発酵させるところからはじめ、ヤシ酒が消費されるまでの過程を追えば、なんとか報告できるだろうといった程度の見通しからであった。まさか、①ヤシ酒といっても、フィリピン北方のタガログ地方では蒸留酒を意味し、フィリピン中部のビサヤ地方では醸造酒を意味するというように地域性があること、しかも②ビサヤ地方では澱《おり》をとって透明感を高める清澄剤にタンニンを使用しており、そのタンニンがヤシ酒に澄んだ色合いとほどよい渋味とを添加すること、さらには③タンニン源として利用されるマングローブの樹皮がわざわざマレーシアのサバ州から「密輸」されるほどにヤシ酒産業が大がかりなものであることなどとは、思いもよらなかった。

それにしても、油脂植物としてのココヤシ研究や産業としての酒造・醸造学に関する先行研究には、フィリピンのヤシ酒についての記述はわずかであった。あったとしても、どれもあやふやな、二次・三次資料から孫引きされた不確かなものであった。そんななか、もっとも刺激的だったのは、一五二一年にフィリピン諸島――といっても、当時は、まだ「フィリピン」という名称もまとまりも存在しなかった!――をおとずれたマジェランがのこしたマニアックな記述であった。だからわたしは、まずマジェランが記述した

フェルディナンド・マジェラン（Ferdinand Magellan）一四八〇―一五二一。マラッカ遠征の経験をもつポルトガル人航海者。スペイン艦隊を率いて一五一九年にセビリアを出港し、一五二一年に太平洋を横断し、現在のフィリピン諸島に到着。マジェランはセブ島付近で戦死したものの、のこった艦隊が一五二二年にスペインに帰港し、世界一周をなしとげた。同航海の航海記は、イタリア人のピガフェッタが記録した。

フィリピンのビサヤ地方の島じまを歩くことにした（記念すべき最初の訪問地は、東ネグロス州のドゥマゲテであった）。ビサヤ地方では、夕方ともなると、どの港にもバルベキュー（ＢＢＱ）と呼ばれる焼き鳥の屋台がたつものである。そんな場所でヤシ酒について訊きまわったものだ。

たしかにヤシ研の調査は、なにがしかの発見に興奮する充実した毎日であった。しかしそのいっぽうで、「で、どうしたの？」という「好事家の、好事家による、研究のための研究」という冷めた思いが、つねに頭から離れなかった。

それは、ヤシ酒というテーマ自体が、自分自身の生活と切れたものだったからだ。もちろんヤシ酒は、フィリピンの、しかもビサヤ地方の日常生活を理解するには、格好の商品ではある。それは、マジェランの時代も現在も変わりない。しかし、当時のそれと今日のそれとでは、決定的に異なることがある。それは、スペイン時代・アメリカ時代をつうじて、最初は船舶ロープ用の材料としてコイア（coir）と呼ばれるココヤシの外皮が、その後は油脂原料としてココヤシの内胚乳を乾燥させたコプラ（copra）が世界商品となり、フィリピン全土にココヤシのプランテーションが誕生したことである。いまフィリピンをおとずれたわたしたちが「フィリピンらしさ」を感じるココヤシ林の景観は、そうした植民地史の産物なのだ。こうした歴史への理解なしにいくら地域社会の暮らしを描写しても、それは身勝手な訪問者が綴った浅薄な旅行記の域を越えるものではなかった。

モノ研究の、いや食研究のむずかしさはここにある。商品の流れを追うことは、技術的にはたやすいことである。しかし、みずからが歩いて発見した問題群をいかなる社会経済史的な文脈に位置づけて理解するかには、まさに調査者の思想――社会を見つめる眼――

コプラ
圧搾してココナツ油をとる。生のココナツミルクなどにくらべて酸敗のおそれがすくなく、マーガリンや食用油、菓子、石鹼などの原料油脂として世界的に用いられている。

が問われるからである。

Ⅱ　ナマコ研究への道

ナマコという商品の開発史については、すでに鶴見良行が『ナマコの眼』という大著において、オーストラリア北岸から東南アジア、日本をつないだ海道――ナマコ海道――で展開された壮大な物語を叙述している。鶴見のユニークさは、商品の生産から流通、消費の過程に着目した「モノ研究」という手法に加えて、アジアとヨーロッパをむすぶメジャーなハイウェイともいえるマラッカ海道ではなく、オーストラリア北部からスラウェシ島西側を通過して中国へと北上するマイナーな海道――マカッサル海道――を想定し、この海道に隣接するマカッサル海域とミンダナオ地域とがナマコ貿易をとおして形成されたひとつの文化圏であると仮定したことにある。同様に鶴見は、蝦夷地をふくむ江戸時代の日本列島から中国大陸にいたった海道にも着目し、オーストラリア北岸から蝦夷地にいたるまでの「ナマコ海道」圏とも表現すべき海域連鎖の歴史世界を再構築してみせた。

もちろん、こうしたアジア史におけるナマコの位置づけについて学び、わたしもナマコ研究の可能性を感じてはいた。しかし、わたしがナマコに魅せられたのは、まったくの偶然にすぎなかった。わたしの〝ナマコ狂い〟は、一九九七年七月にマレーシアと国境を接するフィリピンの離島マンシ島をおとずれたことに端を発している。

フィリピン大学大学院で博士号を取得し、そのお礼にと調査でお世話になった人びとに挨拶まわりをしていたときのことだ。フィリピン諸島最南端のタウィタウィ州に友人をたずねていったところ、「マンシ島に移住した」とのことだった。マンシ島は、スル海を隔てた対岸にあるとはいうものの、当時フィリピンで一般的であったナショナルブックストアが発行する縮尺一〇万分の一の『フィリピン全図』にも載っていない（123ページ図1）。「パラワン島南端から船が出ているらしい」とのあやふやな情報をたよりに、パラワン州の州都であるプエルト・プリンセサへ飛んだ。プエルト・プリンセサのバスターミナルで、同島南端のリオトゥバ港から船が出ているらしいことがわかった。プエルト・プリンセサ—リオトゥバ間の距離は、わずか二五〇キロである。最初の二〇〇キロの旅は快適だった。しかし、のこり五〇キロの道のりはひどいものであった。舗装されていないだけでなく、直前に降ったスコールで橋は流され、道は分断されていた。しかも、バスの運転手は新米だという。路線全体のコンディションを把握しておらず、バスが濁流のなかで立ち往生することもしばしばであった（写真2）。プエルト・プリンセサを朝五時に出発したにもかかわらず、リオトゥバについたころにはすでに薄暗くなっていた。その晩は、明朝にプエルト・プリンセサへもどるというバス内に寝かせてもらった。翌日からの調査が思いやられ、なんとも心細く感じたのを覚えている。

しかし、そんな不安は杞憂に終わった。マンシ島は、周囲三キロにすぎない、どこにでもありそうなサンゴ礁島であった。しかし、隣国マレーシアとの密貿易や南シナ海における大規模な商業漁業によって、経済的な繁栄を謳歌しているのだった。びっくりしたのは、マンシ島がフィリピンのビサヤ地方で使用されるヤシ酒用のマングローブ樹皮の、マレーシアからの密輸基地であったこと

写真2　濁流に足をとられ、パンクしたバス（1997年7月、フィリピン、パラワン州にて筆者撮影）

である。それもそのはずである。マレーシアとの国境まで、わずか一海里（一・八五キロ）しかない。リオトゥバからマンシ島にむかう船も、引き潮のときは、広大なサンゴ礁を迂回するために一度はマレーシア領を通過しなければならないほどの距離なのだ。

圧巻は、南沙諸島（Spratly Islands）におけるナマコ漁の話であった。およそ二〇名の男性が、二か月間にもわたって船上で共同生活を営みながら、中国やベトナムをはじめ近隣六か国が領有権を主張しあう海域でひたすらナマコを獲りつづけるという話であった。事実、島には各種の乾燥ナマコがゴロゴロしていたし、「ナマコ御殿」とでも形容すべき立派な家も建っていた（写真3、4）。わたしは、マンシ島を訪問したその日にマンシ島でナマコの調査をおこなうことを決意した。

わたしのマンシ島生活は、ナマコの買いつけをするタンドアさん宅に日参してナマコの種類を覚えることからはじまった。当時、マンシ島の周辺では一八種のナマコが採取されていた。それらのマンシ語名とフィリピンで一般的な名称を一覧表にし、それぞれの参考価格を書きこんでいった。タンドアさん宅にもちこまれるナマコは、生鮮品（活ナマコ）の場合もあれば、一次加工と呼ぶべきか、すでに茹でられ、ある程度乾燥させた半乾燥品もあった。もちこまれたナマコの状態を見て、茹でかたがたりなければ、タ

写真3　南沙諸島におけるナマコ漁からもどってきた乗組員（2000年8月、フィリピン、パラワン州にて筆者撮影）

写真4　タマナマコ類を干す（1998年8月、フィリピン、パラワン州にて筆者撮影）

図1　フィリピンの地図とマンシ島

ンドアさんがもう一度煮なおすことになる。その逐一を観察したり写真に収めたりしながら、わたしも作業を手伝わせてもらった。獲れる量が量だし、もともとマンシ人はていねいに作業するという志向が強いわけでもない。だから、ほとんどの乾燥ナマコはひん曲がっていたりくぼんでいたりしたものだ。しかしごくまれに、実物の縮小コピーさながらに、まさに3Dプリンターでつくったミニチュア模型のように精巧に干しあがったものがあった。わたしはそうした乾燥ナマコの美しさに惹かれ、それらを買いもとめるようになった。

マンシ島でタンドアさん宅に日参し、ナマコ屋見習いをさせてもらったおかげで、三週間もすれば乾燥ナマコを分類することができるようになった。そして、マンシ島で収集した高品質なサンプル群は、のちに国際会議にかかわるようになった際にわたしの「武器」となった。

Ⅲ　ワシントン条約（サイテス）における水産物管理

マンシ島のダイバーたちは、水深五〇メートルまで潜ってナマコを探すという。にわかに信じがたい話である。それは、アマチュアのスキューバダイバーは水深三〇メートルが限界だと教えられるからだ。しかも、三〇メートルの海底で遊泳できるのは五分程度とされている。潜水病（減圧症）の危険性があるからだ。それなのに、マンシ島のダイバーたちはナマコが獲れるまで海底を渉猟するという。当然ながら潜水病に倒れるダイバーも少なくなく、マンシ島で遭遇したナマコ世界は、鶴見の描いた牧歌的な世界とは対照的なものであった。

近隣六か国が領有権を主張
中国、台湾、ベトナム、フィリピン、マレーシア、ブルネイが領有権をそれぞれ主張し、争っている。

潜水病
高圧環境下で体の組織や血液内にとけていた気体が気化して気泡をつくり、血管を閉塞して発生する障害。

鶴見は、獲る・加工する・もどして調理するという三工程のうちで、もどして調理することがもっとも手間のかかる作業であると考え、ナマコ食を宮廷文化たる所以《ゆえん》だと述べている。たしかに、プロパンガスなどなかった清の時代に、沸騰する直前で火をとめ、また翌日に熱を加えることを三、四日もくり返すという作業は、容易なものではなかったであろう。しかし、潜水病で倒れるダイバーたちを見るにつけ、わたしは、もはや獲ること自体がもっとも困難な時代になっていることを痛感させられた。そうなのだ。ナマコは資源問題化＝環境問題化の時代をむかえていたのだ。

案の定、「ワシントン条約で、ナマコが絶滅危惧種か否かをめぐって議論されているので、話を聞かせてほしい」という電話が水産庁からかかってきた。二〇〇三年六月のことである。それまでにも、鼈甲《べっこう》細工の原材料として流通してきたウミガメのタイマイ（*Eretmochelys imbricata*）や、肉が食用となり、殻もインテリア用に加工されたりするシャコガイ科（Tridacnidae）の全種がワシントン条約による規制の対象となっており、自由に取引ができないということは知っていたものの、ワシントン条約そのものについては無知であった。ましてや、その電話が東南アジアでの調査と並行して日本国内のナマコ産地を歩くようになる契機ともなり、マルチ・サイテット・アプローチなる、その後のわたしの研究の方向性を左右することになろうとは、当時は思いもよらなかった。

ワシントン条約は、正式には「絶滅のおそれのある野生動植物の種の国際取引に関する条約」（CITES：Convention on International Trade in Endangered Species of Wild Fauna and Flora）という。一九七三年に米国の首都ワシントンで成立したことから、日本ではワシントン条約との通称で知られている。しかし世界的には英文の頭文字をとってＣＩＴＥＳ

ＣＩＴＥＳ
ＣＩＴＥＳには、二〇一四年九月三〇日現在で一八〇か国が加盟しており、現在、国連に加盟する一九三か国の九三・三％をしめている。

（サイテス）と呼ばれている。

二〇一四年、各種のメディアは、ニホンウナギや太平洋クロマグロが絶滅の危機に瀕しており、将来的に食べることができなくなるかもしれないと報道した。その根拠は、世界最大級の環境NGOであるIUCN（国際自然保護連合）が科学者を動員して各種データを検討した結果、両種を「絶滅危惧」と判定したことにある。

NGOであるIUCNは、もちろん公式にはCITESとは無関係である。しかし、そもそもCITESは一九六〇年代にIUCNが起草した骨子をたたき台として成立した経緯をもつことから、IUCNは「CITESの生みの親」とも呼ばれている。仮にそうしたCITESの出自は考慮せずとも、一流の科学者が科学的根拠にもとづいて判定した結果がCITESの締約国会議（CoP：Conference of the Parties）で締約国（parties）各国の投票行動を左右する指標となることは、いうまでもない。そのCoP17の開催が二〇一六年九月に南アフリカ共和国で予定されており、そこでニホンウナギと太平洋クロマグロの国際貿易が規制される可能性があるというわけである。

CITES事務局のホームページによれば、二〇一四年九月三〇日現在、動物のうち約五六〇〇種が同条約の管理下にあるという。このうち、商業取引の禁止を意味する附属書Iと条件つきの取引許可を意味する附属書IIに掲載されている魚類（二一科二七属一〇五種）と、東南アジアで主要な水棲動物（二科六属一七種）をまとめると、左ページ表1のようになる。

三万種はいるとされる魚類のうち、附属書Iと附属書IIに記載されている魚類は、わずか一〇五種にすぎない。しかし、視点を変えるとある傾向が現れてくる。すなわち、①C

絶滅危惧

IUCNは、一九六六年より「レッドリスト（Red List）」と呼ぶ絶滅のおそれのある野生生物の目録を作成してきた（現在の基準は、二〇〇一年に改訂されたもの）。レッドリストでは、絶滅危惧種を、その危機の度合いの大きなものから順に、絶滅危惧Ia類（CR：深刻な危機）、絶滅危惧Ib類（EN：危機）、絶滅危惧II類（VU：危急）の三段階にわけており、二〇一四年一月現在、ニホンウナギはENに、太平洋クロマグロはVUに分類されている。

表1　CITES附属書ⅠとⅡに掲載された魚類と主要な水棲動物（掲載年順）

学名	標準和名	附属書	掲載年
Acipenser brevirostrum	ウミチョウザメ	Ⅰ	1975
Acipenser sturio	ニシチョウザメ	Ⅰ	1975
Chasmistes cujus	クイウイ	Ⅰ	1975
Probarbus jullieni	プロバルブス	Ⅰ	1975
Scleropages formosus	アジアアロワナ	Ⅰ	1975
Pangasianodon gigas	メコンオオナマズ	Ⅰ	1975
Arapaima gigas	ピラルクー	Ⅱ	1975
Neoceratodus forsteri	オーストラリアハイギョ	Ⅱ	1975
ACIPENSERIFORMES spp.	チョウザメ目	Ⅱ	75/83/92/98
Latimeria spp.	シーラカンス属	Ⅰ	1975/2000
Totoaba macdonaldi	トトアバ	Ⅰ	1977
Caecobarbus geertsi	カエコバルブス	Ⅱ	1981
Cheloniidae spp.	ウミガメ科	Ⅰ	1981
Tridacnidae spp.	シャコガイ科	Ⅱ	1985
Cetorhinus maximus	ウバザメ	Ⅱ	2003
Rhincodon typus	ジンベエザメ	Ⅱ	2003
Hippocampus spp.	タツノオトシゴ属	Ⅱ	2004
Carcharodon carcharias	ホホジロザメ	Ⅱ	2005
Cheilinus undulatus	メガネモチノウオ	Ⅱ	2005
Pristidae spp.	ノコギリエイ科	Ⅰ	2007/13
Anguilla anguilla	ヨーロッパウナギ	Ⅱ	2009
Carcharhinus longimanus	ヨゴレ	Ⅱ	2014
Sphyrna lewini	アカシュモクザメ	Ⅱ	2014
S. mokarran	ヒラシュモクザメ	Ⅱ	2014
S. zygaena	シロシュモクザメ	Ⅱ	2014
Lamna nasus	ニシネズミザメ	Ⅱ	2014
Manta spp.	オニイトマキエイ属	Ⅱ	2014

出典：Species+（http://www.speciesplus.net/より作成）

ITESが発効した一九七五年の時点で附属書Iもしくは附属書Ⅱに記載されていた魚類三五種は、シーラカンスをのぞいてすべてが淡水魚であった（もっとも、チョウザメ類の一部はウミチョウザメなど、海から河川への可塑性をもつ）。②その後、一九七〇年代と一九八〇年代をつうじて附属書に掲載された魚類は、わずか二種にすぎなかった（タイマイをふくむウミガメ科とシャコガイ科の全種が記載されたのは、一九八〇年代であった）。しかも、一九九〇年代に掲載された魚類は皆無であった。ところが、③二〇〇二年に開催されたCoP12以降は、海産種を中心に五九種（このうち、属のすべてが記載されたタツノオトシゴ類が四七種と八割ちかくをしめる）が掲載されるにいたっている。

すべての提案が否決されたとはいえ、二〇一〇年三月にカタールで開催されたCoP15で審議された附属書改正案のうち、魚類の提案が大西洋クロマグロを筆頭にサメ類八種の合計九種にのぼったことは記憶にあたらしい（このときも、マスコミは「マグロが食べられなくなる」と大さわぎしたものだ）。その結果は、大西洋クロマグロを附属書Iに掲載するというモナコ提案が「賛成二〇、反対六八、棄権三〇」の大差で否決されたことにはじまり、サメ類についての附属書Ⅱへの掲載提案も、すべてが否決されてしまった。

こうしてみると、二〇〇〇年代以前に食用とされてきた魚類の多くは、生息域が限定的で、（キャビアを産するチョウザメ類をのぞいて）国際貿易というよりはむしろ生産国内でローカルに利用されてきたものであることがわかる。これにたいして二〇〇二年以降に記載（もしくは提案）された魚類は、生息域も広汎におよび、その消費は生息域内ではなく、むしろアジア市場を中心とした国外の市場である。この意味において、国際貿易の規制によって野生生物の保護をおこなおうとするCITESが管理するにふさわしい生物だともいえる。

しかし問題は、こうした魚類はアジア域内で取引される「伝統」的商品であったということである。二〇〇二年にＣＩＴＥＳでの議論がはじまったナマコも同様である。つまり、アジア――しかも中国や日本の食文化――と密接にむすびついた海産物に関心が集まっていること、これがＣＩＴＥＳの四点目の特徴として指摘できる。

たしかに、マグロ類もサメ類も野生生物ではあり、その意味ではＣＩＴＥＳが保護すべき生物なのかもしれない。しかし、ＣｏＰ15の結果は（稀少生物でもあるいっぽうで）食料資源でもある水産種の管理と利用は漁業管理を専門にする**地域漁業管理機関**（RMFO：Regional Fisheries Management Organizations）や**国際連合食糧農業機関**（FAO：Food and Agriculture Organization of the United Nations）などの専門機関にまかせるべきだ、との締約国各国の意志表示だと解釈できる（と、すくなくともわたしは考えていた）。

ところが、その三年後にタイで開催されたＣｏＰ16では、提案されたサメ類とエイ類七種のすべてが附属書に掲載されてしまったのだ。ＣｏＰ15とＣｏＰ16に参加して感じたのは、会場の空気がまったく異なっていたということである。ＣｏＰ15では、各提案について賛否両論のディベートが展開され、オブザーバーとしても熱いディベートを楽しむことができた。しかし、ＣｏＰ16では附属書への掲載提案への賛成ばかりが続き、反対意見はポッポツと「息、絶え絶え」であり、ディベートにはなりえなかった。いや、締約国各国は、一部をのぞいて無関心でさえあった。

水産資源の利用か保護かをめぐってＣＩＴＥＳの空気が激変した背景については、関係各国の思惑を多角的に考察していく必要がある。とはいえ、ＣＩＴＥＳにおける海産物、

地域漁業管理機関
マグロ類の管理を中心とした組織。全米熱帯まぐろ類委員会（ＩＡＴＴＣ、一九五〇年発足）、大西洋まぐろ類保存国際委員会（ＩＣＣＡＴ、一九六九年発足）、インド洋まぐろ類委員会（ＩＯＴＣ、一九九六年発足）、中西部太平洋まぐろ類保存委員会（ＷＣＰＦＣ、二〇〇四年発足）などがある。

国際連合食糧農業機関
国連の専門機関。世界の人びとが質・量ともに十分な食料を入手し、ひとしく健全な生活をおくることができる社会の創出をミッションとし、一九四五年に設立された。本部はローマ。

とくに商業的に利用されてきた水産種（CEAS：Commercially Exploited Aquatic Species）は、今後も重要度を増しつづけることが予想される。本節の冒頭で紹介したニホンウナギや太平洋クロマグロが、その附属書掲載の可否は問わずともＣＩＴＥＳの俎上にあがることはまちがいない。ウナギやマグロが好きかきらいかはべつとして、わたしたちは消費者として、こうした問題が生じていることを知っておく責任がある。同時に、わたしたちが日常的に口にする水産物が、いかなる政治経済的環境のなかで生産され流通しているかについても、関心をもち、「水産物の持続可能性」についての自分なりの見解をもつ必要がある。「わたしは食べないから、関係ない」ではすまないのだ。

Ⅳ　ワシントン条約におけるナマコ問題

現在、ＣＩＴＥＳの規制を受けるナマコは、拘束力の弱い附属書Ⅲに記載されているフスクスナマコ（*Isostichopus fuscus*）のみである。これは、ガラパゴス諸島での違法操業を問題視したエクアドル政府によって二〇〇三年一〇月に記載されたものである。

ナマコ類がＣＩＴＥＳの俎上にのぼったのは、二〇〇二年一一月のＣｏＰ12のことであった。以来ＣＩＴＥＳにける「ナマコ問題」は、二〇一三年三月のＣｏＰ16で「ナマコ類は各国の責任で管理すること」が確認されるまで一〇年におよんだ。ナマコが地先《じさき》の底棲動物であることを考えると自明の結論のような気もするが、はたして一〇年にもおよんだ議論の争点は、いかなるものであったのか？　この間、ＣＩＴＥＳは、どれほど真摯にナマコ問題にとり組んだのであろうか?

ＣｏＰ12でナマコ問題をもちだしたのは、米国であった。当時、米国は世界のサンゴ礁保全プログラムを省庁横断的に推進しており、ＣｏＰ12ではタツノオトシゴ類（ＣｏＰ12 Ｐｒｏｐ・37）とメガネモチノウオ（ＣｏＰ12 Ｐｒｏｐ・38）の附属書Ⅱへの掲載を提案した（メガネモチノウオの掲載決定は、翌ＣｏＰ13）。ところが、タツノオトシゴ類とメガネモチノウオが附属書Ⅱへの掲載の可否を締約国に問うものであったのにたいして、ナマコ類の場合は附属書への掲載を直接的に問うのではなく、その前段階として「ナマコ類を附属書Ⅱへ記載することによって、ナマコ類資源が保全されうるのか否かを議論」しようとの間接的提案なのであった。

米国提案を受け、ＣｏＰ12ではナマコ資源の利用実態をあきらかにするためのワークショップの開催が決まり、その成果を次回ＣｏＰ13までに吟味することが動物委員会（ＡＣ：Animals Committee）に義務づけられた。

ワークショップは、二〇〇四年三月に「クロナマコ科とシカクナマコ科のナマコ類の保全に関する専門家会議」（Technical Workshop on the Conservation of Sea Cucumbers in the Families Holothuridae and Stichopodidae）と題してマレーシアのクアラルンプールで開催された。同ワークショップには、米国、中国、香港、日本をはじめとした一三か国三二名の政府代表者、政府間機関（ＩＧＯ）のＦＡＯから一名、太平洋共同体事務局（SPC：Secretariat of the Pacific Community）から一名、ＮＧＯから五名、専門家として参加した研究者一二名、ＡＣからアジア代表と代表代理の二名、ＣＩＴＥＳ事務局から二名の合計五五名が参加した。

動物委員会
ＣoＰは二～三年に一度開催されるため、その間にさまざまな案件を整理・検討するのは、毎年開催される各種の委員会である。ナマコ類の場合には、ナマコ類が動物であるため、ＡＣがその任にあたった。

太平洋共同体事務局
かつての南太平洋委員会（South Pacific Commission）

水産庁からわたしに電話がかかってきたのは、まさにACがこのワークショップを企画中の段階のことであった。水産庁の担当者が、その詳細を議論するであろうAC19（二〇〇三年八月）への参加をまえに、情報収集をする過程でのことなのであった。

偶然とはおもしろいものだ。FAOが、二〇〇二年のはやい段階から中国政府関係者と共同してナマコ類の資源管理と養殖の推進についてのワークショップを計画していたのである。わたしは、水産庁の担当者にフィリピンと日本におけるナマコ産業のあらかたを説明したうえで、FAOが準備中のワークショップについて紹介し、「FAOが、前代未聞ともいえる世界初の『ナマコ会議』（ASCAM：Workshop on Advances in Sea Cucumber Aquaculture and Management＝ナマコ養殖と管理の向上に資する研究会）を準備中なので、FAOと協力して開催したらどうか」と提案した。そのとき発表原稿を執筆中だったわたしは、専門家たる自負をこめて、「FAOは、世界の主要なナマコ研究者を招聘している。せっかくの機会を有効に活用するため、参加者は、論文を事前提出して会議に臨むのだから、CITESがあらためて開催しても、ASCAM以上に新しい情報が出てくるとは思えない」旨を力説したと記憶している。

しかし、結果としてFAOによるナマコ会議（ASCAM）は、予定どおり二〇〇三年一〇月に中国の大連市で、またCITESのワークショップは二〇〇四年三月にマレーシアのクアラルンプール（KL会議）で、それぞれ開催された。

当時のわたしは、「FAOもCITESも同じ国連機関なんだし、いっしょにやったほうが時間もお金も節約できる」ぐらいに考えていた。しかし、いまから思えば、国連機関とてなわばり意識はあるであろうし、FAOとしては入念に準備してきたASCAMにい

が一九九八年に改組した組織。同委員会は、一九四七年に南太平洋に植民地をもつイギリス、アメリカ、フランス、オランダ、オーストラリア、ニュージーランドの六か国が、「植民地の経済開発と福祉向上」を目的として設立。現在も、前身の目的に沿った活動を実施。

きなり横からＣＩＴＥＳが割ってはいろうとしたことが、おもしろくなかったのかもしれない。あるいは、純粋にＡＳＣＡＭの二か月前になって「いっしょにやってください」と請われても、経費分担をふくめた物理的な要件が整わなかったのかもしれない。そもそもは、ともにナマコ類資源の保全を目的にするとはいえ、そのためにナマコ類の国際貿易を規制しようとするＣＩＴＥＳと、食料・栄養源としてのナマコ類の有効利用、ひいてはナマコ類の養殖の活性化をもくろむＦＡＯは、同床異夢だったのであろう。

ＡＳＣＡＭとＫＬ会議に参加してみて感じたのは、やはり、目的の差異に由来する空気のちがいであった。それは、参加者の相違にも表れている。ＡＳＣＡＭは、ナマコ類研究者として世界的に著名なシャンタル・コナン氏が、海外から参加した発表者二三名をひとりずつ招聘していった。

コナン氏は、インド洋に浮かぶ孤島、レユニオン島にあるラ・レユニオン大学の名誉教授で、一九七〇年代から同じく仏領のニュー・カレドニアでナマコ類の研究をおこなってきた。そのような縁から、ニュー・カレドニアに本部をおくＳＰＣが一九九〇年一月に創刊したオープン・アクセス型のニュースレターである『ナマコ事情報告』（*BIB*：*Beche-de-mer Information Bulletin*）の編集長として、世界のナマコ研究をリードするとともにナマコ研究者ネットワークづくりに尽力してきた。そんな彼女の気さくな性格と、ＦＡＯの担当者のイタリア人のロバテッリ氏のこれまた陽気な性格も手伝って、三日間におよぶ会議は、朝食から夜間のレセプションにいたるまで、刺激的だが和気あいあいとしたものであった。

他方、ＫＬ会議は、重苦しいとはいわないまでも、お堅いものであった。基本的に各国

シャンタル・コナン
(Chantal Conand)
一九四三年生まれ。仏人海洋生物学者。一九八八年に「ニュー・カレドニア堡礁《ほしょう》における楯手目《じゅんしゅもく》」で、西ブルターニュ大学から海洋生物学（biological oceanography）の博士号を取得。一九九三年より、ラ・レユニオン大学の海洋生物学教室（ECOMAR）主任。現在、同大学名誉教授。『ナマコ事情報告』の創刊号（一九九〇年）から二七号（二〇〇八年）まで編集長をつとめた。

の政府関係者が中心のワークショップであり、ゲストとしてコナン氏もロバテッリ氏も招待されていたとはいえ、ふたりがはたした役割は限定的であった。わたしの場合は、水産庁からの依頼で参加したわけであるが、そもそもＫＬ会議に招待された研究者がどのように選考されたのかは、あきらかではない。

印象的だったのは、生物としてのナマコについては分類学（taxonomy）上の論争が活気を帯びていたいっぽうで、「乾燥ナマコは同定できない」と主張する科学者が少なくなかったことである。しかし、そうした科学者の多くは、乾燥ナマコを見たことさえないという。生物の分類が遺伝子レベルで議論される今日、たしかに外見の形態だけから種を判定するのは乱暴にすぎることも理解できる。しかし、ＣＩＴＥＳで問われているナマコは、遺伝子でもなければホルマリン漬けの標本なのでもない。食品として流通している乾燥ナマコなわけである。乾燥ナマコの分類こそが、最重要な関心事なのだ。

乾燥ナマコの流通現場では、名称こそ異なるものの、フィリピンでもインドネシアでも香港でも、それぞれの地域名に対応した分類が確立されている。現場で乾燥ナマコを仕分けるのは、なんら学問的訓練を受けたことのない人びとである。わたしがサンプルを収集しているのは、おりにふれ、その感触なり、質感なり、重量感なりを確認しながら、乾燥ナマコが売り買いされる現場の雰囲気を重視してのことなのである。

もっとも、わたしがサンプルを収集するようになったきっかけは、ナマコの種類を勉強するためでもあった。想定外に種類が多かったうえ、ダイバーが命がけで獲ってくるナマコもあるとなれば、それがいったいどのナマコなのかを知らずしてインタビューなどできっこないと考えたからである。また、こんなこともあった。マンシ島のタンドアさんとパ

海外から参加

ＡＳＣＡＭに海外から招聘された発表者は、国別に以下のとおり（コナン氏をふくむ）。

日本　一
キューバ　一
セイシェル諸島　一
マレーシア　三
フランス　一
ベルギー　一
フィリピン　一
カナダ　二
エジプト　一
インド　一
イギリス　一
タンザニア　一
ベトナム　一
パプアニューギニア　一
ニュー・カレドニア　一
マダガスカル　一
オーストラリア　三
エクアドル　一
インドネシア　一

ラワン島の中心地プエルト・プリンセサの乾燥海産物商に彼の商品を売りにいったときのことである。その乾燥海産物商は、みごとに加工された乾燥ナマコを前に、「次は、〇〇したほうがいいよ」と、タンドアさんにたりない点を技術指導するのだった。パラワン島の各地から乾燥ナマコが集まってくる店のことである。店主が提示する見本は、形も色も、乾燥度も完璧であることが要求される。そのほれぼれとする完成度が忘れられず、以来、わたしは、美しい乾燥ナマコを見ると、すでにもっているものでも、サンプルとして収集する癖がついてしまった。

ＣＩＴＥＳにおけるナマコ問題の顛末については、さまざまな媒体で論じてきたので、ここで詳細をくり返すことはしない。ただ、いえることは、準備不足がたたったのか、資金不足がたたったのか、提案者の米国がかなりの資金と労力を割いたＫＬ会議の結果だけでは、ＣＩＴＥＳの締約国各国が納得するに十分な結果が得られず、結果的にＦＡＯによるＡＳＣＡＭと、その五年後の二〇〇七年一一月に開催され、ＡＳＣＡＭⅡとでも形容すべき専門家会議（ガラパゴス会議）の成果に依存することになった。同会議は、正式名称を「ナマコ類の持続可能な利用と管理に関するＦＡＯ専門家会議」（FAO Technical Workshop on Sustainable Use and Management of Sea Cucumber Fisheries）といい、エクアドルのガラパゴス諸島で開催された。今回も、ロバテッリ氏とコナン氏を中心に組織され、両氏をふくむ一三名の研究者が参加した。うち一〇名が、ＡＳＣＡＭにも出席していた。その結果、本節の冒頭で述べたような「ナマコ類は各国の責任で管理すること」が二〇一三年ＣｏＰ16で確認されたのであった。

V　マルチ・サイテット・アプローチの可能性

二〇〇二年一一月のCoP12における米国による問題提起から一〇年強のあいだ、二〇〇四年のKL会議をのぞくと、CITESではナマコの管理について議論らしい議論はなされなかった。ナマコ類が回遊魚ではなく地先に定着した（底棲）動物であることを考えると、締約国各国がくだした結論は、最初から自明のものだったように思えてならない。ACやCoPでは「議論のための議論」に時間をついやしているように感じ、そうした会議への参加はけっして楽しいものではなかった。しかし、CITESという高度に政治的な国際会議に関係するようになったことが、わたしの研究の転換点となったことはまちがいない。

それまでも無自覚であったつもりはないが、CITESを契機に研究成果の流通とその社会的責任について、強く意識するようになったからである。具体的には、①世界には、〝ナマコ狂い〟（holothurian enthusiast）を自認する生物としてのナマコの不思議さに憑かれた生物学者のコミュニティが存在しており、②そうした専門家としての発言が国際社会を動かしうる力をもっている以上、③専門家たる知識人は、そうした責任の重さを肝に銘じておく必要があるのではないか、ということである。

わたしは、マンシ島で乾燥ナマコの生産過程の調査を開始した当初から、こうした商品がどうやって流通し、消費されていくのか、その一連のシステムに関心を寄せていた。生産現場を消費される社会とつなげて理解することで、現代社会の問題点をあきらかにすることができるとふんでいたからである。しかし、いくらマンシ島の実態を細かく調べていても、あきらかにしたいはずの「現代社会の問題点」が、なかなか見えてこなかった。しかも、鶴見が示したように、いくらナマコがアジア史における重要な商品だからといって、四〇〇年におよぶアジアにおけるナマコ利用の歴史をなぞっても、それは鶴見の二番煎じでしかありえない。好事家的関心に終始したヤシ酒研究の轍をふまないようにするには、どうしたらよいのか？　文庫化された『ナマコの眼』をマンシ島でくり返し読みながら、自問自答を続けるしかなかった。かつての文豪が文章修業に名文を筆写したように、わたしも鶴見の文章をノートに書きとめながら、鶴見との対話を空想したものである。

マンシ島から出荷される乾燥ナマコの集散地であるパラワン島のプエルト・プリンセサの仲買人までは、調査は容易であった。点と点をつなぐだけだったからである。しかし、そこから先が壁であった。プエルト・プリンセサからマニラへ船で移出されることはわかっている。しかし、肝心のマニラ在住の輸出商が面会してくれなかった。プエルト・プリンセサの仲買人たちに仲介を依頼しても、「ボスに怒られる」とはなから相手にしてくれなかった。

ことは香港でも同様であった。香港で乾燥海産物が集まる地域は南北行《ナンパクホン》と呼ばれている（写真5）。南北行は南北雑貨をあつかう店といった意味で、香

写真5　南北行（2015年9月、香港島、上環にて筆者撮影）

南北行
一九世紀中葉に開港した当初、南北行はタイからのコメの輸入で繁栄したものの、現在は漢方薬や乾燥海産物の問屋が集中する地域となっている。南北行の中心は、乾燥海産物問屋が集中する文咸西街（Bonham Strand West St.）と永楽街（Wing Lok St.）であり、たがいに並行する三〇〇メートルほどの街路に大小の問屋がひしめいている。

港島の上環地区内の一部をさす総称である（地図にその呼称は記載されていない）。若気のいたりそのものであるが、一九九九年以降、わたしは、思いつくかぎりの伝手をたより、またアポなしでのとびこみ調査を何度も試みたが、店頭で追い返されるのが常であった。

しかし、そんな状況にも転機がおとずれた。二〇〇四年のこと、KL会議が開催されて以降のことである。香港の貿易商たちの（一部の）態度が協調的になったのである。ナマコ類だけではなく、すでにサメ類もCITESの俎上にあり、関係者の一部にCITES問題と腰をすえてとり組まなくてはならない、という気運が醸成されつつあったのである。

＊　＊　＊

グローバリゼーション、あるいは世界システム下にある今日の人類学のありかたを模索しつづけてきた文化人類学者のジョージ・マーカスは、調査地社会の全体像を描くためにも、複数の地域における調査をふまえ、調査地のおかれた状況をより大きなシステム（世界システム）に位置づける必要性を主張している。「マルチ・サイテット・アプローチ」（MSA：Multi-sited Approach）として知られる、マーカスが提唱したこの研究手法は、文字どおりに複数（multi-）の場所（site）での調査を前提としている。

マーカス自身が期待を寄せるように、MSAは、生産・分配・消費を俯瞰する資本主義システムの研究に適しているであろう。その意味では、ナマコ研究にぴったりなわけである。しかし、MSAの可能性は、それだけではない。というのも、マーカスの提案が、参与観察という、マリノフスキ以来の、調査地に長期間住みこみ、調査地社会の構造をあきらかにしていくという人類学の伝統を、グローバル時代に即した方向に改善していこうと

ジョージ・マーカス（George E. Marcus）
米国人文化人類学者・カリフォルニア大学アーバイン校主席教授（Chancellor's Professor）。従来の文化人類学が得意としてきた無名な人びとの研究ではなく、権力をもつエリート層の研究を志してきた。おもな著作に『文化を書く』（共編、紀伊國屋書店）、『文化批判としての文化人類学』（共著、紀伊國屋書店）など。

する野心的なものであり、多岐にわたる戦略を含意しているからである。

したがってMSAを理解するにあたっては、場所の複数性にこだわるよりも、マーカスが採用したsiteの同義語として、より主体的な「立ち位置」とも訳すべきposition（ポジション）を想定し、そのことの意義を追求すべきではないか、とわたし自身は考えている。たとえば、マーカスが述べるように、HIV患者支援組織の研究をおこなう過程で、研究者が研究――参与観察――と並行して患者の支援運動にかかわることは、当然の帰結であろう。

学問に政治的中立をもとめる声はすくなくない。しかし、運動に参加すれば、必然的に研究者の政治的ポジションが問われることとなる。はたして政治的中立を確保するあまり、透明人間的に「観察」に徹するのが、賢明な研究者なのであろうか？　観察から一歩をふみだし、すこしでも問題解決に資するよう行動すれば、それは学問ではなくなるのであろうか？　そうではないはずだ。マーカスが問いかけるように、学問と運動のあいだに明確な線をひくことなど、はじめから困難な要求だったのではなかろうか。

日本語の「二足の草鞋」には、どことなくネガティブなイメージがつきまとうが、マーカスがいわんとするところは、研究者と運動家なり、研究者とプロデューサーなり、なんでもいい、複数の草鞋を履いてみようということである。そして、より重要なことは、草鞋の履きかたを議論するのではなく、まず履いて歩いてみようという、行動／実践なのである。

白状しよう。CITES問題を契機として香港の問屋さんたちの姿勢が解放的になったとき、わたしは、自身のモノ研究に厚みが出ることを直観できた。難攻不落だと思ってい

ブロニスワフ・マリノフスキ(Bronisław Malinowski)
一八八四―一九四二。英国の人類学者（ポーランド出身）。ロンドン大学／エール大学教授。フレーザーの『金枝篇』に影響され、ロンドン大学で人類学を学ぶ。ニューギニアのトロブリアンド諸島に長期間滞在し、現地語を習得し、現地社会の一員として生活しながら当該社会を詳細に観察するという「参与観察」をはじめ、人類学研究におけるフィールドワークの方法を確立した。おもな著作に『西太平洋の遠洋航海者』（講談社学術文庫）、『マリノフスキー日記』（平凡社）など。

たナマコ・ネットワークの頂点にのぼりつめた思いだった。執務室に招きいれられ、給仕してくれた普洱茶《プーアールチャ》を飲みながら、内心、ほくそ笑んだものである。しかし、彼らと懇意になるにつれて、彼らなりの危機感に共感できるようになった。当然ながら、彼らは、自分たちがあつかうナマコがなくなれば「商売あがったり」となる。即座の貿易禁止は困るが、自分たちの商売を持続可能とするためにも、管理には協力していきたいと考える商人も少なくない。

どのレベルであれば、問屋さんたちは協力できるのか？

ひるがえってみれば、わたしは、問屋さんたちに、どのような協力をなしうるのか？このような問いに自問自答しながら、自分の研究方向とその実践方法を模索しているときに、わたしはＭＳＡに出会い、背中を押してもらった。正直なところ、東南アジア地域研究者を標榜しながらも、ジュネーブやパリなど世界の主要都市で開催される国際会議をハシゴすることにためらいがなかったわけではない。また、フィリピンからの帰りに香港にストップ・オーバーし、なんの成果もないままに麺をすすって帰国するほど惨めなことはなかった。

もちろんマーカスに背中を押されたからといって、問題が解決したわけではない。しかし、自分のなかでの迷いは消えた。グローバリゼーション下の今日、水産物のモノ研究やエスノ・ネットワーク研究をおこなうには、生産・流通・消費の一連のシステムに加え、いまや国際会議という場（サイト）も、必要不可欠な調査地（フィールド）であることはまちがいない。そうした複数のサイト／フィールドを往還しながら、研究と運動・実践とを区別することなく、さまざまな人びとに教えを請い、やれそうなことから挑戦していく

エスノ・ネットワーク
ナマコなど輸出志向の強い海産物の生産（捕獲）から流通にいたる過程においては、さまざまな民族が関与している。それらの民族間ネットワークをエスノ・ネットワークと呼ぶ。

しかないではないか！

こうして自身の研究過程をふり返りながら、いまさらながら痛感するのは、人生同様に研究活動が偶然に左右されるという事実である。わたしが〝ナマコ狂い〟となるきっかけとなったマンシ島を訪問したのも、まったくの偶然であった。また、同様に無名なわたしがコナン氏の目にとまったのは、二〇〇二年六月に『ナマコ事情報告』に投稿したわずか二〇〇〇語の短報であった。これは副題に「最新情報」とつけたように、その前年に日本熱帯生態学会のジャーナルに掲載された論文を脱稿した二〇〇〇年一一月以降にフィリピンで生じたナマコ事情の変化を報告しただけのものである。その時点では、ＡＳＣＡＭの存在も知らなかったし、まさか編集長のコナン氏がその中心人物であることも知らなかった。おもしろいことに、この短報を投稿したことがきっかけとなって、彼女を中心とする世界の「ナマコ狂ネットワーク」の環に加わることとなり、わたしの研究の裾野も広がったわけだ。同ネットワークには、研究者のみならず、行政関係者、ＮＧＯの活動家、ナマコ商など、異分野・異業種の人びとがつどっている。この点で、マーカスがマルチ・サイテット・アプローチの特色として強調する、「異なるキャリアの人びととの共同作業」の可能性を感じさせてくれる。

もちろん、文部科学省が掲げる「大学のグローバル化」でも、海外の著名な雑誌に論文を投稿することが奨励されてはいる。また、科学者がつどうＣＩＴＥＳのＡＣやＩＵＣＮなどの会議では、欧米の一流雑誌に掲載されないかぎり、データとはみなされない。こうした雑誌に論文を投稿していくことも、職業研究者の義務であることはいうまでもない。しかし、わたしたちの研究成果の還元は、そうしたジャーナルへ執筆することだけではないはずだ。専門家／知識人として、さまざまな会議で多様な人びとと交わり、積極的に行動することも、また、わたしたちの成果還元のひとつの方向性ではないだろうか？　すくなくとも、現在のわたしは、そのように考えている。

おわりに──「ヒト研究」の豊かさをもとめて

鶴見良行のいう「モノ研究」を志向して二〇年。二〇一〇年に、わたしは『ナマコを歩く』という本を上梓することができた。一九九四年に他界されたとはいえ、出版界における鶴見良行の存在感は大きく、ありがたいことに拙著は、さまざまな批評をいただくことができた。そんななかのひとつ、ノンフィクション作家の吉岡忍さんの批判はこうだ。

「フィールドワークに徹した手法自体が、新鮮である。しかし、……貴重な聴き取りをしているのに、説明的な叙述に還元されてしまい、当事者だからこそ語れた言葉としては十分に生きていない。鶴見の、スタイリッシュな歴史物語作者だった側面も、ぜひ継いでほしい」

わたしは、この批判を目にしたとき、脳天を打ちのめされた気がした。冒頭に述べたように、自分ではディシプリンを意識することなく、発表する著作は可能なかぎり専門用語をふりかざさずに、等身大でありたいと考えてきたし、それを実践してきたつもりだったからである。それは、読者としては大学関係者だけではなく、調査でお世話になった人びとを意識していたからである。

しかし、それなのに吉岡さんは、わたしの著作はまだまだアカデミズムへの未練がまし

吉岡忍
一九四八年生まれ。ノンフィクション作家。早稲田大学在学中にベ平連に参加し、『ベ平連ニュース』の編集長をつとめるとともに、米軍脱走兵の逃亡支援活動に従事した。一九八七年、日航機墜落事故をテーマにした『墜落の夏』で第九回講談社ノンフィクション賞を受賞した。言論の自由と報道の自由に関し、積極的に発言を続けている。

さがのこる中途半端なものだと批判しているのだ！　以来、わたしは、吉岡さんの批判をのりこえたいと模索してきた。いまだ、納得できる作品を提示しきれていないが、可能性を感じているのが、「聞き書き」である。「語り」を「語り」として提示しようというわけだ。以下にその一部を紹介してみよう。

拙著を上梓した後、調査でお世話になった利尻島のナマコ漁師・吉田敏さんと静子夫人を訪問したときのことである。なにもあらたなことを訊こうというつもりもなく、「利尻にきたので、ご挨拶」程度でおじゃましたのである。

――でも、全然、ご家族のこと聞いてなかったなぁ、と思って。

静子　あ、息子夫婦が役場、いるんだわ。で、長男が札幌にいるんだけども。

――（お子さんたちは）全然、漁業とか考えなかったんですか？

静子　いやぁ、二番めは、考えてやりたかったんだけど、お父さん（敏さん）が、これから、世界を相手の漁師だから、って。それこそ、日本だけじゃなくて、輸入ものもはいってくるから、考えたほうがいいんじゃないかって、お父さんのほうが、あんま賛成でなかったね。

――それ、いつぐらいのときですか？

静子　（二男が）高校、高校にはいってから。

――何年くらいまえですか？　まだ、ナマコがこんな（にバブルに）なるまえ？

静子　全然、なるまえ。

敏　（高校）三年になって、がっつりね、おれも話したのさ。そして、漁師やる人は、人数は、どんどん、どんどん、減るけど、それだけ以上に資源のほうもどんどん、どんどん、減ってるから。それと、この輸入もつらくなってきてるでしょ。それも、正直にいってるのさ。そりゃ、まぁ、食べて、食べれんってことはないんだけど、それより、ちがう仕事したほうが、ええんでないかって。

静子　わたしは、もう、真っ向から反対、一〇〇%、反対だった。

——なんで、ですか?

静子　危険あるしね。やっぱりスポーツ選手みたいだね、漁師って。一時期に、パッて。漁期って、集中してるっしょ。健康管理とか、家庭内のいざこざとか、そういうのもいやだしね。収入は、全然、安定しない。明日の日もわからんような状態だし。（中略）もうかる時期って、決まってるんだわ。だから、そのときの、健康管理って、風邪ひいたら、どうだとか、けがしたらどうとか、すっごく気を使うのさ。で、休みも全然ないっしょ。

一〇〇%、もう切り盛りは、わたしじゃなくちゃいけないし。やりくりだとか、いろんなことで、子どもたちも喧嘩するとか、いろんなそういうこともさけなきゃならないし。やっぱり、子どもの行事だとか、そういうの、参加できないこともあったし、だから、できれば、給料いくらであったら、たとえけがしてもなんでも、給料もらえるほうがいいかなぁって。

（漁師って）獲っていくらだから。それも、オオナゴなんかだったら、一か月。一か月だよ、一か月。マグロだったら、二か月。もう、本当に無収入っちゅうこともあるんだから。獲らないば、獲れない以上に神経使うっしょ。お父さんにも神経使わんといけないし、子どもたちにも神経使わんといけないっしょ。このナマコ時期にさ、一回いったらさ、二〇〇キロも獲れる。キロ四五〇〇（円）いったら、一日九〇万（円）にもなって、それがね、ずっと一月《ひとつき》、二月《ふたつき》、たえ忍んでいるときにだよ。いま、インフルエンザなったら、何日も休んだったら、もう×《ペケ》でしょ。一年の勝負かけてるときに。その神経がいやだったの、もうほんとうに、半端な神経でないわ。いや、でも、その人の性格にもよるよ。たまたま、わたしが、そうなのかもしれないけれども。わたしは、そういう性格だから、子どもにも、そうなった嫁にも、そんな思いさせたくないいっちゅうが、いちばん強い希望だった、わたしは。

どうだろうか。ほとんどテープ起こしをしたままのテキストゆえ、読みにくいことは承知している。しかし、それだからこそ、逆に静子さんが吐露する漁師の妻の本音が伝わるのではないだろうか。切りだしでは、漁師になりたがっていた二男に思いとどまるように説得したのは夫の敏さんという話であった。しかし、話がすすむうちに、かぎられた漁期に勝負をかけることができるよう、そのシーズンを敏さんが絶好のコンディションでむかえることができるように、さまざまなことに神経を使いはたす静子さんの憔悴しきった気苦労のあれこれが回顧される。たとえば、深夜の漁に備えて昼間に敏さんが寝ているときに「電話なんか一回なったら、パッて。いまみたいに子機なんかない時代だから。留守電もない時代、黒のダイヤル電話のとき、くってとるようにして。ほんと、（敏さんが漁から）帰ってきたら、（一家中）ネコみたいにして」いたという。

わたしは、この語りを拙著の上梓後に聞いたことを恥じている。かれこれ五年ごしとなった吉田さん夫妻へのインタビューが、ナマコというモノに限定したもので、ナマコにかかわってきた吉田敏さんと吉田静子さんという大先輩の人生についての関心が欠けていたことを意味しているからである。

吉岡さんのいらだちは、「語り」の欠如そのものではなく、わたしの著作にヒトの気配がないことにあるのだろう。ヒトの姿を引きだすのは、つまるところは、聞き手の「人間力」の問題である。いまの自分には、到底、その力量はない。しかし、いつの日か、モノ研究とヒト研究の両輪がそろい、おたがいに共鳴しあってはじめて、吉岡さんの批判をのりこえた作品が生まれるものと信じている。

〈参考文献〉

・赤嶺淳「ヤシ酒呑みのヤシ酒紀行　フィリピン・ビサヤ地方の日常生活」鶴見良行・宮内泰介編『ヤシの実のアジア学』151―177ページ　コモンズ　一九九六年

・赤嶺淳「熱帯産ナマコ資源利用の多様化　フロンティア空間における特殊海産物利用の一事例」『国立民族学博物館研究報告』25（1）59―112ページ　二〇〇〇年

・赤嶺淳「干ナマコ市場の個別性　海域アジア史再構築の可能性」岸上伸啓編『先住民による海洋資源利用と管理』国立民族学博物館調査報告四六　265―297ページ　国立民族学博物館　二〇〇三年

・赤嶺淳『ナマコを歩く　現場から考える生物多様性と文化多様性』新泉社　二〇一〇年

・赤嶺淳「能登なまこ供養祭に託す夢　ともにかかわる地域おこしと資源管理」赤嶺淳編『グローバル社会を歩くかかわりの人間文化学』20―71ページ　新泉社　二〇一三年

・赤嶺淳「環境問題とむきあう　モノ研究からマルチ・サイテット・アプローチへ」『地域研究』14（1）139―158ページ　二〇一四年

・赤嶺淳編『クジラを食べていたころ　聞き書き　高度経済成長期の食とくらし』グローバル社会を歩く①　224ページ　グローバル社会を歩く研究会　二〇一一年

・赤嶺淳編『バナナが高かったころ　聞き書き　高度経済成長期の食とくらし　2』グローバル社会を歩く④　201ページ　グローバル社会を歩く研究会　二〇一三年

・金子与止男「水産資源をめぐるワシントン条約の近年の動向　ミニシンポジウム記録　板鰓類資源の保全と管理における現状と課題」『日本水産学会誌』76（2）　263―264ページ　二〇一〇年
・鶴見良行『バナナと日本人　フィリピン農園と食卓のあいだ』岩波新書黄版一九九　岩波書店　一九八二年
・鶴見良行『海道の社会史　東南アジア多島海の人びと』朝日新聞社　一九八七年
・鶴見良行『ナマコの眼』筑摩書房　一九九〇年
・鶴見良行『ナマコ』鶴見良行著作集九　みすず書房　一九九九年
・鶴見良行『海の道』鶴見良行著作集八　みすず書房　二〇〇〇年
・星野龍夫、森枝卓士『食は東南アジアにあり』弘文堂　一九八四年
・マーカス、ジョージ・E「現代世界システム内の民族誌とその今日的問題」足羽與志子訳　ジェイムス・クリフォード、ジョージ・マーカス編　春日直樹ほか訳『文化を書く』文化人類学叢書　303―359ページ　紀伊國屋書店　一九九六年
・吉岡忍「赤嶺淳著『ナマコを歩く』漁・流通の実態や文化に焦点」『日本経済新聞』二〇一〇年七月四日　朝刊
・ヴァンダーミーア、ジョン・H、イヴェット・ペルフェクト『生物多様性「喪失」の真実　熱帯雨林破壊のポリティカル・エコロジー』新島義昭訳　みすず書房　二〇一〇年
・Akamine, Jun. 2001. "Holothurian exploitation in the Philippines: Continuities and discontinuities," Tropics 10(4): 591-607.
・Akamine, Jun. 2002. "Trepang exploitation in the Philippines: Updated information," SPC Beche-de-mer Information Bulletin 17: 17-21.
・Bruckner, Andrew W. ed. 2006. Proceedings of the CITES Workshop on the Conservation of Sea Cucumbers in the Families Holothuridae and Stichopodidae: 1-3 March 2004 Kuala Lumpur, Malaysia. NOAA Technical Memorandum NMFS-OPR-34, Washington D.C.: U.S. Department of Commerce.
・CITES. n.d. The CITES Species.（http://www.cites.org/eng/disc/species.shtml）（二〇一四年九月三〇日参照）
・CITES. n.d. Species Database: Species+.（http://www.cites.org/eng/resources /species.html）（二〇一四年九月三〇日参照）
・Conand, Chantal. 1990. The fishery resources of Pacific Island countries part2: Holothurians. FAO Fisheries Technical Paper 272.2. Rome: FAO.
・CRTF (Coral Reef Task Force). 2000. The National Action Plan to Conserve Coral Reefs. Washington D.C.: CRTF. 34pp.
・Lovatelli, Alessandro, Chantal Conand, Steven Purcell, Sven Uthicke, Jean-Francois Hamel and Annie Mercier

eds. 2004. Advances in Sea Cucumber Aquaculture and Management. FAO Fisheries Technical Paper 463, Rome: FAO.
・Marcus, George E. 1995. Ethnography in/of the World System: The Emergence of Multi-sited Ethnography. Annual Review of Anthropology 24: 95-117.
・Pigafetta, Antonio. 1969. First voyage around the world. With an introduction by Carlos Quirino. Manila: Filipiniana Book Guild.
・Toral-Granda V., A. Lovatelli, and M. Vasconcellos eds. 2008. Sea Cucumbers: A Global Review of Fisheries and Trade. FAO Fisheries and Aquaculture Technical Paper 516. Rome: FAO.
・United States of America. 2002. Federal Register Vol. 67, No. 211 October 31.

赤嶺　淳（あかみね・じゅん）

最初のフィールドワークは、ヤシ研の調査として一九九一年にフィリピンとマレーシア（サバ州・サラワク州）を歩いたこと。二か月にわたる全行程のうち、ひとりで歩いたところもあれば、ヤシ研のメンバーと共同調査をした地域もあって、単独調査と共同調査をくみ合わせるという、その後の歩きかたに影響をあたえることになった。フィリピン大学留学中の四年半に、同世代のフィリピン研究者のフィールドを訪問できたことも、よい財産となっている。

＊　＊　＊

■わたしの研究に衝撃をあたえた一冊『甘さと権力　砂糖が語る近代史』

「食の人類学」（anthropology of food）の重鎮であるシドニー・ミンツの『甘さと権力』。一九世紀のイギリスを中心とした工場労働者たちが、「砂糖食」とでも形容しうる大量の砂糖を消費する食生活様式を獲得したことが意味する諸側面をグローバルに考察したモノ研究の古典。個人的には第三章「消費」と第五章「食べることと生きること」が、巨匠らしさあふれるみごとな章だと感じている。

シドニー・W・ミンツ著
川北稔・和田光弘訳
平凡社
一九八八年

Ⅲ部

西表島の廃村ですごした日々
わたしのはじめてのフィールドワーク

——安渓遊地

1　廃村での調査

フィールドワークにあこがれて進学した大学院で、伊谷純一郎先生（略歴は6ページ参照）はこういった。「きみのいくところは一か所しかない。西表島《いりおもてじま》の鹿川村《かのかわむら》や」。広げた地図の上で先生が指さすあたりは、しかし空白になっていた。廃村が行き先だった（図1）。考古学と文化人類学のすきまをねらうというチャレンジだという。すぐにもアフリカにいけるというわたしの夢はこうして砕かれた。

鹿川村は遠かった。一九七四年当時、神戸から石垣島まで船で五〇時間以上かかった。そこから西表島西部の白浜港まで五時間。海路しかない船浮村《ふなうきむら》についたら、海岸を歩き、川をわたり、山を登り、沢をくだって、最短でも四時間はかかる（写真1）。

伊谷先生、研究室助手（当時）の原子令三《はらこれいぞう》さんとともに降り立った鹿川村の浜辺は、人が住んだ跡などまったくないように見えた。緑の木々におおわれた急斜面が海に落ちこんでいる（写真2）。藪のなかにはいってみた。からんだ蔓《つる》を山刀ではらいながら進むと、

原子令三
一九三六—九六。外科医から人類学に転向し、東大で学んで京大理学部の助手を経て明治大学教授。飄々とした人柄とライフスタイルで、日本とアフリカの多くの人に愛された。

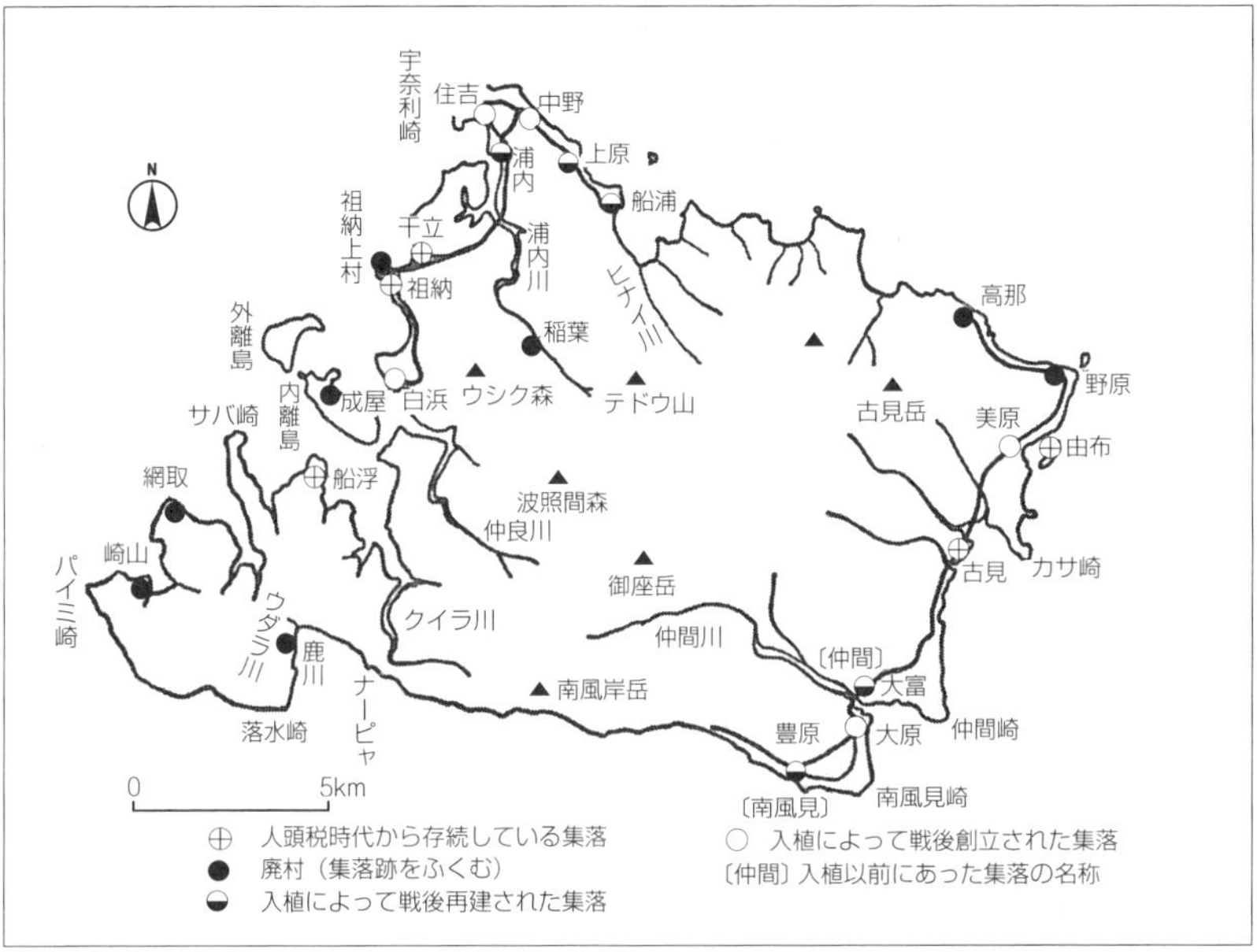

図1　西表島と鹿川村の位置

写真1　鹿川村へ歩く（ウダラ川河口付近）

写真2　鹿川村のあった斜面を南から望む

敷地らしいものが段々に連なり、陶器のかけらやガラス瓶などが点々と見つかる。石積みの跡もたしかにある。とりあえず人工的なものを探して歩きまわる。

このような隔絶された場所で人びとはどんな暮らしをしていたのか。いつごろまで住民がいたのか。そして、どのように無人になったのか。それらの謎を、いまここにのこされたものをくみ立てて推理小説のように解いてみないか。それが東アフリカでの**民族考古学**（エスノアーケオロジー）につながるはずだという伊谷先生からあたえられた課題だった。

疲れはてて夕方の浜におりてくると、もっぱら海に潜っていた原子さんがイセエビの仲間のゴシキエビをつかまえてきていた（写真3）。ごちそうであった。

藪のなかには、毒蛇のサキシマハブもいたが、たくさんのダニや、もっと小さくてかゆみのはげしいツツガムシ、蚊をはじめとするいろいろな羽虫がいて、わたしたちを待ちかまえていた。満潮で身動きがとれず、マングローブの湿地にテントを張って寝たこともある。久しぶりに廃村に現れた人間は、虫たちのごちそうであった。

ここが延べ三か月をすごしたはじめてのフィールドだったから、後のアフリカ研究をふくめて人間の住むところでのフィールドワークに大きな不満をもつことがなくなった。

写真3　ゴシキエビと原子令三さん

民族考古学
考古学遺跡や遺物を、その近くにいまも暮らす現地の人びとの生活と対比しながらより深く理解しようとする研究方法。

2　のこされた遺物

廃村が考古学遺跡とちがうところは、遺物が表面に出ていることが多く、発掘しなくてもひろいあげることができるということだ。しかし、何かを移動させるとか、もちだすということは、発掘と同じように廃村遺跡の破壊につながりかねない。だから、原則として現場で写真をとり、メモをとるという方針を立てた。

まず必要なのは、それぞれの敷地に番号をつけて個別に把握することだった。むかしの道を切り開き、測量して敷地や石垣や墓を書きこんでいく。そうしてつくった遺構図には、四四の敷地があった（次ページ図2）。一辺一・五メートルほどの正方形の形に石を積みあげた遺構が二一の敷地にあったが、後にこれは中にブタを飼った便所の跡だとわかった。遺跡にきざまれた戸数は、敷地の半分以下だったのである。

村跡の遺物としては、日常に使われた焼きものの類の破片がいちばん多かった（155ページ図3）。これらの焼きものの産地が八重山、沖縄、九州以北、そして中国とわかるようになるまでには、かなりの勉強が必要だった。

村跡全体にわたって約一三〇本もの茶色いガラス瓶と六〇本の小型の水色のガラス瓶が見つかった（156ページ写真4）。それらに文字がきざまれているものもある。たとえば「大日本麦酒株式会社」。これは一九〇六（明治三九）年にできた会社だから、このビール瓶がここにおかれたのは、それ以後でなければならない。すくなくとも明治末までは人が住んでいたと考えてよさそうである。

掌にはいるほどの小さな硯《すずり》が落ちていた敷地があった。また、入り口に石碑のようなも

ブタを飼った便所
石囲いの中にブタを入れ、人間の糞便を食べさせる方式の便所。もっとも美しく強い力をもつ女神がいるとされる。韓国の済州島などにもあった。

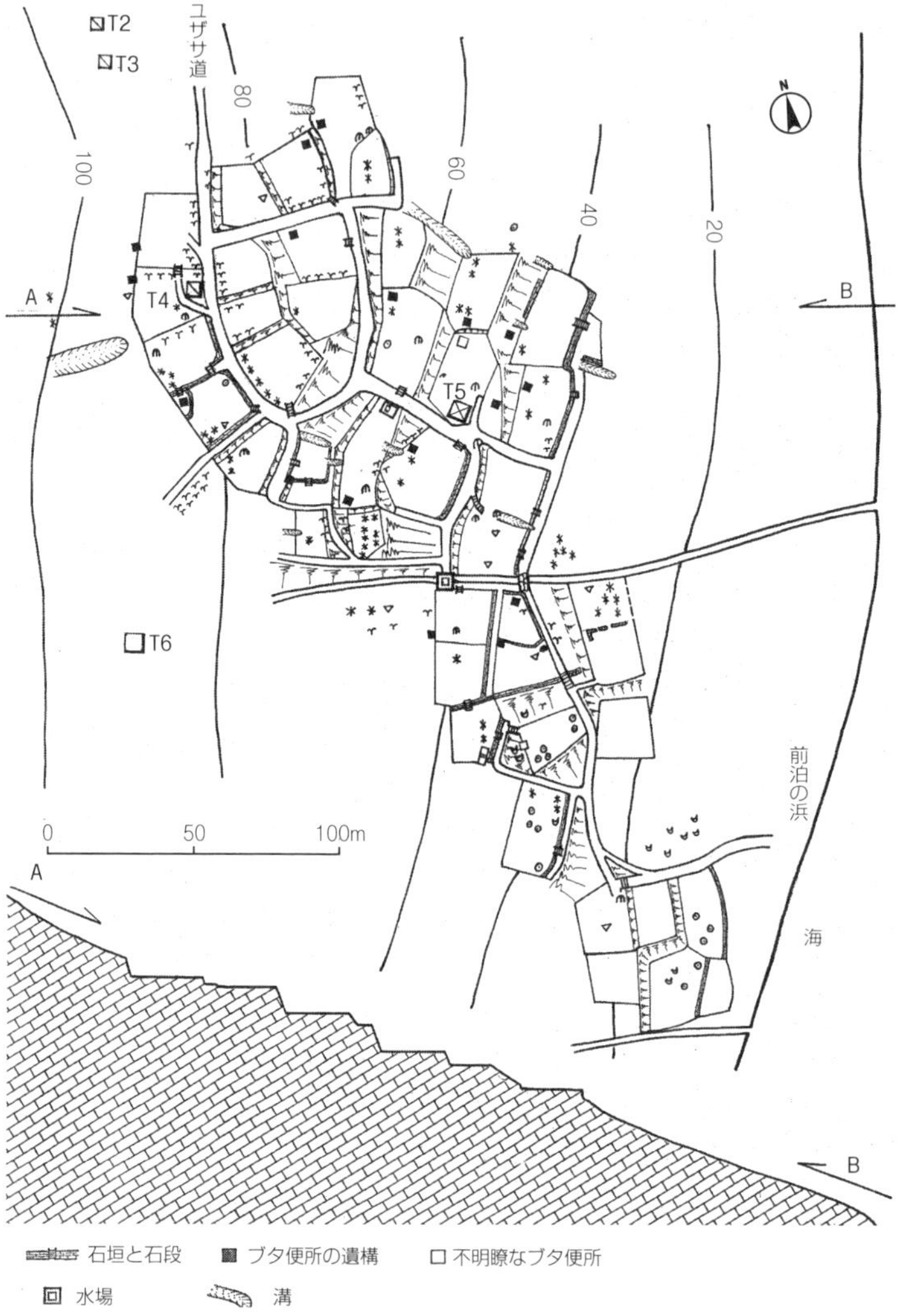

図2　鹿川村の遺構図（下のレンガ積み模様は、断面図）
T2～T6は墓。T1は図の外にあった

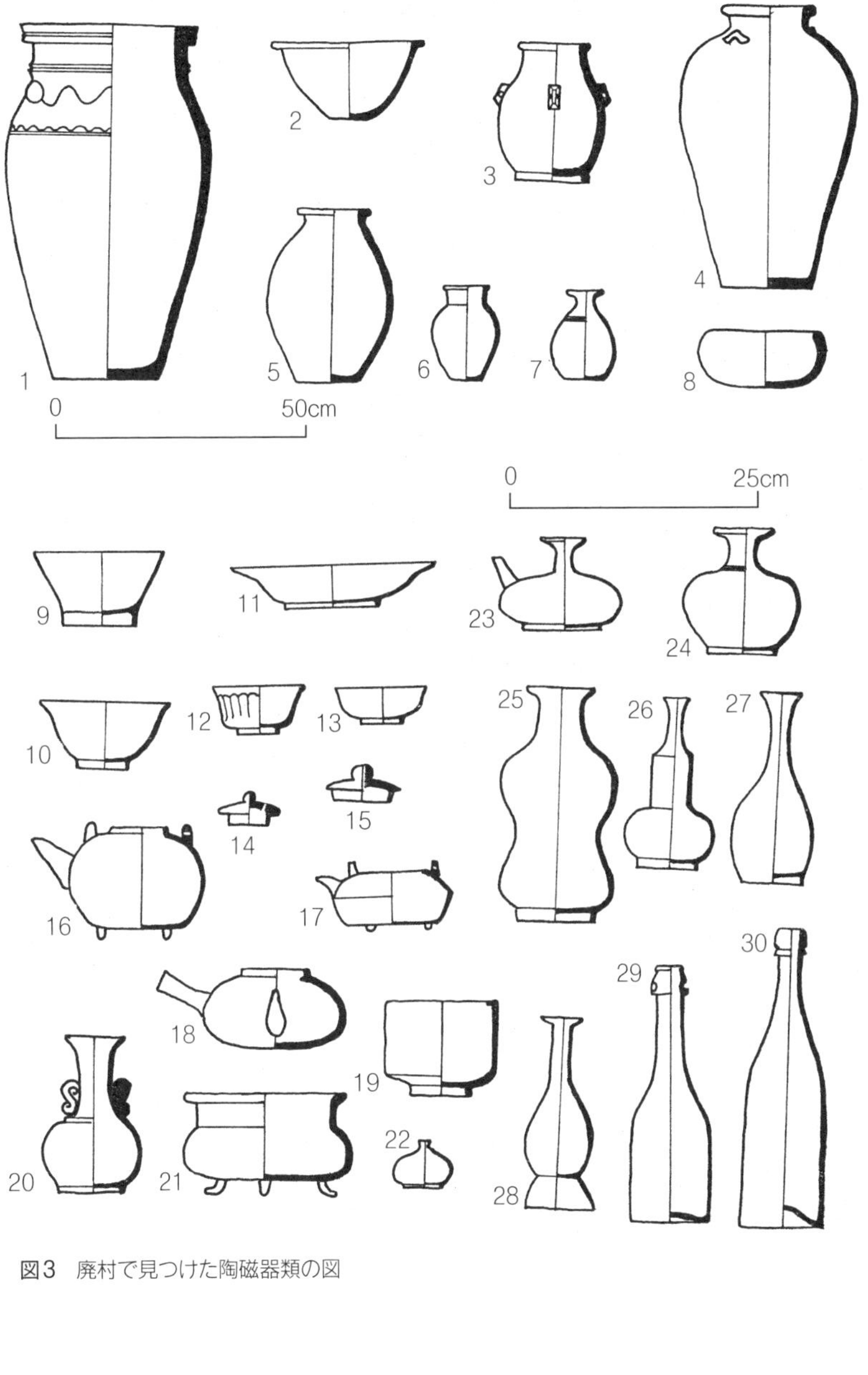

図3　廃村で見つけた陶磁器類の図

写真4　列をなして埋められたビール瓶

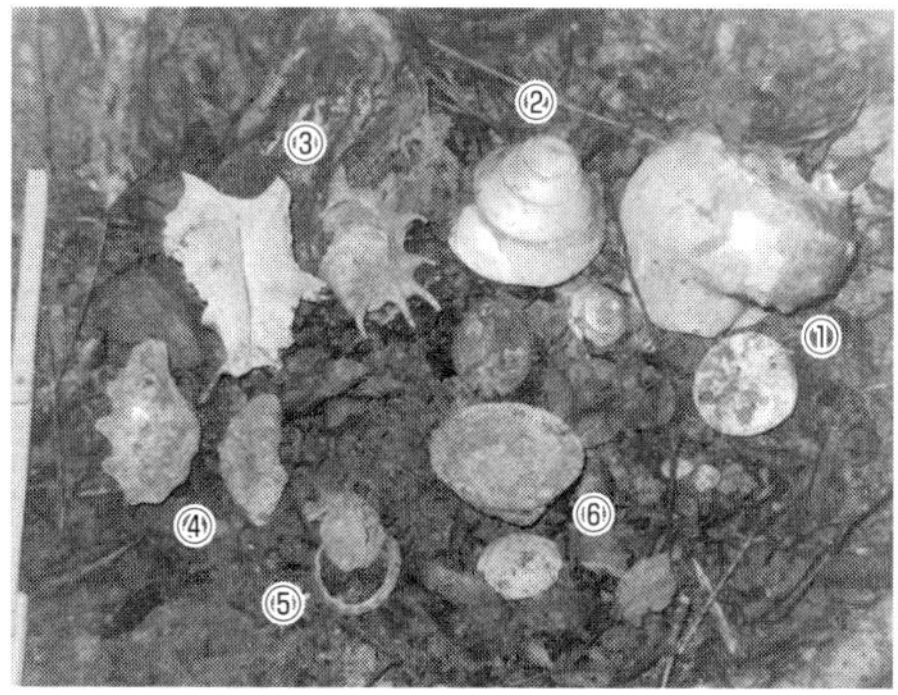

写真5　食用の貝殻（右上から反時計まわりに①ヤコウガイとふた、②サラサバテイ、③クモガイ、④ヒメジャコ、⑤オオベッコウガサ、⑥シレナシジミ）

のがあり、「東方門」ときざんである敷地があった。石垣の石のすきまから出てきた水瓶の破片には、墨で「八重山東田」と書かれていた。ガラス瓶の刻印と陶磁器の文字をのぞけば、鹿川村にのこるたったふたつの文字の例だった。

人間がつくったものではなくても、人間がもちこんだものは、自然遺物という。貝塚がその典型だが、海の貝がひとりでに山の中腹の村までくることはない。わたしがキャンプ生活で食べた貝と重なるものも多いが、大きなヤコウガイなど、いまではめったにとれない貝殻が多く見つかった（写真5）。

ときどきリュウキュウイノシシの骨が見つかるのだが、村人が食べたあとの骨かどうかはわからない。村の面する鹿川湾の奥に洞窟がある。その中に大型の獣の骨があった。大学の標本庫で見くらべてみたら、これはウシの右上腕骨の一部だとわかった。この村でウシが飼われていた証拠である。

3　遺物としての植物

伊谷先生は、わたしが廃村でひとりぼっちにならないように、次つぎに研究室の先輩を差し向けてくださった。測量は丹野正《たんのただし》さん（当時弘前大学）、考古学的な研究法や作図については篠原徹《しのはらとおる》さん（当時岡山理科大）に助けていただいた。妻の貴子は、微生物学をやめて生態学をめざしていた。彼女を鹿川村にむかえて植物生態学の視点を導入してから、廃村研究は急に進展しはじめたのだった。

ヤシ科のビロウが林立するところは、島では聖地とされる場所であることが多い。だから遠目にも、鹿川村の拝所の跡がひと目でわかる。成長が非常にはやいクワ科のアコウやガジュマルなどが、大木になって敷地いっぱいに広がる例があるが、人が住まなくなってから繁茂したものだ。いっぽう、石垣に沿って並んでいるフクギは成長がおそく、村人が植えたものと考えられる。

垣根として植えられるホウライチクは年々株が太り、そのスピードは毎年二センチほどだと、初島住彦《はつしますみひこ》先生（当時琉球大学）に教わった。調査した一九七四（昭和四九）年当時、海抜六〇メートルほどの上のほうの敷地で、その直径は一・五〜二一・〇メートルだった。現存の村の垣根は三〇センチほどの幅に管理されているから、放棄されてからの成長幅は、一・二〜一・七メートルとなり、毎年二センチずつ太ったとすれば、八五年から六〇年前に放棄されたとみることができる。つまり、一八九〇（明治二三）年ごろから人が住まなくなった敷地があったと考えられたのである。

集落跡の南の山に登ると、その谷間に広大な湿地が広がっている。遠目には水田のように見えるが、全体が浮島のようになっていて、ふめばあたり一面が動くほどの底なし沼のような湿原だ（写真6）。考古学の手法のひとつに、こういう湿原で降り積もった花粉を分析して、むかしの植生を復原する花粉分析がある。イネの花粉が大量に検出できれば、ここが水田だったことが立証できるはずだ。湿原のまわりはリュウキュウマツの林になっている。その斜面で土を掘りとってもち帰り、安田喜憲《やすだよしのり》先生（当時広島大学）にお願いして分析した。その結果、イネ科の花粉が少なくイネの存在は証明できなかった。そして、時代があたらしく表面に近いほどマツ科の花粉が多く、時代が古い下ほどシダ植物が多いという結果になった。

しかし、植物生態学では、ススキ草原が松林に**遷移**することはあっても、シダ草原が松林になるという例は知られていない。この謎は、洞窟で骨が見つかったウシが湿原のまわりに放牧されていたと想定すればうまく解ける。ススキなどの草がなかったのではなく、ウシたちはイネ科の草を優先的に食べ、有毒なシダ植物を食べのこしたのだ。そのために、イネ科の草はほとんど花粉をのこせなかったのだろう。この場所でリュウキュウマツの年輪を調べると、三〇から四〇年のものが多かった。もっともおそくて廃村のずっと後の一九四四年ごろまで、このあたりにたくさんのウシがいたと推定される。

写真6　集落南の山中の湿原に立つ伊谷純一郎先生

遷移
植生遷移ともいう。火山の溶岩台地の上にも草木が生えやがては森になるように、植物の景観が変化していくこと。地質や降水量などによって、最終の姿（極相という）が異なる。

このように、植物生態学と考古学をくみ合わせることで、タイムマシンにかけるように、むかしの景観をある程度復原することも不可能ではないことがわかってきた。祖納《そない》や干立《ほしたて》などの在来の村を参考に、ありし日の鹿川村の景観の復原を試みたのが図4と図5である。

図4　明治末の鹿川村の村落景観の推定復原図（安渓貴子画）

図5　水田の景観の推定復原図（安渓貴子画）

4　人びとの記憶をもとめて

鹿川村で生まれた人に石垣島で会うことができた。村人が鹿川を離れた一九一一（明治四四）年に一三歳だった女性と九歳だった男性である。以下は、その聞きとりの結果である。

むかし、大津波までは、鹿川村は海辺の低いところにあった。ある日、急に潮がひいたので、若者たちが魚をひろいにいこうとした。老人が、こんなときはナンヌリ（津波）がくるからすぐに避難せよと命じて、全員が高台に逃れた。村の家々は、いちばん上にあった一軒をのこしてすべて洗い流されてしまった。その上の斜面にあらたに敷地を切り開いてあたらしい村をつくったという。

この伝承は、一七七一（明和八）年四月に八重山の人口の三分の一の九四〇〇人あまりの命を奪った明和の大津波のことかとも思われる。大津波は湾の奥で高まり、遺構図と照らしあわせると海抜三〇メートルを超える地点までが流失したのである。

コメもあり、魚も豊富。牧場にはウシがいるし、虫下しの薬として売れる海人草《かいにんそう》もとっていた。材木も多くて、波照間島の船をつくるなど、鹿川村はほかの村とくらべても開けた、いいところだったという。

廃村のきっかけは、船浮村から毎月巡回にやってくる警察官からの苦情だった。当時、崎山村《さきやまむら》を中心として、網取村《あみとりむら》と鹿川村という三つの村があったが、遠くて巡回がたいへんなため、警察官は、鹿川と崎山にたいして船浮から近い網取村に合併するように命じたと

明和の大津波
石垣島南東を震源とする地震のあと起こった大津波。八重山と宮古の島々に多くの被害をもたらした。うちあげられた津波石の年代からより古い大津波の襲来もあきらかになった。

いう。鹿川村だけがこれにしたがって、一九一一（明治四四）年、網取村の隣の浜のウチトゥールという場所に一〇戸ほどが移転した。ところが、移転してすぐに数人の戸主が病気で死んだため、一九一二（大正元）年には、人びとはその地を離れてちりぢりになってしまった。鹿川村の南の牧場にいたウシたちは、廃村のあと崎山村の人たちがひきとった。ところが、第二時大戦中に西表島に駐留した日本軍が食料確保のためとして機関銃ですべてのウシを殺してしまった。この事件で財産を失った崎山村の人たちが村を離れたのが一九四七（昭和二二）年。この半島最後の拠点だった網取村が廃村になったのが、日本への復帰の前年の一九七一（昭和四六）年のことだった。

考古学と植物生態学の方法で推定された廃村の時期（明治末から大正はじめ）、村の南側に敗戦ごろまでウシだけがのこっていたことなどが、証言によって裏づけられたのだった。

5　鹿川村の史料の発見

この研究をはじめた一九七四（昭和四九）年七月、わたしは、当時の文部省史料館（現・国文学研究資料館）で「復命第一書類　八重山島管内西表嶋　仲間村巡検統計誌」という文書を見つけた。「第廿八冊」とあり、ほかに「第二冊　石垣嶋大川村」や「第三十五冊　鳩間嶋」があった。一八八五（明治一八）年から翌年にかけて、田代安定《たしろあんてい》という探検家が八重山の村々をまわった、くわしい調査結果である。しかし、鹿川村の報告は見つからなかった。それがあれば遺跡でのフィールドワークと聞きとりをくみ合わせたわたしなりの復原結果を、実際に当時の現場を見た記録と対照できるはずだ。わたしは史料を探

田代安定
一八五七―一九二八。鹿児島出身の博物学者。日本の民族植物学の先駆者。一〇代でフランス語を教え、二〇代で八重山の島々を踏査し、後半生は台湾ですごした。

しつづけた。

それから三七年後の二〇一一年、台湾大学の図書館でついに田代安定の「鹿川村巡検統計誌」を見つけた。「復命第一書類　第三十冊」と記されたそれは、一九枚の用紙をとじあわせた報告書だった（写真7）。それによると、彼がたずねた一八八五（明治一八）年当時、鹿川村には一九戸の家があり、そのうち三戸は士族であった。住民は五九人で、そのうち女が三一人だった。一五歳以下の子どもが三〇人（半分の一五人が五歳以下）で、人口の約半分である。

コメの生産高は、五三石（八・五トンほど）とかなり大きく、半分ほどは人頭税として上納するが、のこりは自給と物品購入にあてられた。ウシは二三頭、ブタは意外にも五頭しかいなくて、すべての「ブタ便所」にブタが飼われていたわけではないことがわかる。ヤギはおらず、猟犬が一七頭いた。村の景観のスケッチも添えられている（写真8）。

購入額の大きなものは、一五俵の塩（同量のコメと交換）、鍋、かんざしなどであり、布や紙、煙草や酒は自給していた。照明用の石炭油一斗は、ガラス瓶にはいってきた可能性があるが、ランプそのものの購入はない。

べつの史料だが、一八九七（明治三〇）年の崎山村村頭の日記

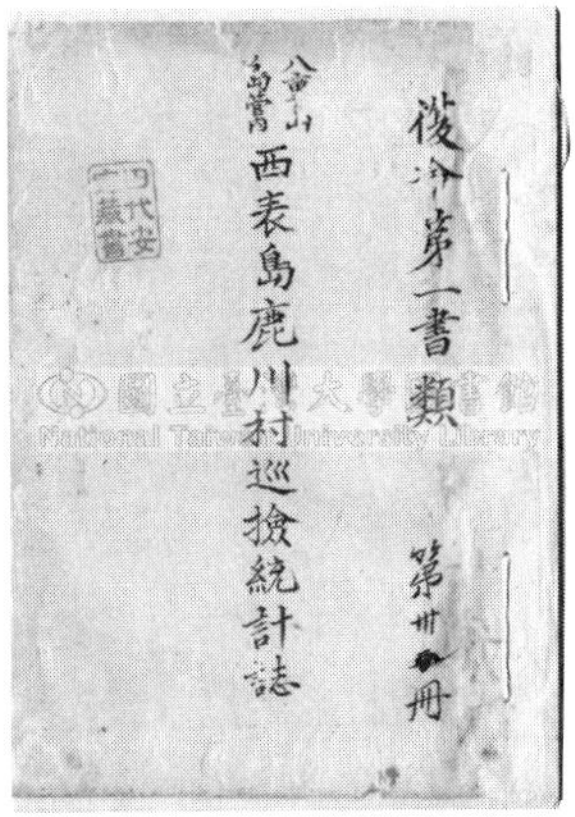

写真7　田代安定による「鹿川村巡検統計誌」表紙（台湾大学図書館蔵）

写真8　田代安定による鹿川村の村落景観のスケッチ。1885（明治18）年11月、「鹿川村鳩間やの図　東の方に向」と記されている（台湾大学図書館蔵）

によると、鹿川村は、神戸市で開催された第二回水産博覧会のために、特産の鹿川貝や干しナマコを出品している。一九〇三（明治三六）年まで旧態依然たる人頭税のもとで居住の自由がなかった人たちが、じつはグローバル化の最前線につながっていたのである。

ここにはくわしく書けなかったが、海賊伝承やワニをとらえた話などに、鹿川村の外部との交流の経験の豊かさが盛りこまれている。さらに、歴史文書を丹念に見ると、鹿川村が陸の孤島のように隔絶した環境で自給自足で生きていたという当初のイメージはみごとにくつがえり、西表島で唯一の南に開けた湾のある村として外部の人びととの交流がもっとも頻繁な村のひとつだったという事実が現れてきたのである。

人頭税
一九〇三年まで続いた遠隔の宮古島・八重山諸島での課税方式。耕地面積や毎年の収量の変動にかかわらず、年齢・平民士族の差等によって穀物と織物を徴集した。

〈参考文献〉

・安渓遊地「八重山群島西表島廃村鹿川の生活復原」伊谷純一郎・原子令三編著『人類の自然誌』雄山閣出版　一九七七年
・安渓遊地ほか『西表島の農耕文化　海上の道の発見』法政大学出版局　二〇〇七年
・崎原当貴「必要書」『竹富町史』第十巻資料編近代二　竹富町　二〇〇四年（一八九七年）
・川平永美述、安渓遊地・安渓貴子編『崎山節のふるさと　西表島の歌と昔話』ひるぎ社（おきなわ文庫から電子書籍化）一九九〇年
・田代安定「復命第一書類　八重山島管内西表島　鹿川村巡検統計誌」（台湾大学図書館田代文庫所蔵）一八八五（明治一八）年
・宮本常一・安渓遊地『調査されるという迷惑　フィールドに出る前に読んでおく本』みずのわ出版　二〇〇八年
・山田武男著、安渓遊地・安渓貴子編『わが故郷《シマ》アントゥリ　西表・網取村の民俗と古謡』ひるぎ社（おきなわ文庫から電子書籍化）一九八六年

安渓遊地（あんけい・ゆうじ）

大学三年の一九七三年、川喜田二郎氏の移動大学にのめりこんだ。翌年からチンパンジー研究の伊谷純一郎氏の指導のもと、西表島の廃村でのフィールドワークをはじめる。歯に衣を着せぬ島びとたちにしごかれながら地域研究を続ける。一九七八年にはじめての外国のコンゴ民主共和国へ。森の村で村長の養子になる。現在は「在日アフリカ人」と称して山口県立大学のあやしい教員。著書に『奄美沖縄環境史資料集成』（当山昌直と共編、南方新社、二〇一一年）など。

＊　＊　＊

■わたしの研究に衝撃をあたえた一冊『ゴリラとピグミーの森』

わたしが小学生のころからの母の愛読書で、スワヒリ語では害虫を「ドゥドゥオビヨオビヨ」というといったことばが家のなかをとびかっていた。自然を愛し、自然に生かされたアフリカの人びとを愛したフィールドワーカーの若々しい息吹が、読みやすい日本語とスケッチで表現されている。文章を大胆にそぎおとすことのたいせつさを教えてくれる本。その後、師とともに西表島の山野を歩いた日々は、わたしの生涯の宝ものである。

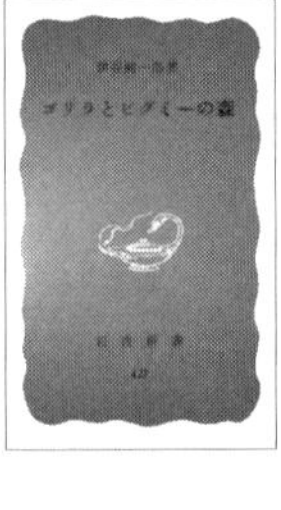

伊谷純一郎著
岩波新書
一九六一年

佐渡島の自然保全活動
地域の〝対立〟をこえるフィールドワーク

――桑子敏雄

1　トキの野生復帰

佐渡島（新潟県）でトキの野生復帰事業が画期をむかえたのは、二〇〇八年九月二五日に佐渡市新穂《にいぼ》地区の水田においてトキの放鳥がおこなわれたときである。その後、二〇一二年には放鳥したトキの二世が誕生、さらに二〇一四年には三世が誕生し、トキの野生復帰事業は新たなステージにはいっている。

桑子敏雄研究室（東京工業大学大学院社会理工学研究科価値システム専攻）のメンバーは、放鳥に先立つ二〇〇七年四月から、環境省地球環境研究総合推進費による「トキの野生復帰のための持続可能な自然再生計画の立案とその社会的手続き」研究プロジェクト（リーダー・島谷幸宏九州大学教授＝河川工学）に参加し、「トキの生息環境を支える地域社会の社会的合意形成の設計」グループ（「トキと社会」チーム）として佐渡の地域社会にはいり、地域づくりワークショップ（佐渡めぐりトキを語る移動談義所）の企画・運営・進行をとおして、トキ定着のための社会環境づくりの研究と実践をおこなってきた。

トキの野生復帰事業
トキは、かつては日本全国のほか、アジアの広い範囲にわたって生息していたペリカン目トキ科の鳥。近代になって、乱獲や開発によって激減し、日本では二〇〇三年に最後の日本産トキ「キン」が佐渡で死亡したことにより、生きのこっているのは中国産の子孫のみとなった。野生では、中国の陝西省《せんせいしょう》などに生息しているほか、日本では佐渡島において二〇〇八年秋から

「トキと社会」チームの役割は、地域社会のなかにはいりこみ、トキをめぐる意見のちがい、対立をのりこえるためのワークショップをくり返しながら、トキの野生復帰のための社会環境の整備をすすめることであった。

活動を開始したころ、わたしたちは、佐渡島の人びと——とくに農業者——はトキの野生復帰にたいして積極的でないということを聞いていたが、地域の実情についてはほとんど正確な情報を得ていなかった。そこでわたしたちは、佐渡各地でワークショップを開催し、人びとの意見を把握するとともに、対立構造があればそれをどうすれば解決できるかということを考えることにした。

研究プロジェクトは二〇〇七年四月からの予定だったが、それに先立って、プロジェクトリーダーの島谷教授とわたしは、旧知であった佐渡市の髙野宏一郎市長（当時）および佐渡市役所に挨拶にでむいた。そしてそこで、佐渡の自然保護官事務所の初代自然保護官・岩浅有記氏に出会い、自然保護官事務所の開所式および「トキの野生復帰連絡協議会」への出席をすすめられた。

佐渡市役所訪問は午後の予定だったので、わたしたちは開所式典および協議会に出席した。

協議会はそれが第一回の会議だった。わたしたちは正式メンバーではなかったが、出席することにした。そこでわたしたちは、トキの野生復帰事業には重点エリアとその周辺のバッファエリア、そしてその外の地域という区分があることを知った。

区分についてきびしい意見を呈していたのが、バッファエリアに位置づけられている佐渡島中央の南海岸にある岩首《いわくび》から出席していた大石惣一郎氏であった。大石氏は、岩首が

二〇一二年秋までに中国から導入されたトキが人工繁殖、放鳥され、自然環境下での繁殖がおこなわれている。

かかえるきびしい現実について語り、閉校してしまった岩首小学校の旧校舎について、わたしたちの支援をもとめた。

わたしたちは、岩首小学校を活動の起点として、地域づくりワークショップを実施することにした。大石氏は、わたしたちが岩首のために尽力することについて半信半疑であり、わざわざわたしの研究室をたずねてきたが、そのとき、「ワークショップ」などということばは、「岩首のじっちゃん・ばっちゃん」には理解できないから、何かわかりやすいことばをくふうしてほしいということであった。

そこでわたしは、ワークショップを「談義所」とおき換えた。たまたま宮崎県ですすめられている地域活性化事業でおとずれた宮崎県日南市飫肥《おび》地区にある願成就寺《がんじょうじゅじ》（通称・談義所）のことを思いだしたからである。明治維新のときに吹き荒れた廃仏毀釈の嵐がせまったとき、地域の人びとは、中世における仏教の教義を学ぶ寺院であることを示す「談義所」の看板を、「地域の人びとのためのおしゃべりの場」と装うために「義」を「議」として「談議所」に変えて、寺を守ったというのである（廃仏毀釈の嵐がおさまったあと、再び「談義所」にもどしたという）。この感動的な話を思いだしたわたしは、佐渡でのワークショップを「佐渡めぐりトキを語る移動談義所」と命名し、その第一回談義所を岩首でおこな

写真1　放鳥されたトキ
羽の色は美しいトキ色であるが、この個体には追跡のための色をつけてある

うことにした。

　話しあいの場には五〇人ほどが集まった。このときの、旧・岩首小学校を「トキについての情報と人びとの交流拠点として、地域の人びとの管理のもとで再スタートする」という提案書にあわせて、参加者の意見の一覧表をひと晩でまとめあげ、これを大石氏が佐渡市に提案した。そして、二か月もたたないうちに、佐渡市はこの提案を許可したのである。「佐渡市ではありえないことが起きた」とは大石氏のことばであるが、この第一回談義所は、たった一度のワークショップでとじたものの、解体の危機にあった校舎を救ったことで、わたしがこれまでおこなってきた二〇〇回以上のワークショップのなかでも五本の指にはいるものになった（旧・岩首小学校は「岩首談義所」として地域のシンボルとなり、現在も活用されている）。

2　移動談義所の地域活動

　佐渡めぐりトキを語る移動談義所は、二年のあいだに佐渡各地を三〇回以上めぐり、さまざまな人びとの意見を聞きながら、トキをめぐる意見の多様性を把握し、対立構造を分析していった。

　佐渡市は、二〇〇四年に島内の全市町村（一〇市町村）が合併してまもないころで、行政システムが刷新され、佐渡島全体をまとめるという課題に直面していたが、談義所で実感できたのは、同じひとつの島であっても地域によって多様な地形と風土、文化が存在していることであった。トキの重点地区とそうでない地区とではトキにたいする考えかたも異なっていて、このことを認識すること、そして他地域の人びとにもこの多様な意見を認識してもらうことが談義所の課題であり、また成果ともなった。

わたしたち「トキと社会」チームが実感したことは、地域の多様性は地域に身をおいてはじめて実感でき、また言語化できるということである。言語化し、さらに、その表現の背後にある意見の理由を把握すること、合意形成における意見の理由を把握すること、さらにはその意見が形成された来歴を把握することが現状認識の重要な要素であることも、この談義所を運営するなかで知りえたことであった。

地域は、いわば空間的・時間的な要素の複合体である。外からおとずれる者には、その織物は単純に見えることもある。しかし、その糸の一本一本を解きほぐしてみると、そこには再び地域の複雑な状況が現れてくる。小学校の閉校ひとつをとっても、それが地域にとって意味することを解きほぐすことは、かんたんにはできないのである。

閉校になった岩首小学校の生徒は、前浜小学校に通うことになった。その前浜小学校でおこなった「自分以外のものになってひとこと」という談義では、四年生の女の子が「トキ以外の鳥になってひとこと。トキはいいな。みんなにひいきされて。うらやましいな。でも、まっ、いっか」という傑作を発表した。生物多様性といいながら、トキばかりに目をやるおとなたちを揶揄したものであるが、その寛容の精神にはすばらしいものがある。寛容の精神といえば、六年生の男の子の作品にこういうのがあった。

「農家の人になってひとこと。あんまり田んぼを荒らすなよ」

トキは田んぼをふみ荒らす害鳥だというのが農家の人びとの一般認識で、農家はトキの野生復帰にたいして積極的ではなかったのである。男の子は、そのような農家に寛容の精神をもとめたのであった。当時はコメの在庫に苦しんでいたのだが、現在はトキブランドで在庫なしという状況を見ると、「いまはむかし」の思いがする。トキ野生復帰前の地域の状況をひとことで表した子どもたちの目こそ、わたしたちがもちたいと思った現場性の目であった。

地域社会の現実へとはいりこみ、多様な課題の解決にたずさわったことで、わたしたちの談義所活動は、トキ野生復帰の佐渡島の社会環境の整備に大きく貢献できたという評価を受けた。「談義」は、佐渡でよく聞かれることばにもなっている。

3　天王川と加茂湖の再生

「トキと社会」チームの活動が一年経過したとき、わたしたちは、新潟県からトキ野生復帰のための重点地域を流れる県管理の二級河川・天王川の自然再生事業推進のための「天王川水辺づくり座談会」のファシリテーション（進行役）を依頼され、コンクリート三面張りにしてしまった川を生物多様性に配慮した自然豊かな川に再生するための事業に従事することになった。

ところが、天王川は加茂湖という湖に注いでいて、加茂湖漁業協同組合のメンバーを中心とする漁業者から強い反対の意見が表明された。自然再生事業であっても、河川改修をおこなえば土砂が加茂湖に流入し、カキ養殖に大きな影響があるという懸念からの発言であった。

天王川は、過去に何回か大きな水害にあっていて、その経験をもとにした治水事業によ

天王川水辺づくり座談会　二〇〇八年から二〇〇九年にかけて一〇回にわたって開催されたワークショップ型の話しあい。会場は、佐渡市トキ交流会館で、床にシートを敷いて車座でおこなわれた。天王川が注ぐ加茂湖の漁業者の反対意見が強かったが、やがて天王川と加茂湖を一体的に再生するという方向で合意が形成された。なお、この事情については、高田知紀『自然再生と社会的合意形成』（東信堂）にくわしい記述がある。

って主要部分がコンクリート三面張りになっていた。高齢者の話では、自然豊かだった川は見る影もなくなってしまった。同様に、加茂湖も塩害対策から湖岸が鋼矢板《こうやいた》・コンクリートで八割がた固められ、周囲の丘陵からの地下水も遮断されて、豊かに茂ったヨシ原も失われてしまった。

こうした状況のなか、漁業者からよく話を聞いてみると、彼らは天王川の改修には反対しているが、他方で加茂湖の再生を強く望んでいることがわかった。

そこで、わたしたち「トキと社会」チームは、天王川と加茂湖の一体的整備を行政に提案した。

ここでの問題は、加茂湖が、河川区域でも海岸区域でもなく「法定外公共物」という位置づけであったことである。つまり、河川法の枠でも海岸法の枠でも、自然再生事業を位置づけることができない。ようするに、自然再生のための予算が確保できないということ、天王川の再生事業を加茂湖にまで広げることができないということであった。

通常、加茂湖のような大きな湖沼（汽水湖）が法定外公共物に指定されることはありえないのだが、加茂湖はそのような位置づけであった。

「法定外公共物」というのは、薪炭をとるための杣道《そまみち》（細くてけわしい山道）であったり、あるいは水田に沢から水をひくための小さな水路であったりして、国や地方自治体の管理下にはおかず、地域の人びとが自主的に管理すべきものであった。法的には財務省の管理下にあったのだが、地方

写真2　加茂湖の景観
カキのいかだが見えるが、最盛時に比較すると少なくなっている

写真3　天王川水辺づくり座談会のようす
おとなに混じって、子どもたちも議論に加わっている

分権化の推進にともない、国から基礎自治体へ所有が変更されたという経緯があり、加茂湖も佐渡市に移管となっていた。ただ、湖岸整備は国の補助金を得て新潟県がおこなってきた（ただし、維持管理は佐渡市にまかされているということであった）。また、加茂湖の管理についても、カキ養殖のためのいかだの台数について新潟県の水産部署と加茂湖漁協のあいだでのとり決めがあったものの、加茂湖全体の資源管理についてはルールがなく、たとえばナマコが増えて社会的需要があると、獲りたい者が獲るという、いわばコモンズの悲劇的な状況が生まれていたのであった。

加茂湖地域は、国定公園に指定されており、環境省も関係していたのであるが、国も県も市も加茂湖の総体的な管理体制をもたず、したがって、環境・資源管理、さらには悲劇的な状況からの再生をおこなう主体も存在していなかったのである。

そのような状況のなかで二〇〇八年、天王川の再生に従事していたわたしたちに、当時の加茂湖漁協の組合長から、「あんたたち、本気で天王川や加茂湖のことを考えるんだったら、研究室を佐渡においたらどうだ。漁協がスペースを提供するから」という提案を受けた。わたしは、「桑子研究室をおくよりも、みんなで研究所をつくったらどうか」という提案をおこない、これが実現して、漁協の人びとや行政関係者、地域住民を会員とする「加茂湖水系再生研究所」をつくることになった（現在でも、発足当初の「加茂湖水系再生研究所」の看板は、佐渡市両津の加茂湖漁業協同組合事務所に掲げられている）。

こうして加茂湖水系再生研究所、略して「カモケン」が発足することになったが、わたしたちが佐渡で活動するための環境省からの資金は最終年にあたっていたこともあり、おりから公募のあった国立研究開発法人 科学技術振興機構・社会技術研究開発センターの

コモンズの悲劇
コモンズの悲劇とは、多数者が利用できる共有資源が乱獲されることによって資源の枯渇を招いてしまうという経済学説。共有地の悲劇ともいう。もともとは共有の牧草地を意味したが、現在では海洋や河川・湖沼の水産資源、あるいは水や空気といった私有化されにくい資源もふくめていう。

研究開発プログラム「地域に根ざした脱温暖化・環境共生社会」に応募したところ、その支援を受けられることになった。こうして、カモケンを中心にして、わたしたちはトキの野生復帰事業・天王川再生事業・加茂湖再生事業を環境省・新潟県・科学技術振興機構との連携のもとにすすめてきたのである。

カモケンの活動は、加茂湖湖岸のヨシ原再生に大きな成果をあげつつある。「地域に根ざした脱温暖化・環境共生社会」プログラムでの、わたしたちの研究開発プロジェクトは、「地域共同管理空間（ローカル・コモンズ）の包括的再生の技術開発とその理論化」というタイトルであり、脱温暖化のための社会基盤整備のありかたおよび生物多様性に配慮した地域の自然環境の保全と再生を「ローカル・コモンズ」というキーワードをもとに方法論を研究開発しようというものであった。この研究開発は理論的なものというよりも、むしろ実践を重視し、地域の複雑で困難な社会的合意形成をすすめるなかで直面した課題を解決するプロセスから理論をくみ立てようという、実践ベースのものであった。

4　現場性と当事者性の統合

わたしたちは、地域の対立構造のなかにはいりこみ、その問題解決の当事者として活動するという経過をたどったのであり、この意味で、三つの連続する事業は、「実践ベースの研究開発」事業であった。

写真4　ヨシ原再生のための工事
市民主体の市民による事業であった

写真5　加茂湖に注ぐ水路の整備
佐渡中等教育学校生物部の生徒たちも参加した

ここで重要なポイントは、わたしたちの活動は、たんに「研究」ではなく「研究開発」、すなわちresearch and development（R&D）ということであって、この実践は、地域のかかえる困難な問題の中枢に、みずからの身をおくことによってはじめて成果をあげることのできるものであったということである。すなわち、「現場性」と「当事者性」の統合ということが、わたしたち自身にもとめられ、またみずからに課した、いわば「心がまえ」であった。

というのは、わたしたちの活動によって地域の対立や人間関係がより悪化するということも、可能性としてないわけではなかったからである。社会的合意形成の主体として身をおくことは、合意の形成だけではなく、合意の失敗についても責任を負わなければならないということを意味する。したがって、社会的合意形成のフィールドにおいて活動するということは、そうした地域にたいして責任をもつという自覚が必要なのである。対立・紛争は、地域の人びとの幸福・不幸に深くかかわっている。合意は人びとに協調と平和をもたらし、他方、対立・紛争の悪化は、地域の不幸からの回復をさらにむずかしくするということもありうるのである。そうした地域社会への参加は、研究者としての責任だけでなく、実践者としての社会的責任も自覚しなければならない。わたしたちの活動は、実際、そのようなものであった。

写真7　加茂湖水系再生研究所の市民工事によって再生されたヨシ原
観察路は子どもたちの提案によってつくられた

写真6　加茂湖エコウォーク
カキ漁師から加茂湖の自然と産業について学ぶ

桑子敏雄（くわこ・としお）

広く東西の哲学の研究をおこない、のちに行政やＮＰＯ、市民活動と連携しつつ、自然再生・環境再生と「社会的合意形成」の実践的・理論的研究をすすめてきた。フィールドワークは、一九九六年に日本の文化と環境のかかわりについて考えた「古代からの伝言」（新潮社）というエッセイの執筆がスタートである。『わがまち再生プロジェクト』（角川書店、二〇一六年）で、現場性と当事者性の統合という意識のもとで従事した事業について述べた。

ローカル・コモンズ
海洋をめぐる水や大気のようなグローバル・コモンズとは対照的に、特定の地域に存在する共有資源のこと。

＊　＊　＊

■わたしの研究に衝撃をあたえた一冊『風景学入門』

土木技術者としての立場から中村良夫氏が国土づくりにおける風景の重要性を認識し、日本の国土に蓄積された風景の伝統を深い思索とともに述べた書。理工学的な考察と人文社会的な教養とが高度に統合された一冊である。国土を改変しようとする者は、そこに蓄積された歴史をふくめ風景のもつ意味を認識することのたいせつさを自覚するために必ず読むべきである。日本の「風景学」を確立した記念碑ともいうべき書物。

中村良夫著
中公新書
一九八二年

オセアニアでの医療人類学調査

——白川千尋

わたしの研究対象地のひとつは、ヴァヌアツ共和国である。オーストラリアの北東にアルファベットのYの字のような形で点在している約八〇の島々からなる。わたしは青年海外協力隊員としてこの国に派遣され、一九九一年から二年間、マラリア対策にたずさわった。そして、隊員としての任期が終わって帰国した後、大学院の博士課程に進学し、今度は文化人類学のフィールドワークをするためにまいもどった。このときには、Yの字の真ん中よりやや下のほうに位置するトンゴアという島のある村に、一九九五年から翌年にかけて住みこんだ（図1）。

フィールドワークもしくは現地調査は、文

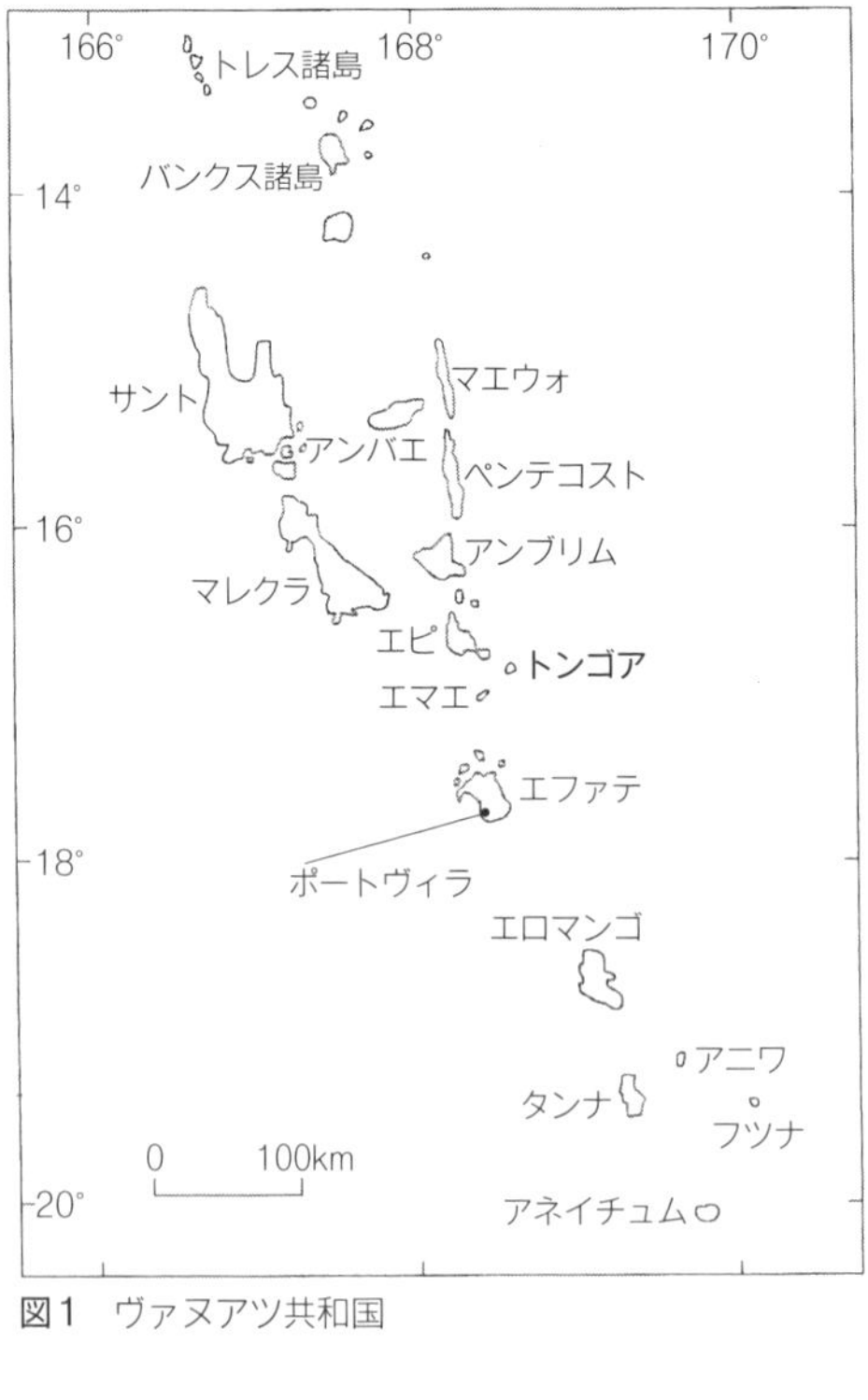

図1　ヴァヌアツ共和国

化人類学だけでなくさまざまな学問分野で研究方法としてとり入れられており、とくに目新しいものではない。しかし、文化人類学のフィールドワークには、ほかの分野の現地調査にはあまりないいくつかの特徴がある。現地で一年から二年の長期にわたって暮らしながら調査をすること、通訳を使わず、研究者自身が現地語を習得し、それを使って調査することなどである。

わたしの場合も同じだった。フィールドワークのテーマは「伝統医療」。ヴァヌアツの人びとのあいだでは、トンゴア島でも、わたしが青年海外協力隊員のときに暮らしていた首都のポートヴィラでも、病院などで使用されている近代医療（西洋医療）だけでなく、現地の伝統医療も盛んに使われていた。その背景を探ることが、フィールドワークひいては研究の目的だった。

青年海外協力隊
日本の政府開発援助の中心的な実施機関である国際協力機構（JICA）がおこなっている海外ボランティア事業。一九六五年に最初の隊員（ボランティア）がラオスに派遣されてから、これまでに八〇以上の国に四万人あまりが派遣されている。

1　伝統医療の「守備範囲」

ところで、なぜ伝統医療についてフィールドワークをしようと思ったのか。理由はいくつかあるが、大きなもののひとつに、自分自身の体験がある。

青年海外協力隊員として派遣されて一〇か月くらいたったころ、下痢が続き、ときに便《べん》に血が混ざるようになった。病院にいくと、アメーバ赤痢かランブル鞭毛虫《べんもうちゅう》症という病気だろうと診断され、薬を処方された。しかし、飲みつづけてもよくならない。そんなおり、トンゴア島民の友人から伝統医療の治療師に診てもらうことをすすめられた。病院で治療しているにもかかわらず病気が治らない。とすると、それは近代医療では治療するこ

アメーバ赤痢
赤痢アメーバという病原体によって汚染された飲食物をとることで感染する。大腸炎などが生じ、下痢、粘血便、腹痛などの症状をともなう。

とができず、伝統医療でしか治すことのできない病気である。そのような病気に罹《かか》っているのではないか。友人はそう心配したらしい。

わたしは生まれてこのかた、もっぱら近代医療ばかりを使ってきた。そのため、伝統医療の治療師に診てもらうのは正直気がひけた。かえって症状が悪くなったりしないだろうか。しかし、友人になかば強引に押し切られ、結局診てもらうことになった。

治療師は初老のトンゴア島民の夫婦で、友人が自宅につれてきてくれた。彼らはまず、症状のことや症状が出るまえの一、二か月のあいだにわたしがしたことなどについて、事細かにたずねた。続いて、座ったわたしの両脇に立ち、キリスト教の神に二度、祈りを捧げた。最初の祈りは神に病気の原因を教えてもらうためのもの、次の祈りは病気の治療法について教えてもらうためのものということだった。ちなみに、ヴァヌアツの人口の九割以上はキリスト教徒で、治療師の夫婦も熱心な信徒だった。

最初の祈りの結果、病気の原因はトンゴア島の南にあるエマエという島に棲む精霊であることがわかった。その棲みかに足をふみ入れたわたしに怒り、病気にしたのだという。たしかに症状が出る直前、マラリア対策の仕事でエマエ島にいっていた。ただ、そのときには島に精霊の棲みかがあることはおろか、精霊の存在さえ知らなかった。はじめていった島だったから無理もない。知らぬまに精霊の棲みかに足をふみ入れてしまっていたらしい。

二度めの祈りの後、夫婦はバッグの中から薬草をとりだし、コップの水の中に汁を搾り入れて、わたしに飲むようながした。得体の知れない薬草ジュースを前にたじろいだが、あとにはひけない。ぐっと一気に飲み干した。翌日、それまで続いていた症状は消えてい

ランブル鞭毛虫症《べんもうちゅう》
ランブル鞭毛虫《べんもうちゅう》という病原体がふくまれた飲食物をとることによって感染する。下痢、腹痛、腹部膨満感などの症状をともなう。ジアルジア症ともいう。

た。

治療師の夫婦や彼らをつれてきてくれた友人には申しわけないけれども、当時もいまも彼らの治療で病気が治ったとは思っていない。診てもらうまえから症状はじょじょによくなりつつあったので、治療の翌日に症状が消えたのはたまたまタイミングが一致しただけではないかと思っている。しかし、この体験をしたことで、ヴァヌアツの人びとの伝統医療にたいする関心が増したことはたしかだ。

写真1　青年海外協力隊員時代、マラリア対策の活動でおとずれた村にて同僚たちと

文化人類学のフィールドワークのなかで使われる手法のひとつに、「参与観察」というものがある。対象とするものごとから一定の距離をとり、客観的にそれを把握しようとするのが、ふつうの意味での観察だろう。これにたいして、対象とするものごととの距離をちぢめ、それに積極的にかかわりながら観察をするのが参与観察である。

たとえば、祭りの踊りの参与観察ならば、踊り手たちをつねに客観的な立場（傍観者的な立場）から観察するのではなく、自分も実際に踊り手になって踊りながら、踊りそれ自体や踊りが踊られている祭りの状況なども観察しようとする。そうすることで、たんなる観察だけでは理解することがむずかしい、踊り手が踊るときに経験する身体感覚などにせまる可能性を拓くことができる。そもそも、現地に長期間暮らし、現地語を習得して調査をするという文化人類学のフィールドワーク自体、現地の人びととの生活に積極的に参加することをつうじておこなわれるという点で、参与観察といえる。

とすると、先に紹介したわたしの体験は、伝統医療の参与観察であったといえるかもしれない。それによって、トンゴアのような地方の島のみならず、国内で近代医療がもっとも普及しているポートヴィラでも伝統医療が盛んに利用されていることを、まさに身をもって知った。そして、その背景について知りたいと思うようになった。

ところで、そのための手がかりのひとつは、わたしの病気の事例のなかにあった。わたしは最初、病院に通って病気を治そうとした。けれどもなかなかよくならず、それが近代医療では治すことができないものではないかと案じた友人から、治療師に診てもらうことをすすめられた。その結果、病気は精霊によるものであることがわかった。

人びとのあいだでは、こうしたさまざまな霊、あるいは邪術（意図した相手に危害を加えるために使われる秘密の知識や技術）によって引きおこされる病気は、伝統医療でしか治すことができないと考えられている。そのため、近代医療の治療を受けているにもかかわらず病状がよくならないと、霊や邪術を原因とする病気が疑われ、伝統医療が利用されることになるのだ。わたしの病気の事例がまさにこれである。

このように、人びとのあいだで伝統医療と近代医療は、「伝統医療＝霊や邪術による病気／近代医療＝それ以外の病気」という具合に、「守備範囲」が異なる（役割分担している）ものととらえられている。だから、近代医療が普及しているにもかかわらず、伝統医療はすたれることなく使われているのだ。最初、わたしはそのように理解した。
しかし、フィールドワークをすすめるうちに、この理解はまちがっていないものの、それだけでは不十分であることがわかってきた。

2　薬草にたいする人びとのみかた

伝統医療が盛んに使われている背景を探るため、トンゴア島でフィールドワークをしたときにはさまざまな調査をおこなったが、そのひとつに、病歴調査がある。この調査では、対象とする相手に過去数年間に罹《かか》った病気をおぼえているかぎりあげてもらう。そして、それぞれの病気について、症状が出たときはどのようなようすだったか、それにたいしてどのように対応したか、その結果はどうだったかといった具合に、時間軸に沿ってくわしい経緯を聞いていく。

わたしが住みこんだのは人口一五〇人ほどの村で、病歴調査は村の一八歳以上のおとなたち全員（五九人）にたいしておこなった。その結果、一〇〇を超える病気の事例が集まった。そして、それらを分析していくと、村人たちがどのような場合に伝統医療を使うのかが浮き彫りになった。

たしかに、集まった事例のなかには、わたしの病気の事例のように、島の保健所など（近代医療）で治療しようとしていたにもかかわらず、治らないので霊や邪術による病気が疑われ、伝統医療の治療師に診てもらったという事例がたくさんあった。また、突然の痙攣《けいれん》をはじめとしていくつかの症状は霊や邪術による病気に特有のものとされており、こ

写真2　患者（左）を診るトンゴアの伝統医療の治療師（右）

うした症状が出たために最初から伝統医療を利用している事例も見られた。これらはいずれも、先にふれた「伝統医療＝霊や邪術による病気／近代医療＝それ以外の病気」という図式にあてはまる。

　ところが、事例のなかには、デング熱やマラリアといった蚊が媒介する熱病、あるいは性病の一種の淋病などに罹《かか》った村人が、それに効くとされる伝統医療を使っている事例も少なからずふくまれていた。それらはいずれも、「近代医療で治療しようとしたものの治らないために霊や邪術による病気が疑われ、伝統医療が使われた」という事例ではない。デング熱やマラリア、淋病は、霊や邪術による病気におき換えられることなく、あくまでもデング熱、マラリア、淋病として位置づけられ、それに効果があるとされる伝統医療が使われているのである。こうした事例は、「伝統医療＝霊や邪術による病気／近代医療＝それ以外の病気」の図式にはあてはまらない。

　デング熱、マラリア、淋病といった病気に効くとされる伝統医療は、いずれも薬草を使ったものである。トンゴア島民の伝統医療の中核をしめているのは薬草で、その知識の有力な担い手は治療師や年配の人びとである。そのことをふまえて、フィールドワークのときには、こうした人びとにたいして個々の知っている薬草の種類や効能に関する聞きとりもしてみた。しかし、病歴調査とちがってこちらは相手から拒否されたりすることもあり、かんたんにはいかなかった。相手とのあいだに十分信頼関係を築けていなかったフィールドワークの前半は、とりわけそうだった。

ひとつのエピソードを紹介しよう。フィールドワークをはじめてまもないある日のこと。住みこんだ村の広場で老人たちが世間話に興じているのを目にしたわたしは、輪に加わろうと近づいていった。すると、ひとりの老人に、出しぬけにこういわれたのである。

「わしらの伝統医療に大したものはない。おまえが探しているものはない」

唐突に投げつけられたそのことばにおどろき、語気の強さと老人たちの疑念に満ちた眼差しにおじけづいたわたしは、その場を離れざるをえなかった。

写真3 トンゴア島でわたしが住まわせてもらっていた家（後方）と、その主一家の子どもたち

村で居候させてもらっていた家にもどり、家長の息子でわたしにとっては兄のような存在だった男性にそのことを話すと、彼はすこし困ったような顔をしてからこういった。

「奴らはおまえのことを、おれたちの生活や習慣を知りたいといいながら、じつはビジネスをするために村にきたと思っているんだ。おれたちの知っている薬草を日本にもち帰って、工場で薬剤にして大もうけしようとしていると考えているんだよ。だから、いきなりそんなことをいったんだ。心配しなくていい。おりをみて、奴らの誤解を解くよう、ちゃんとおまえのことを説明するから」

村についてすぐ、わたしは広場に集まってくれた人びとを前に自己紹介し、フィールドワークの目的などを説明していた。日本の大学の学生であること、島の生活や習慣を学びにきたこと、とくに伝統医療のことを知りたいこと、などなど。しかし、それでもなお一部の人びとは、それだけにとどまらない真の目的がわたしにはあるとにらんでいたのだった。

ただ、先のエピソードのようにネガティブな反応を示す人びとばかりでなく、逆にわたしにたいして積極的にアプローチしてくる人びとも、わずかだがいた。たとえば、薬草のことをとりわけよく知っているとされる治療師のひとりから、こんな話をもちかけられたことがあった。

「西洋医療にはエイズの治療薬がまだないらしいが、じつは、自分はエイズに効く薬草を知っている。だから、それを日本にもち帰って実験室でエイズの治療に効果のある物質をとりだし、薬剤をつくってくれ。それを使ってふたりでビジネスをしようではないか」

フィールドワークをつうじて島の人びとと接するなかで、わたしはこのように真逆ともいえるようなリアクションに出会った。ただし、対照的であるものの、それらはどちらもわたしにたいする共通のみかたにもとづいている。いまだ開発されていない近代医療の薬剤をつくりだしてひともうけするために、原料となる薬草を探しまわっている者というみかたである。わたしは、いわば「プラントハンター」のような存在とみられていたわけだ。

そうしたみかたは、わたしからみれば誤解もはなはだしいものである。そのせいでフィールドワークがうまくいかなくなってしまうとすれば大問題だ。しかし、伝統医療が盛んに使われている背景を理解するというフィールドワーク、および研究の目的との関連でいえば、それはむしろ大きなヒントとなるものだった。

人びとのわたしにたいするみかたからは、伝統医療のなかで使われている薬草のなかには近代医療の薬剤の原料になるものがある（したがって、ビジネスの対象にもなる）と彼らがとらえていることがわかる。つまりそこでは、伝統医療と近代医療は「伝統医療＝霊や邪術による病気／近代医療＝それ以外の病気」といったかたちで「守備範囲」のちがう異質なものと位置づけられているのではなく、重なる部分をもつものとしてとらえられているわけである。加えて、薬草の知識を豊富にもつ治療師や年輩の人びとのなかには、わたしにビジネスをしようともちかけてきた治療師のように、近代医療ではまだ治療薬や特効薬が開発されていないエイズやデング熱などの病気に効果がある薬草の知識をもっているという者もおり、なかにはそうした難病の患者を治療しに隣国まで出かけているような者もいる。

このように人びとは、伝統医療のなかで使われている薬草には近代医療の薬剤と同じようなものがあり、エイズなどの難病に効果のあるものもふくまれているととらえている。そのこともあって、伝統医療は人びとのあいだで盛んに使われているのだ。フィールドワークが終わるころ、わたしはそのように理解するようになっていた。

3　文化人類学のフィールドワークの醍醐味

文化人類学のフィールドワークでは、通常、先に紹介したわたしの伝統医療体験の場合のような参与観察、あるいは病歴調査のようなインタビューなどをつうじて情報を集めていく。それとともに、伝統医療の利用に関するわたしの理解が変わっていったように、研究者のフィールドワークのテーマや研究テーマをめぐる理解も修正されていく。

しかし、必ずしもインタビューや参与観察によって目的的（意図的）に得られる情報だけで研究がすすんでいくわけではない。研究者が相手の人びとにたいしてインタビューや参与観察をするように、フィールドワークのときには相手の人びとも研究者のようすを注視し、いろいろたずねたりする。そして、研究者にたいする彼ら彼女らなりのみかたを構築していく。インタビューや参与観察で得られる情報だけにとどまらず、たとえばふとしたことで垣間みえてくるそうした人びとの側の研究者にたいするみかたなどもまた、わたしの場合がそうだったように、研究上の大きなヒントとなることがある。

そんなことが起きるのも、文化人類学のフィールドワークがもっている特徴（現地で長期間暮らし、現地語を習得しておこなうこと）と無関係ではないだろう。あらかじめ準備した質問票や観察プランに沿ったインタビューや観察だけをして短期間でさっと帰っていくかけ足の現地調査では、おそらくそうはいかないのではないか。だから、文化人類学のフィールドワークはおもしろい。

白川千尋（しらかわ・ちひろ）

本文でとりあげたトンゴア島でのフィールドワークに先立ち、その前年におこなった数か月の予備調査が、わたしのはじめての本格的な文化人類学のフィールドワークである。ただ、本格的とはいえないが、青年海外協力隊員のときに治療師に診てもらったことをきっかけとして現地の伝統医療に関心をもち、余暇時間を利用してヴァヌアツ人の友人たちや治療師たちに聞きとりなどをしたことがあった。個人的にはそれが自分のフィールドワーク経験の原点だと思っている。

＊　＊　＊

■わたしの研究に衝撃をあたえた一冊『噴火のこだま　ピナトゥボ・アエタの被災と新生をめぐる文化・開発・NGO』

一九九一年にフィリピンのピナトゥボ山が大噴火し、周辺の先住民アエタは壊滅的被害を受けた。それまでアエタ社会の研究をしていた著者は、研究のみならず彼らの生活再建にもかかわるようになる。本書では、その実践的活動に関する省察と、苦難をのりこえようとする人びとのようすをめぐる文化人類学的考察とが、緊密にむすびついたかたちで提示されている。本書は、学問と実践的活動のかかわりあいに強い関心をもつわたしに、ひとつの理想形を示してくれた一冊である。

清水展著
九州大学出版会
二〇〇三年

人間の営みを学際的に探る
貝類採集からみる干潟の漁撈文化

――池口明子

1　干潟の漁撈文化とは？

春の大型連休のころ、潮がよくひく晴れた日の干潟は、家族連れのレジャー客で大にぎわいになる。彼らのおめあてはアサリ。クマデで砂を掻き、アサリが見つかると、子どもは大さわぎ。お母さん・お父さんは、黙々とみそ汁の具を集める。

潮干狩りがおこなわれる海岸ではアサリを放流しているところも多く、とれる貝はほぼアサリだけという印象をもつ読者も多いだろう。しかし、日本各地の潮干狩りを見ていくと、じつはさまざまな貝類やカニ、ナマコや海藻などが採集されている。さらに、各地の貝塚に見られるように、干潟での採集活動は古くからおこなわれ、しかも時代によって採集対象が変わることもある。

こうした干潟の採集活動が、どのような技術や知識でなされているのか、それが地域の自然環境や社会とどのような関係にあるのかを考えるのが、干潟の漁撈文化を研究するひとつのアプローチである。

2　干潟文化を探る

筆者が専門とする文化地理学の古典的な方法に、「文化圏」の研究がある。漁撈文化研究の場合、各地に見られる漁具や漁法の形態を調べ、その分布パターンを示して、なぜそのようなパターンが形成されたのかを、地域の自然環境や社会との関係から説明したり解釈したりする。この手法を最初に干潟漁撈文化の研究にとり入れたのは、海洋民族学者の西村朝日太郎である。西村は、干潟文化の指標として潟板《がたいた》（いわゆる「潟《がた》スキー」）をとりあげて、その形態を小舟型の上海タイプ、ハンドルつきの広東タイプ、ハンドルのないもっとも原始的な東南アジアタイプの三つに区分して文化圏を示し、泥干潟の分布との対応をあきらかにした[1]。ここでは、漁撈文化は泥干潟という環境に適応して形成されるが、その形態は同じではなく、民族の移動にともなって近隣地域に伝播していく歴史を反映して異なる文化圏が形成されることが、示唆されている。

近年の漁撈文化地理学では、たんに分布域を示してその理由を推測するのではなく、漁業者本人がどのように環境を認識し、それを利用するのかを調べることによって、漁撈技術と環境の関係をあきらかにしようとする研究もおこなわれるようになった[2]。ただし、それらの多くは漁船漁業に関するもので、干潟の漁撈文化研究はずいぶんとたち遅れている。

理由のひとつに、そもそも干潟という環境やその独特な生態系が広く社会に認識されるようになったのがごく最近だということがある。日本の干潟は、一九四五～七八年の三二年間に、八万二六二一ヘクタールから五万三八五六ヘクタールへと三四・八％が埋め立て

西村朝日太郎
一九〇九―一九七。文化人類学者。世界の漁撈文化の研究に、自然と文化の相互作用を解明する文化生態学的アプローチを導入した日本の海洋民族学者の草分け。代表的な著書に『海洋民族学　陸の文化から海の文化へ』（ＮＨＫブックス）がある。

によって消滅した。(3) そうした状況のなかで一九六〇年代後半～七〇年代にかけては、各地で干潟保全運動が活性化した。一九八九年に着工された長崎県の諫早《いさはや》干拓ではとりわけ大規模な反対運動が起こり、メディアも大きくとりあげて、「干潟」という用語が社会的・科学的に頻繁に使われるようになった。

もうひとつの理由は、多くの地域で干潟における漁撈活動は経済的にとるにたりないものと思われていたことがあげられる。従来、干潟に棲む貝類などの底棲生物を採集する主役は、地元集落に住み、家族のおかずをもとめる女性たちであった。

これらの干潟採集物は、家族の自給や年中行事の食事などにとっては重要な価値をもっていたが、一般にその換金価値はちいさかった。換金価値が重要視される社会になるにつれて、干潟における採集技術や採集労働の価値が低く評価されてきたことが、干潟消滅の大きな要因になったと、わたしは考えている。

そうした意味でも、人びとの営みを「歴史的に形成されてきた文化」として位置づけ、あきらかにすることがもとめられる。

諫早干拓
「泉水海」ともいわれる諫早湾には沿岸の山地から大小の河川が流れこむほか、豊富な地下水が海中に湧出し、固有かつ豊富な生物相を支えてきた。一九八九年着工の干拓事業は干潟をふくむ三五五〇ヘクタールの浅海を消滅させる大規模なもので、これによる干潟生態系の変化や漁業被害が大きな社会問題となっている。

3　まずは貝を知る

さて、ある地域の干潟漁撈を知るためには、どんなフィールドワークがいいだろうか。干潟に面した村にいって、村人に聞きとりするとしよう。「どんな貝がとれますか？」と聞く都会育ちの調査者に、村人はこう答えるだろう。「アサリだね」。それを鵜呑みにしては、調査は不十分だ。実際に干潟に出て、採集する人びとのバケツの中をのぞくと、そこにはアサリとはちがうさまざまな貝類がはいっていることに気づくだろう。村人は、調査者がわかりやすいようにことばを選んで話しているのであって、調査者が知りたい干潟の生物利用は、その会話の向こう側にあるのである。では、どうしたらより実態にちかづけるのだろうか。その答えは、「まずはその干潟の貝を知る」である。

わたしが干潟漁撈の調査をはじめたのは、干潟の貝類学専門家である名和純さんの案内で沖縄の干潟を歩いてからである。沖縄の海といえば、だれもが色とりどりのサンゴ礁を思い浮かべることだろう。わたしも、名和さんに案内されるまでは、沖縄の干潟についてまったく無知であった。

名和さんによれば、沖縄島および宮古・八重山諸島の二五の干潟で、一〇三科五七八種もの貝類が記録されている(4)。この多様性は、マングローブや河口汽水域、泥、砂、岩礫、海草藻場《もば》やサンゴ礫など、さまざまな生息環境を反映している。日本では沖縄島にしか分布しない貝類も多く、熱帯域に分布の中心があって沖縄島が北限と考えられる種や、日本本土あるいは中国黄海沿岸に分布の中心がみられるものがある。こうした分布は、浮遊する幼生の分散のみならず、かつて中国大陸と陸続きであった琉球列島の地史との関係から理解できる可能性もあるという。このように、沖縄の干潟の貝類は、ミクロで多様な環境や、その歴史性を反映して、高い多様性を示している。

干潟で漁撈を営む人びとは、こうした異なる環境や生物を目にし、選び、採集することをとおして、干潟を理解しているはずである。干潟の漁撈文化を調べるには、「アサリ」だけではなく干潟ごとに異なる多様な貝類を知り、そのミクロな環境を知ったうえで、地域住民がそれらをどのように認識し、利用してきたのかをあきらかにする必要がある。

4　干潟の営みを調べる

名和さんとともに沖縄の干潟を歩いたわたしたちのグループ「潟の生態史研究会」は、漁撈文化に関心をもつ地理学者、人類学者、貝類学者などの研究者のほか、地域の生物相に関心をもって保全活動をする市民も加わった、多彩なメンバーで結成された。わたしが調査を担当したのは、沖縄本島北部に位置する羽地内海《はねじないかい》である。[5] 羽地内海では、貝が二〇〇種以上、野鳥一九四種が確認されているほか、多くの魚類やエビ・カニ類、ナマコが生息している。

ここで名和さんに、干潟の底質のタイプ（砂、泥など）や潮位に応じた干出《かんしゅつ》（海水面上に現れる）程度、淡水の混じり具合など、干潟に見られる多様な環境を代表するような貝で、食べられそうな大きさの種を五〇種選んでもらった。これらの貝殻標本をつくって箱に入れ、村人の家をたずねながら、採集や食用について聞きとり調査をすることにした。

まずは、地域で干潟の保全活動をしているメンバーに、村に長く住む何人かのお宅を紹介してもらう。たずねた先は、おもに六〇～九〇歳の〝先輩〟たちである。「海へいって、何をとりますか？」と訊けば「アサリ」と答えていたおばあさんも、箱からとりだした地元の貝を見ると「これは〝やじーな〟（リュウキュウアサリ）」「これは〝たんぱらみなー〟（リュウキュウアリソガイ）」などと、村のことばで説明してくれるように

潟の生態史研究会
名和純氏をつうじて干潟や貝類に関心をもった市民や研究者を中心に、二〇〇〇年に沖縄島で結成された研究グループ。貝類を中心とした干潟の生物が、地域によってどのような固有性をもつか、これら生物の採集や流通、食べかたといった「潟文化」が地域によってどのような固有性をもつか、などを中心テーマとしている。

A リュウキュウザルガイ
（殻高56.1、殻長50.4）

B スエヒロガイ
（殻高143、殻長255）

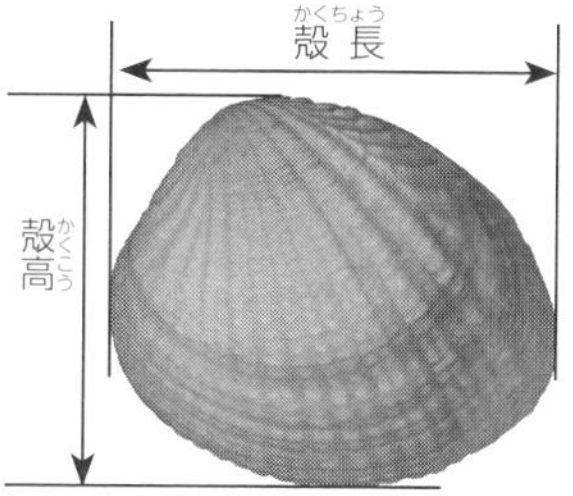

C アラスジケマンガイ
（殻高35.7、殻長48.4）

D ヤエヤマスダレ
（殻高33.3、殻長41.7）

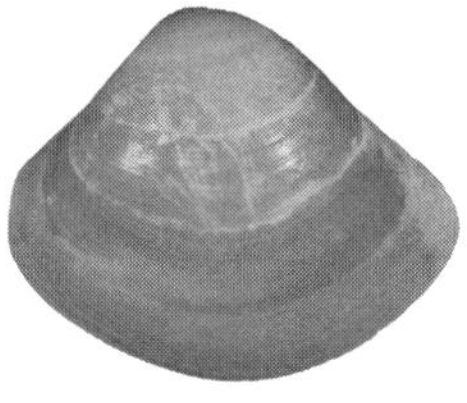

E リュウキュウアリソガイ
（殻高68.7、殻長83.8）

F イオウハマグリ
（殻高28.0、殻長30.8）

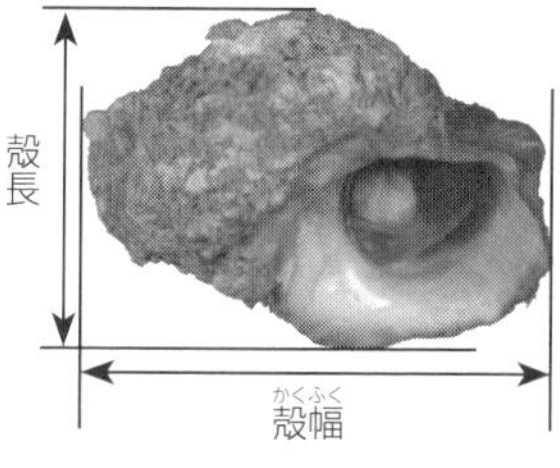

G カンギク
（殻幅22.2、殻長14.4）

H ウミギク
（殻高65.3、殻長62.0）

I マスオガイ
（殻高31.8、殻長61.0）

写真1　羽地内海の干潟で採集される貝の例（「殻高」「殻幅」「殻長」の単位はmm）

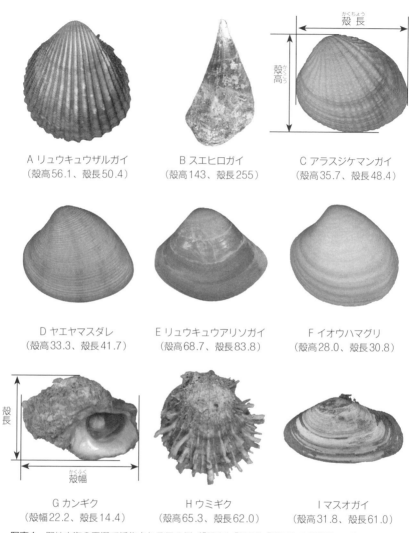

なる。

村での呼び名を調べるとどんなことがわかるか、いくつかの発見をあげてみよう。

ひとつめは、採集している人たちならではの、貝の生態を理解する方法や、その楽しみかたである。たとえば、「まーすけーなー」とはリュウキュウザルガイ（前ページ写真1-A）という二枚貝で、意味は「塩（まーす）」貝である。この貝が生きているうちに殻のあいだの外套膜に塩をぬると、足を出して塩をのぞこうとする。そのようすが、貝が踊っているようでおもしろいと、みんなが笑う。人が塩をぬって遊ぶから「塩貝」。つまり、人のはたらきかけと貝の生態の両方があってこその名前なのである。

ふたつめは、同じ種類の貝であっても、村や集団の単位で呼び名が異なるものがあることである。

たとえば、大きな殻をもち、砂地に埋まっているスエヒロガイ（写真1-B）は、大きな貝柱を目的に、大潮の干潮時に盛んに採集される。この貝は、内海の北側の集落では「きらぶぃ」、南側の集落では「とぅいみなー」と呼ばれていた。「きらぶぃ」の語源は不明であるが、「とぅいみなー」とは「鳥（とぅい）貝（みなー）」である。ある女性によれば、この貝は子どものうちは海にいて、大きくなるとその殻を羽のように羽ばたかせて鳥になって飛んでいくから、この名前がついたのだという。

このように、村によって異なる名前をもつ貝があるいっぽうで、羽地内海の沿岸一帯で同じ「きぶぃ」または「きぶぃなー」と呼ばれる貝がある。この貝（アラスジケマンガイ、写真1-C）は、戦前から市内の市場などで販売され、広い地域に流通していたために、共通の名前が使われるようになったのだろう。

その他の多くの貝類はもっぱら自給用であり、ご近所でのおすそわけのように小さな空間で流通していたことが、名前のちがいと関係していると考えることができる。

貝の標本を前にして名前を聞いたら、次に知りたいのは、採集方法や採集後の利用方法である。これらの実態は、話を聞くだけではなく、実際に干潟に出かけて採集のようすを観察したり、調理や食用をともにしたりしてはじめてわかることが多い。同時に、過去にどのような利用がおこなわれ、それがどう変遷してきたのかを知るためには、聞きとり調査をあわせておこなうことも重要である。

羽地内海の干潟における採集活動を観察すると、沿岸集落以外からやってきたレジャー客や親子は、潮干狩り用のクマデを使って砂を掻いている。採集するのはアラスジケマンガイやヤエヤマスダレ（写真1−D）など、アサリと同じマルスダレガイ科の二枚貝で、同様にみそ汁などにして食べる。

いっぽう、沿岸集落からくる年配の世代では、「あさんじゃに」と呼ばれる堀棒《ほりぼう》（写真2）で砂を突く人が多い。この棒で砂をつつくと、砂に埋まっている二枚貝がおどろいて水管から海水を吐いて殻をとじようとする。潮の吹きかたは貝の大きさや水管の太さによって異なり、これを見分けて貝を掘りおこすのである。この方法は、座って砂を掻きつづける方法にくらべると姿勢が楽で、貝の反応を

写真2　「あさんじゃに」は、かつて主食用に畑でつくったサツマイモを掘りだす道具で、干潟でも砂にさして貝をおどろかせて潮を吹かせたり、深く潜る貝を掘りだしたりするのに使われる（2002年筆者撮影）

見る楽しみもあり、今日まで続けられている。

採集される貝は、マルスダレガイ科の貝だけではない。吹く潮が太くて大きいバカガイ科のリュウキュウアリソガイ（193ページ写真1－E）やイオウハマグリ（写真1－F）、前述のリュウキュウザルガイなど、レジャー客にくらべるとはるかに多種の貝類が採集されている。しかし、レジャー客が増え、貝が減った現在では、「あさんじゃに」による採集はむずかしくなっているという。

沿岸集落の人びとによる採集のもうひとつの特徴は、潮位に応じて異なる貝類を採集していることである。羽地内海では、あまり潮がひかない小潮のときは、岸近くに多い岩や礫に付着する巻貝カンギク（写真1－G）やカキを採集する。大潮で潮がひくときには、沖合までいってスエヒロガイやウミギク（写真1－H）など大型の貝類をとる。このときには、手づくりの道具や水中をのぞく箱メガネなどを使うこともあり、さながら干潟の「海女」のような様相である（写真3）。

年配の村人に聞きとりをするうちに、こうした「海女」スタイルの採集活動は一九六〇年代以降に一般化したことがわかってきた。理由のひとつは、戦後すぐまで、干潟での採集はこの地域の主たる生業であった農業にくらべて生産性のちいさい劣った労働とみなされ、沖合で長時間採集することがむずかしかったことがあげられる。とくに男性が干潟に出ると「怠け者」といわれ、採集がむずかしかったという。もうひとつの理由として、干潟の貝類資源が豊富であったことがあげられる。沖合までいかずとも、近場の干潟にはぎ

写真3　大潮の干潮時には，潮間帯（高潮時と低潮時それぞれの海岸線のあいだの部分）よりも深い場所で、箱メガネを使った採集活動がおこなわれる。おもな採集物は、スエヒロガイとウミギクである（2003年筆者撮影）

っしりと貝があったと、多くの村人が口をそろえる。環境変化の大きな要因は、農地開発による赤土の流出である。農地開発がはじまった七〇年代なかごろとその一六年後の空中写真を見くらべると、藻場《もば》が広がる干潟に茶色い赤土が堆積していくようすがよくわかる（写真4）。このように、干潟の採集活動は、集落での生活や干潟環境に影響を受けながら変化しているのである。

写真4　農地基盤整備事業後の羽地内海の干潟のようす。上が1977年、下が1993年。藻場が広がる干潟が赤土（明るく見える部分）におおわれるようすがわかる（国土地理院撮影空中写真より作成）

5　文化の地域性を探る

ある地域で貝類の採集活動や民俗知識を調べていくと、その文化がどの範囲の地域と共通性をもっているのか、どのように連続しているのか、あるいはどれだけ独自な文化といえるのか……すなわち「文化の地域性」を知りたくなってくる。自然環境の利用から生まれた文化の地域性を知るためには、自然環境の区分を知ることが必要になる。わたしたちは干潟を利用して生まれる文化を調べてきたが、そもそも「干潟」にはどんな自然環境がふくまれるのだろうか。

従来、さまざまな書籍で干潟が定義されてきたが、共通するのは、①潮間帯に形成される、②砂泥などの堆積地形である、③平坦である——という三つの条件である。(6) 干潟を形成する環境については、「外海の環境から遮断された河口域を含む内湾的な環境」(7)や、「……まず入江や湾によって十分に遮蔽されていること、すなわち海岸を浸食してしまう波浪の作用が弱いこと、また流入河川があり、それによる土砂の堆積作用があることなどの条件が必要」(8)など、河川が流入する内湾とする場合が多い。

しかし、実際にフィールドで潮間帯での採集活動を追っていくと、この定義にあてはまらない環境が多くあることがわかってきた。たとえば羽地内海では、砂ではなく礫を掻きわけてマスオガイ（193ページ写真1-1、写真5）を採集し、その後数十メートル移動して砂地の二枚貝を採集するといったパターンの活動も見られる。また。ベトナムのメコンデルタの潮間

写真5　羽地内海の礫干潟におけるマスオガイの採集（2004年筆者撮影）

帯に出れば、先が見えないほどの広大な干潟で多くの人びとがハマグリ類を採集する光景に出会う（写真6）。外洋に面したこの海岸の砂を堆積させるのは、河川というよりもむしろ波浪の力が強い。さらに、琉球列島ではサンゴ礁が波浪をさえぎることによってその内部に干潟が形成されるが、こうした干潟の形成環境は、これまで「干潟」の類型にふくまれることはすくなかった。各地の干潟漁撈文化の固有性やほかの地域との類似性を考えるためには、日本で典型的とされる内湾の干潟だけではなく、サンゴ礁地域や大陸沿岸などをふくめて広い視野で、干潟とそこにみられる文化を考える必要がある。

そこでわたしたちは、地形学、生物学、考古学、地理学、東アジア・東南アジアの地域研究を専門とするメンバーで、共同研究を開始した[9]。まず、地形学者の川瀬久美子さんは、干潟の立地条件にもとづく干潟の類型化をおこなった。堆積物からなる海岸の地形変化には、堆積物を供給したり運搬したりする河川・潮汐・波浪の三つの営力がはたらいている。どの営力が卓越するかに応じて、形成される海岸地形の様相は異なる。この三つの営力のうち、波浪と潮汐が卓越する地形では、海から運ばれる堆積物の影響が大きい。この営力のダイヤグラムに各干潟を位置づけることで、日本だけではなく世界の干潟環境と文化の関係を比較していくことができる。

考古学者の江上幹幸《えがみともこ》さんは、羽地内海の塩田遺跡を発掘し、東インドネシアの製塩法との比較をおこない、わたしは同じ羽地内海の貝類採集活動を、ベトナム沿岸の活動と比較

写真6　南シナ海に面したベトナム・メコンデルタの干潟でハンボリハマグリを採集する人びと（2005年筆者撮影）

した。こうした「文化の比較研究」はまだはじまったばかりであり、今後のさらなるフィールドワークによって、漁撈の技術と知識を指標とした「干潟文化圏」があきらかになることが期待される。

〈参考文献〉

（1）西村朝日太郎『海洋民族学　陸の文化から海の文化へ』日本放送出版協会　一九七四年
（2）田和正孝『漁場利用の生態　文化地理学的考察』九州大学出版会　一九九七年
（3）環境省自然環境局生物多様性センター『第二回自然環境保全基礎調査　海域生物環境調査報告書』一九八一年
（4）名和純「琉球列島の干潟貝類相（2）沖縄および宮古・八重山諸島」『西宮市貝類館研究報告』6号　二〇〇九年
（5）池口明子「干潟の住民参加型保全における〝地域住民の知識〟」松本博之編『海洋環境保全の人類学』国立民族学博物館調査報告97』二〇一一年
（6）山下博由・池口明子「貝の利用からみた風土としての干潟　生物地理学と文化地理学との対話」池谷和信編『生き物文化の地理学』海青社　二〇一三年
（7）日本ベントス学会編『干潟の絶滅危惧動物図鑑　海岸ベントスのレッドデータブック』東海大学出版会　二〇一二年
（8）秋山章男・松田道生『自然科学への招待1　干潟の生物観察ハンドブック　干潟の生態学入門』東洋館出版社　一九七四年
（9）山下博由・李善愛編著『干潟の自然と文化』東海大学出版部　二〇一四年

池口明子（いけぐち・あきこ）

わたしのはじめてのフィールドワークは、卒論作成のための渡名喜島《となきじま》での鉱物採集であった。集落から離れた海岸の露頭に、美しいスカルン鉱物がひっそりと輝くのを見て感動したのをおぼえている。その後何年もたってから、人びとの営みに関心をもつようになり、志摩半島の海女さんの潜水に同行させていただき、はじめての論文を執筆した。それ以来、海辺や河岸など、湿地の漁撈文化をテーマに東南アジアやカリブ海にフィールドを広げている。

＊　＊　＊

■わたしの研究に衝撃をあたえた一冊『インボリューション　内に向かう発展』

本書は、インドネシアとりわけジャワの湿田利用の技術と社会制度が、オランダによるサトウキビプランテーションの導入によっていかに変化したかをあきらかにした古典的名著である。東南アジア研究や人類学、開発論に大きな影響をおよぼしたことで知られるが、焼畑がおこなわれる山地部との比較から湿田の生態学的特性を示し、人の生存を支えていくその潜在力にせまった湿地文化の研究書ともいえる。記述のリズム感もすばらしいので、ぜひ原著を読むことをおすすめしたい。

クリフォード・ギアーツ著
池本幸生訳
NTT出版
二〇〇一年
（Clifford Geertz, 1963, *Agricultural Involution: the processes of ecological change in Indonesia*, University of California Press.）

ラオス水田稲作民の「のぐそ」を追う

――蒋　宏偉

けっして上品とはいえないタイトルにしたのには理由がある。それは、筆者が所属していた総合地球環境学研究所「熱帯アジアの環境変化と感染症」研究プロジェクト・チームが調査しているタイ肝吸虫（*Opisthorchis viverrini*）症の感染経路における、ラオス中南部住民の野外排便行為（すなわち「のぐそ」）の深刻性を読者に伝えたいからである。

1　なぜ「のぐそ」調査をするか

タイ肝吸虫症は、タイ東北部からラオスにかけて流行している重大な寄生虫病であり、胆管ガンを引きおこす原因の一種と考えられている。タイおよびラオスだけで、およそ一〇〇〇万人の健康に影響をあたえている[1]。一般的に、タイ肝吸虫の幼生（メタセルカリア）が付着したコイ科の淡水魚を生食することによって、人間はこの病気に感染する。胆管にはいりこんだタイ肝吸虫は、さまざまな病気の原因となるいっぽうで、そこで有性生殖をおこない、産卵する。この虫卵が人間の排便によって環境中に排出され、貝や魚類を媒介して再び人間の口にはいる。タイ肝吸虫症は、このような経路で感染をくり返す（図1）。

「熱帯アジアの環境変化と感染症」研究プロジェクト　熱帯モンスーンアジアの社会・生態系と健康・疾病プロフィールを「エコヘルス」（環境とそこに住む人びとの健康が密接につながっていること）として一体的かつ分野横断的に記載・分析するプロジェクト。ラオス、ベトナム、バングラデシュ、中国・雲南などで、マラリアや肝吸虫などの風土病的感染症と、環境や人びとの生活を調査し、エコヘルスが多様であることをあきらかにした。

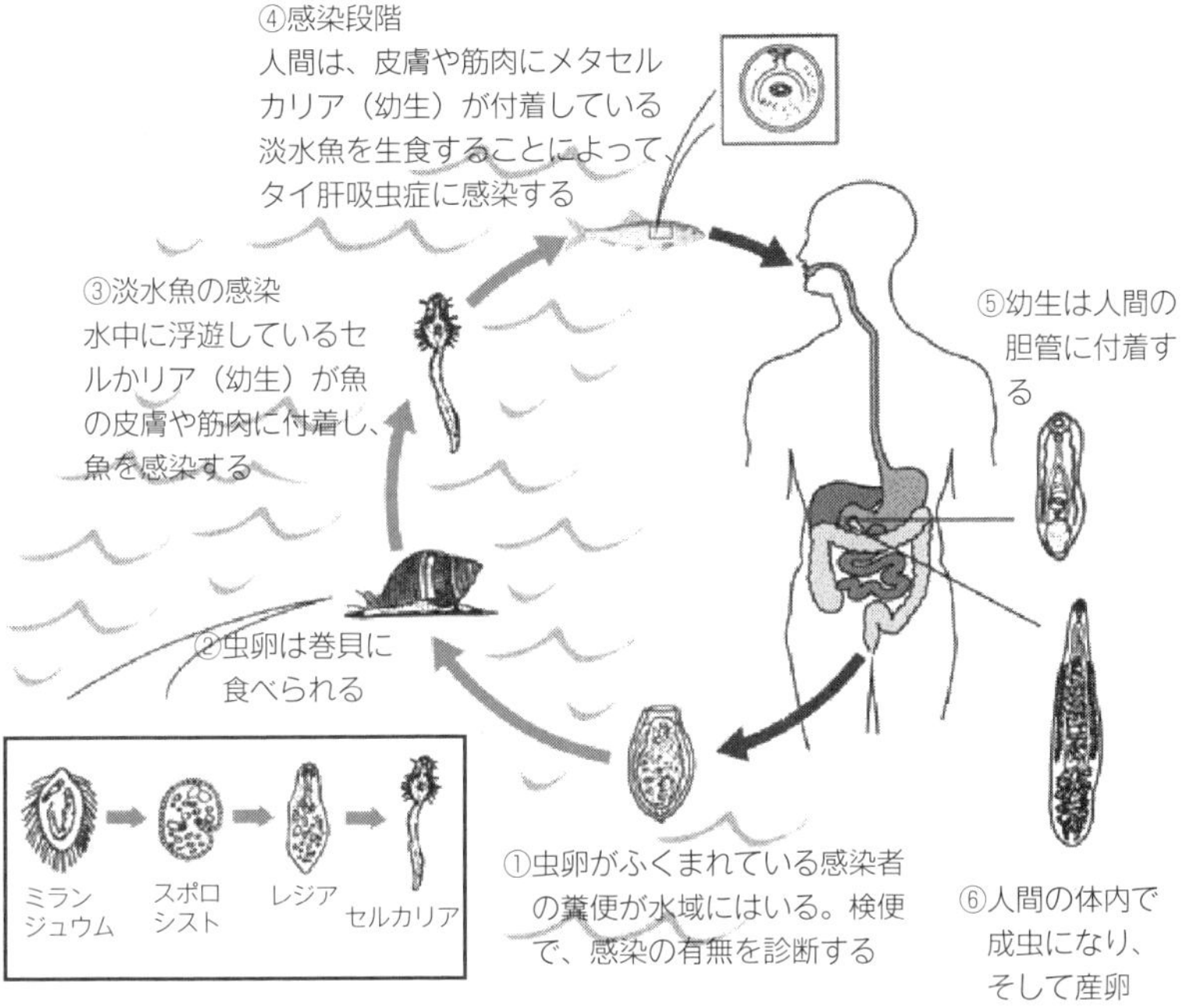

図1　タイ肝吸虫のライフサイクル
アメリカ疾病予防管理センター（CDC）によって作成された図。http://www.cdc.gov/dpdx/opisthorchiasis/index.htmlより作成

タイ肝吸虫症のもっとも一般的な治療方法は、感染者へのプラジカンテル投与である。一九九〇年代なかば、タイの公衆衛生当局は、魚の生食禁止などでタイ肝吸虫症の制圧を試みた。罹患率は、いったんさがったものの、政府の政策がゆるむと再び上昇に転じ、一部の地域は依然高い水準のままとなっている[2][3]。

魚の生食の制限と同時に、虫卵をふくんだ人間の糞便による水域汚染を防止することが有効である。いい換えれば、住民が野外での排便行為をやめれば、タイ肝吸虫症の感染はシャットアウトできるということだ。

しかし、現実にはなかなかそうはいかない。筆者たちの調査地では、政府および国際機関の援助でトイレの所有率は九〇%にたっしていたにもかかわらず、「のぐそ」行動はそれほど減っていない。従来の公衆衛生のやりかたでは、そうかんたんにタイ肝吸虫病をコントロールすることができないのである。

衛生当局は、魚の生食禁止や「のぐそ」の制限を住民が問題なく受け入れるだろうと考えている。しかし、実際にはそうではなく、これらの対策が現地社会に導入される際に、住民たちは彼らなりの解釈をする。「生魚、パーデークを食べるのをやめたら、何を食べればいいの?」「感染しても、どうせ治せる薬があるさ」「トイレをつくってくれてもいいけど、ウシの放牧のときに、魚をとるときに、田植えのときに、ウンコをしたくなったら、いちいち村にもどるのはめんどうくさいね」——。村落社会では、このようにさまざまな自分たちなりの考えかたが生まれてくる。いっぽうで衛生関係者は、「わたしたちは、あなたたちの健康のために一生懸命に働いているのだ。これぐらいは協力すべきだ」と思っている人が少なくないであろう。

プラジカンテル
ドイツの製薬メーカー、バイエルの寄生虫学グループによって一九七〇年代なかごろに開発された薬。この薬は、日本では一般的に、日本住血吸虫症、肝吸虫症、肺吸虫症、横川吸虫症などの治療に用いられている。

パーデーク
ラオスの一般家庭でつくられている調味料の一種。原料には、一般的にメコン川流域で生息しているさまざまな淡水魚が用いられる。体長一〇センチ以下の小型のものは内臓をとり、大型のものは頭部や鱗を除去し住民と衛生関係者のあいだの認識の隔たりが、タイ肝吸虫症コントロールの効率低下に関係している可能性がある。現場では、住民に受け入れられやすい対策が必要とされる。

このギャップを埋めるためにわたしたちの研究チームが考えたのは、まず対象村落住民の野外排便行動を理解するということである。そこで、人類生態学の人間行動調査の手法を用いて、それまで解決できなかった基本的な疑問に答えようとした。それは、「対象地域の住民が、どれほど野外排便をしているのか」「いつ、だれが、どこで、野外排便をしているのか」「なぜ、野外排便するのか」「糞便は、どのようなプロセスで周辺環境を汚染したのか」などである。

これらの疑問に答えるため、わたしは「のぐそ」調査を考案した。人類生態学では、人間行動の観察を研究手法の柱として、人間のエネルギー収支のバランスや自然空間の利用などを評価する。「のぐそ」のようにけっして人に見せられない行動の調査は、通常は不可能である。信頼できるデータをとりつつ、なおかつ調査参加者のプライバシーに配慮する方法論を確立することが、この調査研究の要であった。

2　人間行動調査から「のぐそ」の追跡へ

行動調査は、もともとは動物生態学で動物の行動を解明するために発展してきた研究手法で、一九七〇年代なかばから人間行動研究にも用いられるようになった[4]。人間の生態学研究において、人間の行動調査は、おもに研究対象者の行動パターンを把握するために用いる重要な研究手法である。従来の行動調査がとりあつかってきた行動の側面には、活動

て切り身にし、魚にたいして重量比二五％ほどの塩と、コメぬかを加えて甕《かめ》に入れて重石をかけ、半年から一年ほどかけて発酵させる。ラオスおよびラオス族の多いタイ東北部では、成人ひとりあたりの月間消費量は五〇〇グラムにたっするという。

（労働）時間、活動にともなうエネルギー消費、単位時間あたりの活動効率などがある。[5]

調査を大きく分類すれば、直接観察と行動内容のリコールという二種類がある。[6] 代表的な直接観察法は、「スポットチェック法」という。観察日、観察時刻、観察対象をランダムに選定して観察をおこない、対象者集団の行動パターンあるいは行動の時間配分を推定する手法だ。ところが、通常のスポットチェック法では、一年をとおして対象者の観察をおこなってはじめて、対象者集団の行動時間配分の推定が可能になる。所要時間の長さがスポットチェック法の大きな欠点である。

そこで、時間を短縮したスポットチェック法が開発された。門司《もじ》和彦氏らは人間活動周期（たとえば「雨季と乾季」「農繁期と農閑期」）にもとづいて調査時期を設定し、「時間短縮スポットチェック行動調査法」を試みた。[7][8] 調査時間の短縮にともなって生じるデータのかたよりは、観察回数を増やすことによって克服した。ただし、調査者が直接観察できる人数には限度があるため、短期間で観察数を増やすためには調査者の人数を増やす必要がある。

行動内容のリコールとは、調査者による聞きとり、あるいは調査対象者自身に記録してもらうことで、過去の一定時間間隔における行動内容を調べる方法である。この方法は、ひとりの調査者が調査できる対象者の数を大きく増やせるメリットがある。いっぽうで、データの質が、調査対象者の記憶ならびに調査者と対象者の信頼関係に左右されてしまう。対象者集団の生産・生活に関する一定の知識および対象者との信頼関係がないならば、このリコール法の使用はさけたほうがいい。

かつて感染症研究者は、直接観察（のぞき見）や聞きとりによって、タイ肝吸虫症など

門司和彦
一九五三年生まれ。保健学博士。総合地球環境学研究所名誉教授。二〇〇七年から二〇一三年まで、プロジェクトリーダーとして総合地球環境学研究所の研究プロジェクト「熱帯アジアの環境変化と感染症」に関する研究をおこなってきた。

の寄生虫病の流行地域での野外排便の実態をあきらかにしようとした。しかし、直接観察は住民のプライバシーへの配慮を著しく欠いており、住民の文化的背景に関する理解や、住民との信頼関係に立脚するものではない。また、聞きとりでは排便場所を正確に特定することが困難である。結果、それらの調査は往々にして失敗に帰す。

従来の行動調査法は、「いつ、何をしたか」あるいは「何にどれくらい時間をついやしたか」など、人間行動の時間配分を測ろうとする研究方法である。しかしこれは、対象者の行動パターンを理解するにはおおいに役立つものの、対象者がどこ・どのような場所で、どのように行動しているか、そして、その場所からどのような影響を受けているかなど、人間行動に関する詳細な空間情報が十分に得られるとはいえない。とくに、タイ肝吸虫症の流行地域で、「のぐそ」をした場所、また寄生虫卵がふくまれている糞便はどのようなプロセスで環境を汚染したのかを考察する際に、正確な空間情報が得られなければ、調査そのものの意味がなくなってしまうおそれがある。

そこでわたしは、従来の人間行動調査法をふまえて、ポータブルGPSロガー、加速度計を用いたあたらしい人間行動調査法を開発した。

近年、IT技術の躍進によって、GPSロガーの小型化・軽量化がすすみ、精度も大幅に改善された。GPSロガーの経時的な記録によって、人びとの活動の位置情報をかなり正確にあきらかにすることができる。そして、これらの位置情報にもとづいて、直接観察と人びとの記憶によってもたらされた活動データのかたよりを検証することができる。GPSロガーおよび加速度計を併用する方法は、人類生態学、人類学のみならず、保健学および公衆衛生の分野にも積極的に応用されるようになってきている[(9)(10)]。

加速度計は、もともと対象者の活動強度を記録する装置であり、一般に研究対象者のエネルギー消費を測るために用いられる。２Ｄセンサーで対象者の上下運動も経時的に記録できるため、わたしたちの調査では排便行動の有無の検証に用いられた。

かいつまんでいえば、「のぐそ」の追跡および分析方法は三つの側面で構成される。それは、第一に従来の行動調査方法による人びとの行動パターンをあきらかにすること、第二にＧＰＳロガーの記録による対象者の行動空間情報（「のぐそ」行動をふくむ）をあきらかにすること、第三に加速度計の動き強度の記録や参加者がメモした排便時間による「のぐそ」行動の正確な時刻をわりだすこと――である（図２）。この三つの側面から収集した情報で、対象者集団における「のぐそ」の実態およびその要因を探っていく。

3　ラオス調査地における「のぐそ」追跡の実践

「のぐそ」追跡調査は、ラオス・サワンナケート県ラハナム地区Ｔ村の住民を対象におこなわれた（図３）。二〇一二年現在、Ｔ村では一九八家族（六二一世帯）、一〇四六人が生活している。Ｔ村の住民は、稲作中心で生業を営んでいる。水田面積は五〇七ヘクタールである。副次的な生業として、村落住民は水田漁撈も積極的におこなっている。一九八〇年代以降から、国際機関および政府の援助で水利施設が建設され、稲作は雨季の一期作から雨季と乾季の二期作に転換された。とくに乾季作では、洪水の被害がないので安定的な収量をもたらし、村落住民の食糧供給の充足におおいに寄与してきた。しかしいっ

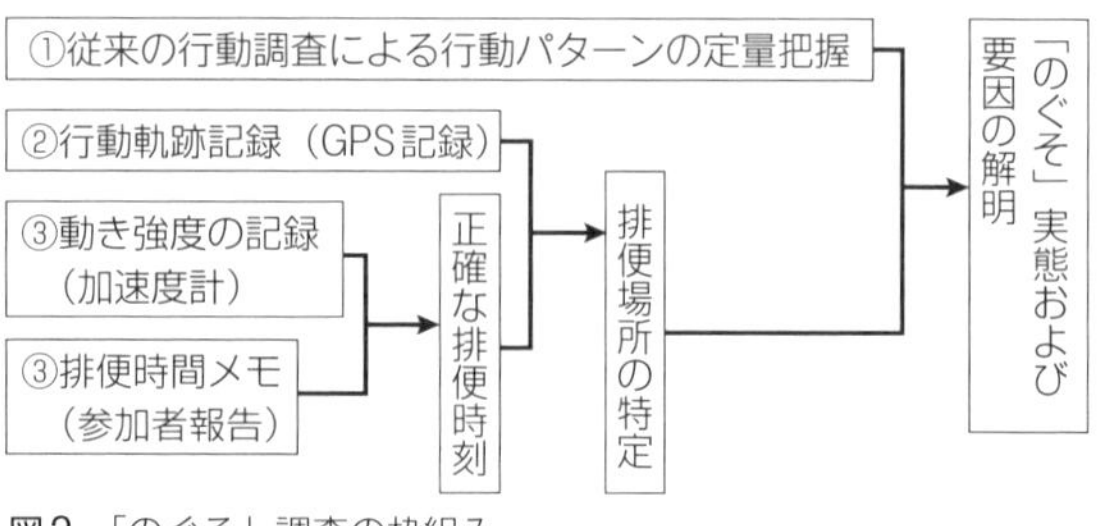

図2　「のぐそ」調査の枠組み

ぽうでは、二期作の実施によって水田が一年中冠水するようになり、タイ肝吸虫の第一中間宿主マメタニシ（*Bithynia*）にとって好都合な生息環境が一年中つくりあげられることになった。このことがタイ肝吸虫の拡散におおいに寄与していることは否めない。

行動調査では、野外行動と野外排便の関係を重点的に調べた。

野外活動の分類として、水田作業、畑作業、漁撈活動、家畜の放牧、採集活動、狩猟の六種類を用いた。このような分類を用いたのは、対象者の生業活動の時間配分を知るためだけではなく、「これらの野外活動の過程で、対象者が野外排便をおこなったかどうか」「どの野外活動が野外排便と関連しているか」という問題を解明するためであった。そこで、行動調査に加えて、調査対象者には排便時間の記録も依頼した。

実際の調査は、以下のように実施した。

第一、調査参加者に二種類の調査機器、加速度計（Suzuken, Lifecorder EX）とポータブルGPSロガー（Holux M241）を装着する。

第二、参加者に、排便のたびにその時間をメモ用紙に記録してもらう（次ページ図4）。

第三、毎日調査機器の状況を確認する際、調査参加者の昼間（六：〇〇～一八：〇〇）の一時間ごとの行動内容の聞きとり（リコール調査）をおこなう。

加速度計を装着したのは、メモ用紙に記録された排便時点

図3　調査対象地のラオス・サワンナケート県ラハナム地区

の動作を検証するためである。いっぽう、GPSデータからは野外（水田、森林、池、河辺など）の滞在時間および排便時の居場所を推定できる。このような方法で、三か月おきに五回（二〇一〇年三月、六月、九月、一二月および二〇一一年三月。一回あたりの調査期間は一週間）にわたって、六〇名前後の成人（一八歳～六五歳）の排便場所の推定を試みた。

GPSロガーと加速度計のデータ処理および解析は、VBA（Microsoft, Inc.）を用いて作成したプログラムでおこなった。行動の空間情報はGIS（Geographic Information System）空間結合（ArcGIS 9.3, ESRI, Inc.）で、対象村落の土地利用図から得られた。

それでは、調査の結果を見てみよう。

図5は、行動のリコール調査とGPS記録によって得られた対象者の野外行動／滞在時間を示している。上は調査参加者が各調査時期に自己申告した野外でおこなう活動の時間（水田耕作、菜園管理、放牧、漁撈、狩猟、採集など）である。下はGPSの記録から読みとれた正味の野外活動時間である。いずれも、農繁期（二〇一〇年六月）の野外活動時間は農閑期より有意に長いことと、男性の野外活動時間が長いことを示している。時間の長さや季節パターンを見ると、両者は非常によく似た結果となった。つまり、従来の行動調査データにGPSからの位置情報を加えることで、より完全な行動情報を収集できたと判断

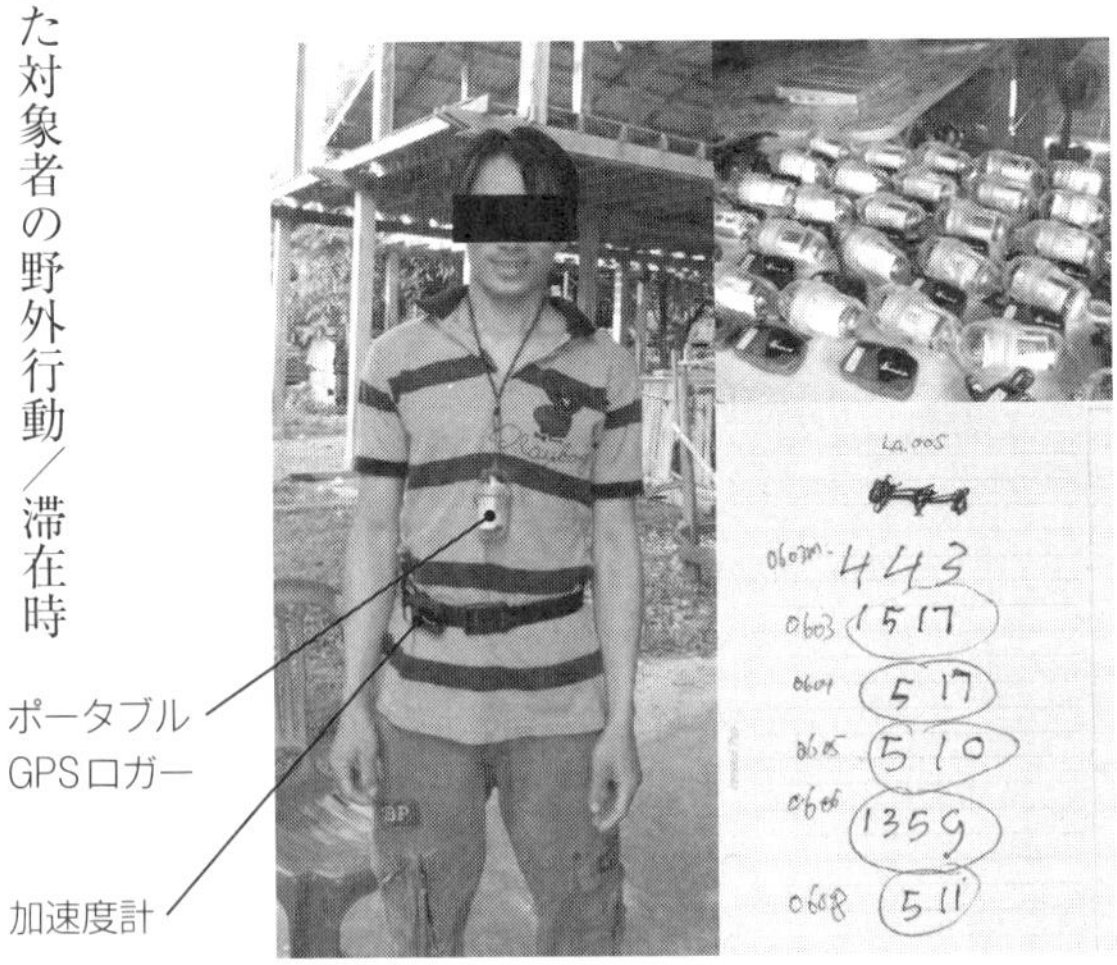

図4 「のぐそ」調査参加者が加速度計およびポータブルGPSロガーを装着したときのようす。右上は加速度計とポータブルGPSロガー、右下は排便時間の記録メモ

GIS
地理情報システムのこと。一般的に、さまざまな位置や空間情報を専用のデータベースに入力し、コンピュータを用いて情報分析・解析する。近年、ナビゲーシ

することができる。

　そこで、実際の「のぐそ」の分析を試みた。四回の調査（一回めの二〇一〇年三月は、行動調査を中心にした試験的な調査で、「のぐそ」調査は実施しなかった）で得られた排便記録は一一八四回にのぼる。野外排便と推定されるのは二六二回（二二・一％）。男性は、それぞれ三九・六％、三二・七％、二一・〇％、三〇・〇％の野外排便を記録した。女性は男性より少なく、それぞれ一四・六％、一四・〇％、二一・八％、一五・〇％となる。

　これらの調査結果および村落住民の聞きとりにもとづいて、この「のぐそ」調査の結果／結論をまとめてみた。

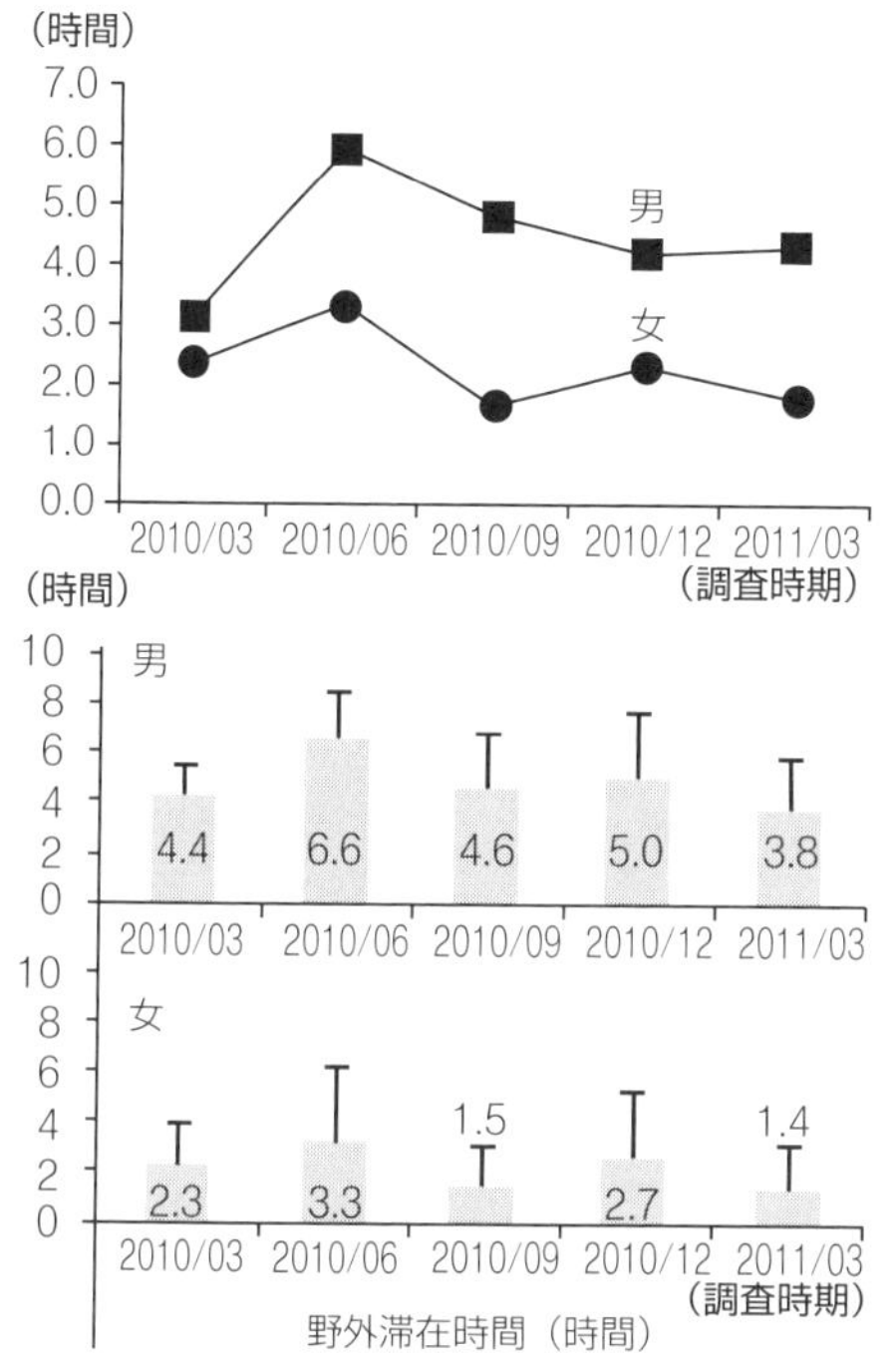

図5　「のぐそ」調査参加者の野外活動時間の季節変動

上　対象者が自己報告した野外活動時間（水田耕作、菜園管理、放牧、漁撈、狩猟、採集など）

下　GPS記録によって推定した野外正味滞在時間（水田、森林、河辺などの滞在時間）。男性は有意に女性より野外で長くすごしていた

ヨン、都市計画のみならず、感染症の伝播経路の分析にも用いられている。

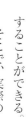

第一、調査地域の住民は、野外排便をしている。季節によって異なるが、ほとんどの場合、野外排便の比率は二〇%以上にのぼる。これは、対象地域の住民がタイ肝吸虫症にくり返し感染してきた重要な要因であろう。

第二、男性は女性より多く野外排便をしている。もっとも野外排便が多い雨季（六月）には、男性の野外排便比率は四〇%となっている。排便場所でもっとも多いのは、水田の周辺である。

第三、野外排便の理由としては、水田から家までの遠さが考えられる。

4 「のぐそ」調査方法検証

ここまで述べてきた「のぐそ」調査方法は、いうまでもなく調査対象者に強く依存しているものである。データの正確さを向上させるためには、調査実施者と調査対象者のあいだに信頼関係を構築し、事前に入念に説明して住民の協力を得ることがもっとも重要である。また、データ収集期間が七日間と長いため、GPSのつけ忘れや、時間メモのつけまちがいなどによる各種エラーの発生が予想される。エラーをふせぐために、データの信憑性を検証するしくみの構築も不可欠であろう。

そこでわたしは、加速度計の記録を導入することでのデータの検証を試みた。図6のように、申告されたメモの時刻に「しゃがむ（強度強い）→安静（強度0にちかい）→立ちあがる（強度強い）」という一連の動きが見られたか

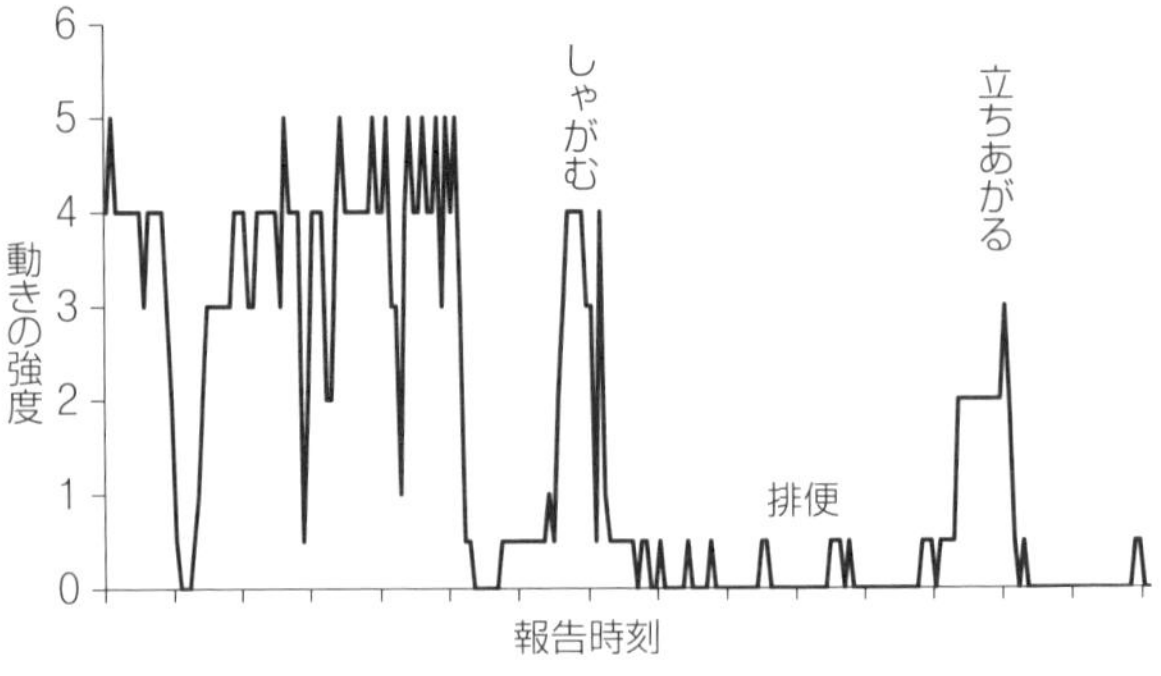

図6　加速度計による排便行動有無の検証

どうかで、調査対象者の排便行動の有無を判断しようというのである。事実、ラオスのタイ肝吸虫調査では、加速度計を用いた検証により、全記録の九〇%ちかくが信頼できるデータであることを証明した。

5 「のぐそ」調査データの応用
——中間宿主感染のシナリオを探る

野外排便の空間情報を得ることは、糞便がどこにあるのかを把握できることを意味する。そして、これらの糞便にふくまれている卵がどこに流され、どこで第一中間宿主のマメタニシと出会うのかをわりだすことができる。結果として、タイ肝吸虫の感染ルートの解明に寄与する。以下に、このデータ解析の概要を説明しよう。

図7のベースマップは、DSM（Digital Surface Model）衛星情報を用いて作成した流域図である。図中の数字は、野外排便の回数である。色の濃さは、流域に蓄積している野外排便で、標高と反比例している。つまり、水は薄い色から濃い色のほうへ流れる。同様に、人間の糞便は水流とともに低い位置に流される可能性が高い。いい換えれば、低い場所は糞便やほかのさ

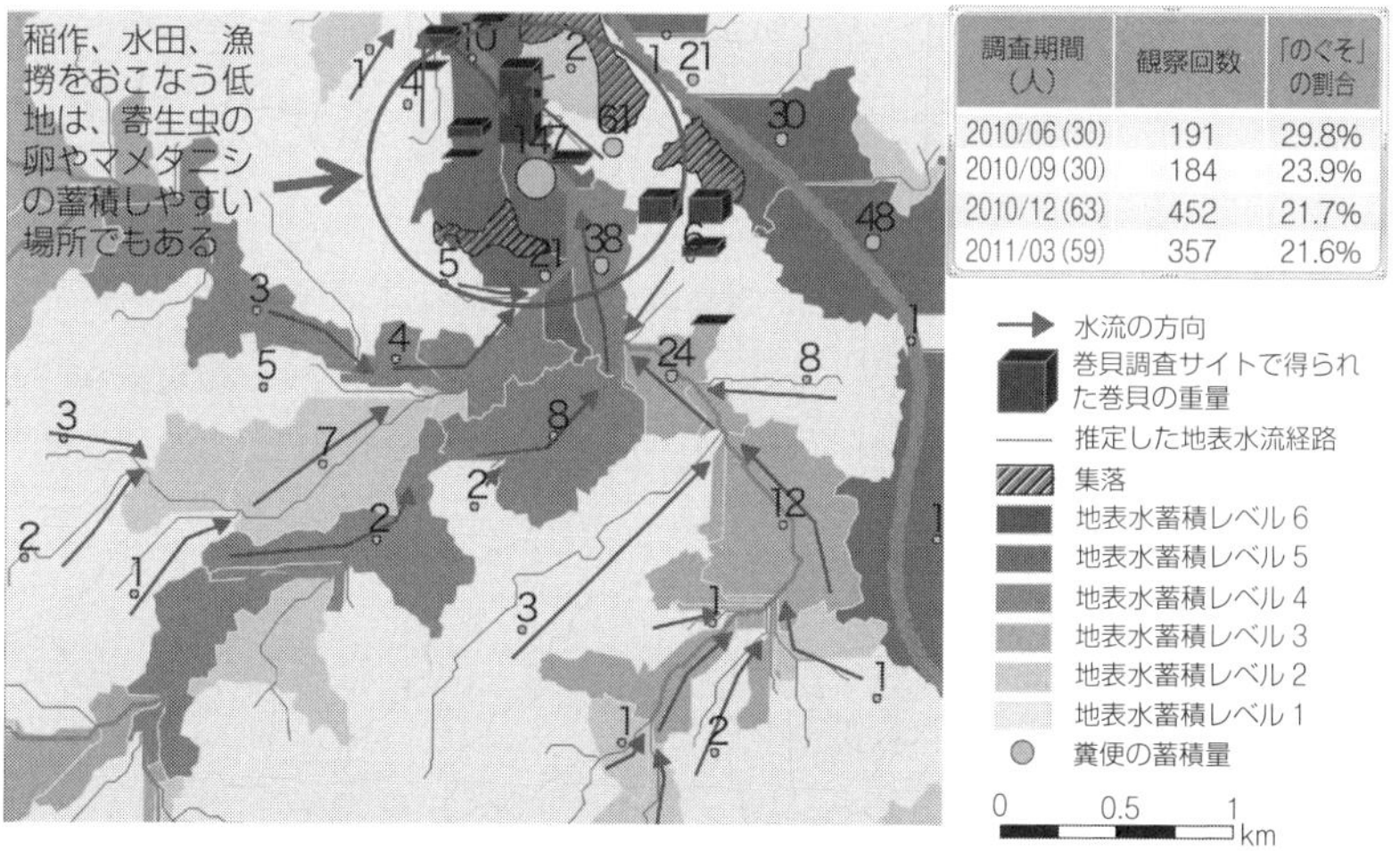

調査期間（人）	観察回数	「のぐそ」の割合
2010/06 (30)	191	29.8%
2010/09 (30)	184	23.9%
2010/12 (63)	452	21.7%
2011/03 (59)	357	21.6%

図7　野外排便の蓄積場所と中間宿主マメタニシの生息地

まざまな物質が蓄積しやすい場所である。

いっぽう、マメタニシの生態調査は、多様な標高の池あるいは湿地でおこなわれた。その結果を糞便蓄積場所とあわせて見てみると、マメタニシの生物量がもっとも高かった場所は、糞便がもっとも蓄積しやすい場所でもあった。生態学的には、さまざまな養分の蓄積は、マメタニシのエサとなるプランクトンの生産をうながし、マメタニシの増殖にもつながると同時に、マメタニシのセルカリア感染の機会も増加させたと解釈できる。

6 終わりに

ここまで、ラオスで「のぐそ」を追う経緯と、どのように「のぐそ」調査をおこなってきたかについて述べてきた。どうしてここまでやるのか？　皆さんは疑問をもつであろう。じつは、この研究をはじめた際に、まわりの研究者たちもわたしにたいして、「くそデータ主義」という半信半疑のほめかたをしていた。

「半信」というのは、ひとつの社会あるいは病気を理解するためには鳥の目線で見るだけでは不十分であろうと、みんなが考えていたからである。実際はアリの目線で、その社会／生態系のなかで人びとは、どのように動き、どのように生態系に影響をあたえ、そしてどのように影響を受けているのかをあきらかにしないかぎり、問題の根本的解決にはいたらない。そうでなければ、トイレの設置など、公衆衛生学や衛生工学にもとづいた対策によって、すでにタイ肝吸虫症の問題は解決しているはずであろう。

「半疑」というのは、ここまでわかったら問題をどのように解決するのかという問題である。これは、わたしがフィールドでつねに考えている問題である。アリの目線で見るのは、あくまでものごとの一側面にすぎない。同じ問題をほかの学問分野ではどのようにみているのか、理解しておかないといけない。おたがいに情報を提供しあい、総合的に考えれば、問題の真相は明白になってくる。そして、問題解決の糸口を見つけることができる。

紙面の都合でくわしく説明できなかったが、前節はまさに他分野の学者が協力しあったトランスディシプリン・フィールドワークである。

最後、くり返しになるが、フィールドワークでどこにいっても、現地の人びととよい信頼関係を築くことは基本中の基本である。どんなフィールドワークにしても、自分の研究を念頭におきながら、受け入れてくれた対象者に、自分の研究がどのようなものか、そしてみんなの生活にどのように還元できるのかを、ていねいに説明しなければならないであろう。

〈参考・引用文献〉
（1）Andrews R. H. et al. 2008. Opisthorchis viverrini: an underestimated parasite in world health. Trends Parasitol. 24(11). 497-501.
（2）Sripa. B. 2008. Concerted action is needed to tackle liver fluke infections in Asia. PLoS Negl Trop Dis 2(5): e232.
（3）Ziegler A. D. et al. 2011. Fighting Liverflukes with Food Safety Education. Science. 331 (6015). 282-283.
（4）Johnson. A. 1975. Time allocation in a Machiguenga community. Ethnology 14: 301-310.
（5）渡辺知保、梅崎昌裕、中澤港、大塚柳太郎、関山牧子、吉永淳、門司和彦『人間の生態学』朝倉書店　二〇一一年
（6）Minge-Klevana. W. 1980. Does labor time decrease with industrialization? A survey of time allocation studies. Current Anthropology. 21(3): 279-298.
（7）Moji. K. and Koyama. H. 1985. A time-saving spot-check method applied to a Sundanese peasant community

in West Java. Man and culture in Oceania. 1: 121-127.
（8）Moji, K. 1987. Labor input and rice output in a Sundanese village. Journal of Human Ergology. 16:55-65.
（9）Daniel. A. R., Austin L.B. and Philip, J. T. 2005. Portable Global Positioning Units to complement accelerometry-based physical activity monitors. Medicine & science in sports & Exercise. 37:S572-S581.
（10）Zhou R., Li Y., Umezaki M. et al. 2013. Association between Physical Activity and Neighborhood Environment among Middle-Aged Adults in Shanghai. Journal of Environmental and Public Health. 2013. http://dx.doi.org/10.1155/2013/239595.

蒋 宏偉（ジアン・ホンウェイ）

わたしがはじめてフィールドワーカーとして自分の村（フィールド）中国海南省五指山市P村にはいったのは、二〇〇〇年ごろのこと。同地域では「開発と健康」というテーマで調査研究をおこなってきた。二〇〇六年から環境省および地球研などのプロジェクトへ参画するようになり、南中国、インドネシア、ベトナム、ラオス、ネパールなどアジアの国で、人類生態学の視点から、アジア諸国における「開発・環境変化・健康影響」問題を調査している。

＊　＊　＊

■わたしの研究に衝撃をあたえた一冊『地球環境問題の人類学　自然資源へのヒューマンインパクト』

博士論文の調査にはいろうとしたときに出会ったこの本の衝撃は、いまだに忘れられない。本書の編者でもある秋道智彌氏は、この本のなかで「鳥の目とアリの目でのフィールドワーク」について述べられている。当時、詳細なデータ収集に夢中になっていたわたしは、その文章を読んではじめて鳥の目の重要性に気づかされた。そしてその後、わたしは鳥の目とアリの目を両立できるフィールドワークの確立をめざしはじめた。

池谷和信編
世界思想社
二〇〇三年

あとがき

赤坂憲雄

この巻には、人間のさまざまな営みにかかわるフィールドワークの実践報告が収められている。ひとが自然環境とかかわるあり方は、地域ごとにきわめて多様であり、そこに光を射しかけるフィールドワークの作法もまた、ひとそれぞれに多様でありうる。しかも、優れたフィールドワーカーたちがみずからの調査や聞き書きの作法を、あきらかな言葉にして語ることはめったにない。だから、かれらがそれを訥々と語る場面に立ち会うことは、それ自体が歓びにみちている。

それにしても、フィールドワークの実践が実り多き結果をもたらすか否かは、ほとんど賭けのようなものかもしれない。たとえば、なぜマグロ漁のエサにこだわるのか、なぜナマコ狂いなのか、なぜ廃村でガラス瓶や貝殻を拾うのか、あるいは、なぜ「のぐそ」を追い求めるのか。むろん、そこにはきっと仮説らしきものがあったはずだが、はじめの仮説に縛られてドツボにはまることだってあるだろう。フィールドにおけるアタリの付け方は、のちの研究の方向性に決定的な影を落とすにちがいない。ささやかなフィールドワークが、大きな研究へと展開してゆくところに、醍醐味がある。

しかも、フィールドというのは思いがけず、地域や国家やときには国際的な政治の動きとも無縁ではありえない。ナマコや「のぐそ」の調査や研究が、ときに予想をはるかに超えた政治の網の目に絡めとられてゆくことだって、けっして妄想ではない。ナマコや

「のぐそ」こそが政治なのである。学問はつねに、政治的な中立を保つことができるのか。「はたして政治的中立を確保するあまり、透明人間的に「観察」に徹するのが、賢明な研究者なのであろうか」（赤嶺淳「ナマコとともに　モノ研究とヒト研究の共鳴をめざして」）という問いかけは、じつはわたしたち民俗学者が小さなムラに入って聞き書きをするときにも、つねにつきまとうものである。知らずに、地域社会の見えない政治の磁場に絡めとられて、のっぴきならぬ状況に追いつめられることもある。むしろ、ありふれた体験にすぎないといっていい。

フィールドワークは場所との出会い、ひととの出会いの結晶である。独特の嗅覚が必要とされる。出会いに恵まれることも、フィールドワーカーとしての資質や才能にとって大切な条件だ。フィールドはきっと、偶然とすれ違いの現場なのである。

しかし、フィールドはしだいにその領土を狭められているのかもしれない。この列島のなかには、もはやトータルにすべてが見いだされるようなフィールドは存在しない。フィールドはあきらかに断片化されている。その代わりに、そこには膨大な文字記録の堆積がある。ところが、民俗学などはとりわけ、未整理のままにただ膨大な資料が積みあげられているだけで、その体系化も検索のあり方も未成熟なレヴェルに留まっている。混沌とした民俗データの海そのものが、もうひとつのフィールドワークの現場となる可能性といったものを思わずにはいられない。

ともあれ、パソコンのなかにあるのは、かぎられた現実の、ほんの一端にすぎない。フィールドからの照り返しによって、世界はあらたに多様なる輝きをとりもどす。フィールドの快楽、と呟いてみる。世界はいまも、広やかに、そこにある。

■編者紹介

秋道智彌（あきみち・ともや）

一九七一年の冬、下北半島大間で若い学生であったわたしは、冬季にババガレイ突き漁の調査に出た。漁に出るなり、極寒の津軽海峡に転落した。幸い助かったが、それ以来、わたしに「ババガレイの先生」というあだ名がついた。大間での調査から一転してサンゴ礁の海の魅力に惹かれ、沖縄、オセアニア、東南アジアと旅をした。インドネシアでは再びカヌーから海に落ち、ひどい目にあった。海とつきあうとは、海の洗礼を受けることと肝に銘じる旅を続けている。

■わたしの研究に衝撃をあたえた一冊『ナマコの眼』

研究人生はうつろいやすく、影響を受けた書も変幻に変わってきた。フィールドワーク論でいえば、鶴見良行の洞察と明快な文章は刺激以外の何物でもなかった。『ナマコの眼』の書評を依頼され、熟読した記憶がある。鶴見氏といっしょに飲むなかで、「ぼくは学者じゃないよ」との発言を何度も聞いた。それにつけ、研究者のありかたを諭された思いをいだいてきた。フィールドで歩くなかでの発見の秘密について感動をもって読める魅力は、永遠の輝きをはなっている。

鶴見良行著
ちくま学芸文庫
一九九三年

＊　＊

赤坂憲雄（あかさか・のりお）

わたしはとても中途半端なフィールドワーカーだ。そもそも、どこで訓練を受けたわけでもない。学生のころから、小さな旅はくりかえしていたが、調査といったものとは無縁であった。三十代のなかば、柳田國男論の連載のために、柳田にゆかりの深い土地を訪ねる旅をはじめた。それから数年後に、東京から東北へと拠点を移し、聞き書きのための野辺歩きへと踏み出すことになった。おじいちゃん・おばあちゃんの人生を分けてもらう旅であったか、と思う。

■わたしの研究に衝撃をあたえた一冊『忘れられた日本人』

一冊だけあげるのは不可能だが、無理にであれば、宮本常一の『忘れられた日本人』だろうか。宮本の〈あるく・みる・きく〉ための旅は独特なもので、真似などできるはずもなく、ただ憧れとコンプレックスをいだくばかりだった。民俗学のフィールドは、いわば消滅とひきかえに発見されたようなものであり、民俗の研究者たちはどこかで、みずからが生まれてくるのが遅かったことを呪わしく感じている。民俗学はつねに黄昏を生きてきたのかもしれない。

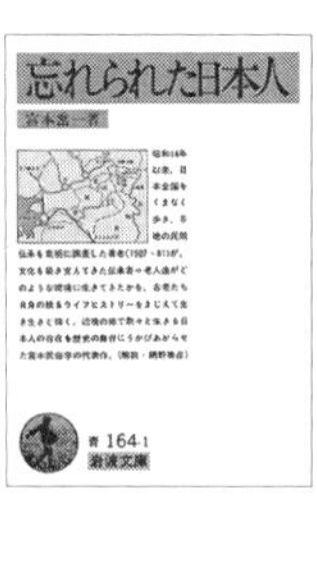

宮本常一著
岩波文庫
一九八四年（未來社、一九六〇年）

フィールド科学《かがく》の入口《いりぐち》

人間《にんげん》の営《いとな》みを探《さぐ》る

2016年6月25日　初版第1刷発行

編　者———秋道智彌　赤坂憲雄

発行者———小原芳明

発行所———玉川大学出版部

〒194-8610　東京都町田市玉川学園6-1-1
TEL 042-739-8935　FAX 042-739-8940
http://www.tamagawa.jp/up/
振替：00180-7-26665
編集　森　貴志

印刷・製本——モリモト印刷株式会社

乱丁・落丁本はお取り替えいたします。

ISBN978-4-472-18205-1　C0039 / NDC389

装画：菅沼満子
装丁：オーノリュウスケ（Factory701）
編集・制作：株式会社 本作り空Sola

フィールド科学の入口

赤坂憲雄ほか編　全10巻

フィールドから見える「知の新しい地平」とは？
フィールドワークから生き生きとした科学の姿を伝える

暮らしの伝承知を探る

野本寛一・赤坂憲雄 編

【Ⅰ部 対談】
野本寛一・赤坂憲雄
「無手勝流フィールドワーク」

【Ⅱ部】
小川直之「神樹見聞録　フィールドワークから見えてくること」
川島秀一「オカボラ奮闘記　沿岸をあるく喜び」

【Ⅲ部】
柴田昌平
「映像によるフィールドワークの魅力　『クニ子おばばと不思議の森』を手がかりに」
北尾浩一「暮らしから生まれた星の伝承知」
宮本八惠子
「モノを知り、人を追い、暮らしを探る」
山﨑彩香「在来作物とフィールドワーク」
鈴木正崇
「南インド・ケーララ州の祭祀演劇　クーリヤーッタム」

自然景観の成り立ちを探る

小泉武栄・赤坂憲雄 編

【Ⅰ部 対談】
小泉武栄・赤坂憲雄
「『ジオエコロジー』の目で見る」

【Ⅱ部】
岩田修二
「中国、天山山脈ウルプト氷河での氷河地形調査」
平川一臣
「津波堆積物を、歩いて、観て、考える」

【Ⅲ部】
清水善和「小笠原の外来種をめぐる取り組み」
松田磐余「地震時の揺れやすさを解析する」
山室真澄
「自然はわたしの実験室　宍道湖淡水化と『ヤマトシジミ』」
清水長正「風穴をさぐる」
菅　浩伸「サンゴ礁景観の成り立ちを探る」

イネの歴史を探る

佐藤洋一郎・赤坂憲雄 編

【Ⅰ部 対談】
佐藤洋一郎・赤坂憲雄「野生イネとの邂逅」

【Ⅱ部】
石川隆二
「国境を越えて　イネをめぐるフィールド研究」
佐藤雅志「栽培イネと稲作文化」

【Ⅲ部】
宇田津徹朗
「イネの細胞の化石（プラント・オパール）から水田稲作の歴史を探る」
山口　聰
「『中尾』流フィールドワーク虎の巻」
ドリアン・Q・フラー
「植物考古学からみた栽培イネの起源」
田中克典
「イネ種子の形状とＤＮＡの分析　その取り組みと問題点」

フィールド科学の入口

遺跡・遺物の語りを探る

小林達雄・赤坂憲雄 編

【Ⅰ部 対談】
小林達雄・赤坂憲雄
「『人間学』としての考古学の再編」

【Ⅱ部】
大工原 豊
「縄文ランドスケープ　縄文人の視線の先を追う」
中村耕作「釣手土器を追う」

【Ⅲ部】
佐藤雅一「遺跡を探して守り、研究する」
七田忠昭「吉野ヶ里遺跡を探る」
大竹幸恵「黒曜石の流通にみる共生の知恵」
葛西　勵
「環状列石（ストーン・サークル）を求めて」
新東晃一「火山爆発と人びとの祈り」

海の底深くを探る

白山義久・赤坂憲雄 編

【Ⅰ部 対談】
白山義久・赤坂憲雄「深海の星空の可能性」

【Ⅱ部】
藤倉克則
「深海生物研究のフィールドワーク」
柳　哲雄「海の水の流れの計測」

【Ⅲ部】
蒲生俊敬
「インド洋の深海に海底温泉を求めて」
青山　潤
「ニホンウナギの大回遊を追いかける」
木川栄一
「南鳥島周辺のレアアース泥を調査する」
阿部なつ江・末廣　潔「マントル到達に挑む」
蓮本浩志「観測を支援する技術」

〈続刊予定〉
●食の文化を探る
石毛直道・赤坂憲雄 編
●存在のふしぎを探る（仮）
●生命のなぞを探る（仮）
●言葉のあり方を探る（仮）

〈本シリーズの特色〉
●実際に現地を訪れ、対象を直接観察（聞きとりなどをふくむ）し、史料・資料を採取する客観的調査方法である「フィールドワーク」。民俗学、農学、自然地理学、考古学、生物学、文化人類学など、「フィールド科学」諸学問とその方法をあきらかにする。
●学問の専門化・細分化が進むなか、各領域が有機的なつながりをもっていることを伝える。科学は単独で成立するものではなく、相関しあっていることを示す。
●各領域の調査・研究のトピックが満載。人間の足跡や自然の足跡を探るフィールドワークのおもしろさを伝え、読者の知的好奇心・行動を呼び起こす。
●写真や図版、脚注を多く掲載し、わかりやすい内容。各執筆者による「わたしの研究に衝撃をあたえた一冊」なども紹介。フィールドワーカーの「姿」をとおして、研究内容への興味・関心を深める。

A5判・並製　各約240頁
本体　各2400円